香山如磬红色永续

百年征程中的香山华章

——香山革命纪念馆文物文献故事选编

香山革命纪念馆 编

中共党史出版社

图书在版编目（CIP）数据

百年征程中的香山华章：香山革命纪念馆文物文献故事选编 / 香山革命纪念馆编．-- 北京：中共党史出版社，2022.3

ISBN 978-7-5098-5993-3

Ⅰ．①百… Ⅱ．①香… Ⅲ．①革命博物馆—革命文物—介绍—北京 Ⅳ．① K871.6

中国版本图书馆 CIP 数据核字 (2022) 第 024593 号

出版发行：中共党史出版社
责任编辑：韩冬梅
责任校对：申宁
责任印制：段文超
社　　址：北京市海淀区芙蓉里南街 6 号院 1 号楼
邮　　编：100080
网　　址：www.dscbs.com
经　　销：新华书店
印　　刷：北京雅昌艺术印刷有限公司
开　　本：170mm × 240mm　1/16
字　　数：160 千字
印　　张：20
印　　数：1—11000 册
版　　次：2022 年 3 月第 1 版
印　　次：2022 年 3 月第 1 次印刷

ISBN 978-7-5098-5993-3
定　　价：86.00 元

百年征程中的香山华章
——香山革命纪念馆文物文献故事选编

香山如磐　红色永续[①]

——中国共产党香山时期的革命实践及其精神传承｜代序言｜

1949年3月25日，毛泽东率领中共中央机关进驻香山。在此后半年多的时间内，毛泽东指导国共和谈，擘画新中国政权建设、经济恢复，捍卫国家独立自主，全面加强党的建设。这段历史在中国共产党的历史上占有重要地位。

香山时期革命实践的历史方位

香山时期的革命实践在中国共产党百年征程中只是短暂一瞬，却影响深远。这一时期中国共产党对自身所处时代和历史地位进行科学考察和深入认识，具体体现在如下三个方面。

党处于工作重心由乡村转移到城市的历史交汇期。1949年初，人民解放军经过两年半的英勇奋战，基本消灭国民党反动政府在长江以北的军事力量。随着革命形势的变化，哈尔滨、石家庄、济南、长春、郑州、沈阳、天津、北平等大城市重新回到人民手中。在接管城市过程中，中国共产党摸索出了“沈阳经验”“天津经验”“北平经验”，确立了“各按系统、自上而下、原封不动、先接后分”的十六字接管方针。在向全国进军的过程中，为进一步做好上海、杭州等南方大城市的接管工作，专门在丹阳进行整训，提出接管城市“不取决于军事准备是否成熟，而取决于接收准备工作的程度”。北平和平解放后，原本拟定在哈尔滨召开的新的政治协商筹备会议，改为在北平召开，北平即将

① 本文于《前线》杂志2021年第5期（总第488期）“红色基因”栏目刊发，题目为编者所加。

成为全国的政治中心。中共中央从西柏坡迁驻北平、工作重心由乡村转移到城市的抉择，是军事形势发展和新中国政治建设的必然要求。

党处于由局部执政转为在全国执政的历史交汇期。1927 年大革命失败后，中国共产党人被迫进行殊死抵抗，开辟了井冈山革命根据地，逐步走上“工农武装割据”的道路。从井冈山的茶陵县工农兵政府到瑞金的中华苏维埃共和国临时中央政府，从延安的陕甘宁边区政府到华北人民政府，中国共产党 22 年的局部执政为新中国的政权建设和经济建设积累了经验，为中央人民政府的成立做了组织上的准备。截至 1949 年 6 月底，解放区面积“296.28 万平方公里，占全国面积的 30.87%”，共有“县以上城市 1061 座，重要港口及市镇 14 座，占全国县以上城市的 52.81%”。[①] 推翻国民党在大陆的反动统治后，中国共产党从在局部地区进行执政的政党转变为执掌全国政权并将长期执政的政党，实现人民当家作主已成为现实。

党处于领导新民主主义革命转向社会主义革命的历史交汇期。1919 年，风起云涌的五四运动拉开了中国新民主主义革命的序幕。在此基础上，中国共产党应运而生。在长期的革命斗争和马克思主义中国化的理论实践中，中国共产党逐渐认识到“完成中国资产阶级民主主义的革命（新民主主义的革命），并准备在一切必要条件具备的时候把它转变到社会主义革命的阶段上去，这就是中国共产党光荣的伟大的全部革命任务”[②]。历经北伐战争、土地革命、抗日战争和全国解放战争，到 1949 年，新民主主义革命进入到加速发展的新阶段。在即将进京“赶考”之际，毛泽东向全党提出了革命胜利后的发展方向，那就是“迅速恢复和发展生产力……使中国稳步地由农业国转变为工业国，把中国建设成为一个伟大的社会主义国家”[③]。

---

① 《共和国日记》1949 年卷，中央文献出版社、当代中国出版社 2013 年版，第 254 页。

② 《毛泽东选集》第 2 卷，人民出版社 1991 年版，第 651—652 页。

③ 《毛泽东选集》第 4 卷，人民出版社 1991 年版，第 1437 页。

香山时期革命实践的主要内容

中共中央在北京香山的革命实践，是党领导人民从解放战争的胜利走向新民主主义革命伟大胜利的光辉篇章，是筹备召开中国人民政治协商会议、建立中华人民共和国的关键环节，是深入开展土地改革、初步实现广大人民群众当家作主的重要步骤，是践行“两个务必”和进京“赶考”告诫的历史见证。

在香山，进行了“将革命进行到底”的伟大实践。为了建设一个光明的新中国，毛泽东发出“将革命进行到底”的伟大号召，提出“用革命的方法，坚决彻底干净全部地消灭一切反动势力”[①]。为“使国家和人民稳步地进入富强康乐之境”[②]，中国共产党与国民党进行和平谈判，并一再推迟渡江时间，给南京以充分的考虑时间，但“我军何日渡江，完全由我方选择，不受任何约束”[③]。与此同时，中国共产党告诫广大指战员，提高警惕，做好渡江准备，“必须争取一举成功”[④]。最终，因国民党当局拒绝在《国内和平协定（最后修正案）》上签字，谈判宣告破裂。中央军委一声令下，中国人民解放军发起渡江战役，百万雄师过大江，迅速占领南京，宣告了延续 22 年的国民党反动统治的覆灭。根据毛泽东、朱德向全国进军的命令，中国人民解放军继续向东南、中南、西北、西南胜利进军，分别以战争方式或和平方式，“坚决、彻底、干净、全部地歼灭中国境内一切敢于抵抗的国民党反动派，解放全国人民，保卫中国领土主权的独立和完整”[⑤]。同时，面对英、美等帝国主义国家的武装干涉，中共中央和毛泽东严正

① 《毛泽东选集》第 4 卷，人民出版社 1991 年版，第 1375 页。

② 中共中央文献研究室、中央档案馆:《建党以来重要文献选编（1921—1949）》（第 26 册），中央文献出版社 2011 年版，第 250 页。

③ 中共中央文献研究室、中国人民解放军军事科学院:《毛泽东军事文集》（第 5 卷），军事科学出版社、中央文献出版社 1993 年版，第 544 页。

④ 中共中央文献研究室、中国人民解放军军事科学院:《毛泽东军事文集》（第 5 卷），军事科学出版社、中央文献出版社 1993 年版，第 545 页。

⑤ 《毛泽东选集》第 4 卷，人民出版社 1991 年版，第 1451 页。

指出：“中国的领土主权，中国人民必须保卫，绝对不允许外国政府来侵犯”[①]，表达了中国共产党不怕任何外来威胁、坚决反对帝国主义侵略的正义立场。

在香山，进行了党领导下的“协商建国”的伟大实践。1948 年五一前夕，中共中央发布号召召开新的政治协商会议的“五一口号”，一时间大批民主人士纷纷北上抵达北平。中国共产党与各民主党派和无党派民主人士在新政协筹备会上以互相尊重、团结一致的精神，最终确定参加中国人民政治协商会议第一届全体会议的单位和代表名单，充分体现了党领导的“协商建国”的人民性。1949 年 9 月 21 日至 30 日，中国人民政治协商会议第一届全体会议在北平召开，“在中国历史上，这是第一次有这样一个广大代表性的人民的集会”[②]；大会选举了中华人民共和国中央人民政府委员会，“这个政府将遵照共同纲领在全中国境内实施人民民主专政”[③]。中华民族从此进入了一个新纪元。

在香山，进行了党领导人民翻身解放、当家作主的伟大实践。新中国成立前夕，全国土地改革的基本政策仍然执行的是 1947 年颁布的《中国土地法大纲》。中共中央进驻香山后，根据各解放区的实际情况，推广“中间不动两头平”的土地政策，即对中农土地完全不动，保证了南方及其他新解放区土地改革的顺利进行，满足了广大劳动人民获得土地的愿望。各界代表会议是党和人民政府联系群众的独创性组织形式。中共中央进驻香山后，高度重视各地各界代表会议的召开，1949 年 7 月至 9 月短短两个月内，多次发电敦促各地召开各界代表会议，“凡三万人口以上的城市，在解放两个月至迟三个月后，即应召

---

① 《毛泽东选集》第 4 卷，人民出版社 1991 年版，第 1460 页。

② 中共中央文献研究室：《中华人民共和国开国文选》（下册），中央文献出版社 1999 年版，第 303 页。

③ 中共中央文献研究室、中央档案馆：《建党以来重要文献选编（1921—1949）》（第 26 册），中央文献出版社 2011 年版，第 771 页。

开各界代表会议”[1]，同时要求各地要充分发扬民主，“县的各界代表会的成分，应包括党、政、军的代表，农民及工人的代表，及若干开明绅士的代表”[2]。在各地党组织的指导下，北平、上海、南京、天津、太原等多地召开各界代表会议，使人民享受到了前所未有的民主权利，真正实现了当家作主。

在香山，进行了牢记“两个务必”、时刻保持“赶考”清醒的伟大实践。毛泽东在党的七届二中全会上告诫全党要预防“糖衣炮弹”的攻击，必须始终坚持“两个务必”。中共中央在香山期间，还通过深入的宣传教育工作和严格的纪律规定，保持党的优良作风。渡江战役后，大批军队和干部南下。中共中央和中央军委制定了严格的入城政策纪律，要求南下部队和干部严格遵守政治纪律、工作纪律和群众纪律等，力戒官僚主义、形式主义，进一步铸牢了全党拒腐防变、经受执政考验的思想基础。

香山时期革命精神的挖掘与传承

历史是最好的教科书，也是最好的营养剂。进入新时代，深入把握香山时期革命实践的历史方位，全面回顾香山时期的辉煌革命历程，对于当前全党开展的党史学习教育有着重要价值和意义。

坚持学史明理，掌握思想武器。香山时期，毛泽东坚持并灵活运用历史唯物主义，发表《论人民民主专政》，为新中国的建立奠定了理论基础和政策基础；中国共产党同各民主党派、各界人士协商制定了《中国人民政治协商会议共同纲领》，确定了新中国人民民主专政的国体、人民代表大会制度的政体，进行了“协商建国”的伟大实践，开创了具有中国特色的民主政治。为进一步挖掘香山时期的革命实践内涵，香山革命纪念地举办了香山革命精神与历史文化理论研讨会。研

① 中共中央文献研究室、中央档案馆:《建党以来重要文献选编（1921—1949）》（第26册），中央文献出版社2011年版，第610页。

② 中央档案馆:《中共中央文件选集》（第18卷），中共中央党校出版社1990年版，第445页。

讨会的成功举办，使香山革命精神研究成为学术界百年党史研究的新热点，为总结我党历史经验、把握执政规律提供了理论支撑。

坚持学史增信，铸牢信仰之基。香山时期，中国共产党人怀着对共产主义的坚定信仰，以革命到底的精神，面对国民党“假和谈真内战”的阴谋，面对帝国主义国家的武装威胁，彻底打碎了旧政权，开创了一个新纪元。为进一步展现“两种中国之命运”的关键抉择与“建设新中国”的沧桑巨变，坚定广大党员干部的理想信念，2021 年初，香山革命纪念地举办了“红色电波中的领袖风范——毛泽东同志香山时期发布电报手稿专题展览”。70 多年前，一封封电报从香山发出，指引着中国革命走向胜利，这些手稿的字里行间，再现了以毛泽东同志为主要代表的中国共产党人，为中国人民谋幸福的初心矢志，为中华民族谋复兴的使命担当。

坚持学史崇德，传承红色基因。香山时期，老一辈革命家以“宜将剩勇追穷寇，不可沽名学霸王”的革命精神，坚持立党为公、执政为民的革命情怀，以谦虚谨慎、不骄不躁、艰苦奋斗的优良作风，铸就了一座共产党人的精神丰碑。为深切缅怀香山时期中共中央和毛泽东等老一辈无产阶级革命家的丰功伟绩，传承红色基因、传播红色文化，香山革命纪念地围绕重要节日和纪念日，举办“纪念中共中央进驻香山”主题活动、“中共中央在香山历史丛书”读书分享活动等重要纪念性活动，使香山革命纪念地成为广大党员干部的精神家园。

坚持学史力行，践行使命担当。香山时期，中国共产党坚持以人民为中心，领导人民翻身解放、当家作主，建立了一个民主、自由、和平、统一的新中国。作为革命类纪念馆，切实传播红色文化、宣传革命精神、培育社会主义核心价值观，香山革命纪念地推出“香山革命纪念地虚拟展”，组织“云课堂”直播活动，精心打造“文创样板间”，定制开发“开国”“赶考”“人民英雄”“不忘初心”等主题的文创产品，传播正能量；在“四梁八柱”敞轩建筑景观上设置党旗和入党誓词，为参观团体入党宣誓提供合适场地；整合利用一层观众服务空间设置“赶考”书吧，上架15大类、4000多种书目、15000余册书籍，为观众提供优质公共文化服务。

战争年代，党中央和毛主席用电台指挥全党全军，“嘀嗒、嘀嗒”就是党中央和毛主席的声音，全党全军无条件执行。新时代，香山革命纪念地将以习近平新时代中国特色社会主义思想为指导，讲好中国共产党故事，讲好新中国故事，激励广大党员和群众以更加昂扬向上的精神风貌，为奋力夺取全面建设社会主义现代化国家新胜利作出贡献！

（香山革命纪念馆）

目 录

第四篇　新中国筹建

第一篇

进京『赶考』

第一部分
进京“赶考”
中国共产党自成立之日起，就把为中国人民谋幸福，为中华民族谋复兴作为自己的初心和使命，致力于实现民族独立、人民解放，为建设新中国而奋斗。以毛泽东同志为核心的第一代中央领导集体领导人民开展伟大的解放战争，在即将取得全国性胜利之际，中国共产党人不忘初心，牢记毛泽东同志“两个务必”和进京“赶考”告诫，决心向全国人民交出满意答卷。
Part I
Going to Beijing for "Exam"
北平和平解放

第一篇　进京“赶考”

中国共产党自成立之日起，就把为中国人民谋幸福、为中华民族谋复兴作为自己的初心和使命，致力于实现民族独立、人民解放，为建设新中国而不懈奋斗。抗日战争胜利后，饱受战乱之苦的中国人民希望尽快恢复秩序、重建家园，渴望和平与稳定成为人民大众的共同心声。

1945 年 4 月 23 日，毛泽东在中国共产党第七次全国代表大会上致开幕词时指出：“在中国人民面前摆着两条路，光明的路和黑暗的路。有两种中国之命运，光明的中国之命运和黑暗的中国之命运。”8 月 25 日，中共中央发表《对目前时局的宣言》，号召全国人民为独立、自由、富强的新中国而奋斗。8 月 28 日，毛泽东、周恩来等赴重庆进行和平谈判。10 月 10 日，经过中国共产党人的积极努力，国共两党在重庆签订《政府与中共代表会谈纪要》，即“双十协定”。

1946 年 6 月起，国民党撕毁协定，悍然向解放区发动进攻，全面内战爆发。1947 年 10 月 10 日，中国人民解放军总部发布毛泽东起草的《中国人民解放军宣言》，提出“打倒蒋介石，解放全中国”的口号，并第一次正式公开使用“中国人民解放军”名称。

1948 年 9 月，中共中央在西柏坡召开政治局扩大会议，即“九月会议”。此次会议为夺取新民主主义革命在全国的胜利，从思想上、军事上、政治上、经济上、组织上做了重要准备。随后，自1948年9月到1949年1月，中国人民解放军先后进行了辽沈、淮海、平津三大战役，将国民党军队的主力消灭殆尽，取得全国性胜利已是指日可待。

天津解放后，90万人民解放军兵临北平城下。为了保护北平这座文化古城免遭战争破坏，经过人民解放军和中共北平地下组织的耐心工作以及北平开明人士敦促，傅作义终于接受解放军提出的和平条件。1月31日，北平宣告和平解放。北平的和平解放，具有深远的历史意义，被誉为“北平方式”。

2月3日，人民解放军举行了盛大的入城仪式，受到北平市民的热烈欢迎，群众高呼：“中国共产党万岁，毛主席万岁，人民解放军万岁！”入城部队从永定门进城，最后从广安门出城。整个入城仪式从上午10点一直持续到下午4点，全程26公里，按照入城方案，人民解放军全副武装通过了列强在北平的使馆区——东交民巷。

1949年3月5日至13日，中共中央在西柏坡召开七届二中全会。会议制定了建立新中国的大政方针，决定党的工作重心由乡村转移到城市，并提出“两个务必”的重要思想。根据毛泽东的提议，全会作出党内六条规定：一、不做寿；二、不送礼；三、少敬酒；四、少拍掌；五、不以人名作地名；六、不要把中国同志和马、恩、列、斯平列。

此外，毛泽东还确定了12本干部必读书目，即《共产党宣言》《社会主义从空想到科学的发展》《社会发展史》《政治经济学》《帝国主义是资本主义的最高阶段》《国家与革命》《共产主义运动中的“左派”幼稚病》《论列宁主义基础》《联共（布）党史简明教程》《列宁斯大林论社会主义建设》《列宁斯大林论中国》《马恩列斯思想方法论》，并强调：“如果在今后三年之内，有三万人读完这十二本书，有三千人读通这十二本书，那就很好。”

会后，根据党的七届二中全会的决定，为适应党的工作重心转移，迎接新中国的诞生，中共中央决定将办公地点由西柏坡迁往北平。

3月23日，毛泽东等中央领导同志率中共中央机关和中国人民解放军总部，离开西柏坡，向北平进发。毛泽东向全党发出进京“赶考”的号召：我们进京“赶考”去，我们决不当李自成，我们都希望考个好成绩。

（陈宇蛟）

“北平不能毁在我们这一代人手里”

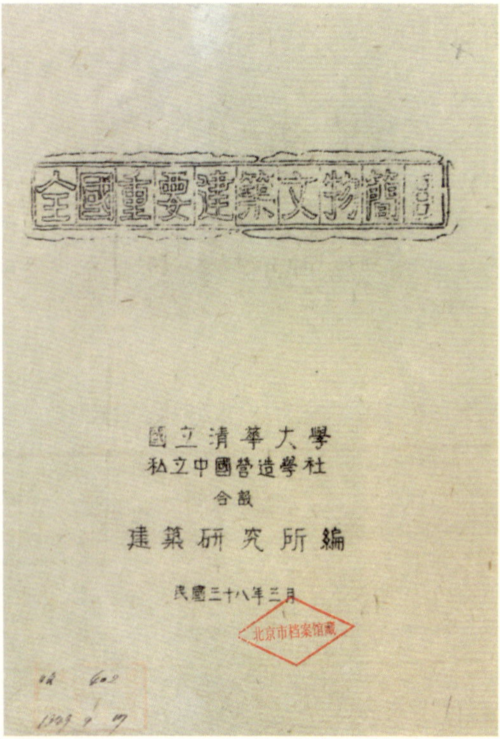

全國重要建築文物簡目

國立清華大學
私立中國營造學社
合設
建築研究所編

民國三十八年三月

北京市档案馆藏

名称：梁思成编写的《全国重要建筑文物简目》
年代：1949 年
质地：纸
尺寸：长 26 厘米　宽 18.5 厘米
来源：北京市档案馆提供

在香山革命纪念馆基本陈列展厅里展示着梁思成编写的《全国重要建筑文物简目》。这件文物是党中央和毛泽东委托著名建筑历史学家梁思成所编，是中国共产党重视文物古迹保护的重要见证。

梁思成，我国著名建筑学家、建筑教育家，中国建筑学科的开拓者和奠基者，建筑历史、文化遗产保护、城市规划、风景园林等学科的重要先驱。抗日战争时期，在中国营造学社工作的梁思成与夫人林徽因先后踏遍中国15省200多个县，测绘和拍摄2000多件唐、宋、辽、金、元、明、清各代保留下来的古建筑遗物，为他日后注疏《营造法式》、编写《中国建筑史》以及绘制《全国重要建筑文物简目》奠定了重要基础。

1948年12月下旬的一个晚上，"笃笃笃……"，一串略有些急促的敲门声响起，打破了深夜寂静。住在北平清华园的梁思成心中顿时紧张了起来，"难道国民党的军队进来了？"他急忙走到门口，小心翼翼地将门开了条缝，往外一望是自己的老朋友张奚若，霎时松了一口气。原来这几位"不速之客"，是张奚若带来的，他们是中国人民解放军第四野战军的军官。

梁思成将客人领进书房，他心里一直在想：北平还在国民党手里，解放军冒着生命危险深夜前来，找我有什么要紧事？到了书房刚一坐定，一位解放军军官就从他一直紧抱在胸前的布包里，小心翼翼地取出一张折叠了好几层的纸，放在书桌上打开。梁思成探身一望，竟然是北平军事地图。两位解放军军官开门见山，真挚地对他说："梁先生，我们受党中央和毛主席委托特地前来。毛主席说，北平不能毁在我们这一代人手里！万一强行攻城时，要避免破坏古建筑。请梁先生在这张地图上标出北平古建筑的位置，画出禁止炮击的地区。如果可以，还请梁先生可以尽快编写一本《全国重要建筑文物简目》，这样我们在解放各地时，能参考着保护文物。"

几十年来，梁思成耳闻目睹多少文物古迹毁于战火，军阀头子、国民党军官视古迹如敝履！北平被围后，他更是茶饭不思、寝食不安。

这时，当他听到“北平不能毁在我们这一代人手里”这句话时，心中顿时被暖流环绕。北平尚未解放，中国共产党人就冒着危险前来，竟然正是为了保护文物、守护民族的文化血脉。激动不已的梁思成立即答应了这个要求。送走客人，他马上把这个消息告诉了自己的夫人林徽因。两人当即决定，要不负共产党和解放军的信任，立刻开工。那一晚，梁思成书房的灯彻夜未熄。

仅在两天之后，梁思成夫妇就画出了图，把认为必须加以保护的地点，认真地一一圈点出来，整理成册后送到平津前线司令部。后来梁思成回忆起这个时刻，激动地说：“过去我对共产党完全没有认识，从那时候起我就一见倾心了。”

《全国重要建筑文物简目》按1949年3月以前的省、市、县行政区排列，共收入22个省、市的重要古建筑和石窟、雕塑等文物465处，并加注了文物建筑的详细所在地、文物的性质种类（例如佛寺、道观、陵墓、桥梁……）、文物的创建或重修年代以及文物的价值和特殊意义，条理分明，简明扼要，便于查阅。为了对特殊重要的文物建筑加强保护，简目将文物建筑分为4级，以圆圈作标志，用圈数多少表示其重要性，为后来文物分级管理的办法提供了先例。

北京是一座具有3000年历史的文化古都，留下了故宫、天坛、颐和园等众多代表中华民族文明的珍贵文物古迹。每逢节假日，这些地方都汇聚了来自世界各地的游客。望着雕栏画柱、楼阁重重，无不会感慨古人的智慧，为中华民族的深厚底蕴而震撼。此外，北京还拥有北京大学、清华大学等全国一流的高等学府，汇集了一大批闻名全国的专家学者，培养了一代又一代的青年学子成为国之栋梁。正是在党中央和毛泽东的运筹帷幄和各方面的共同努力下，这座伟大的城市才能如此完整地回到人民手中，为新中国定都北平打下了良好基础。

（杨佳萍）

《人民日报》（北平版）“创刊号”

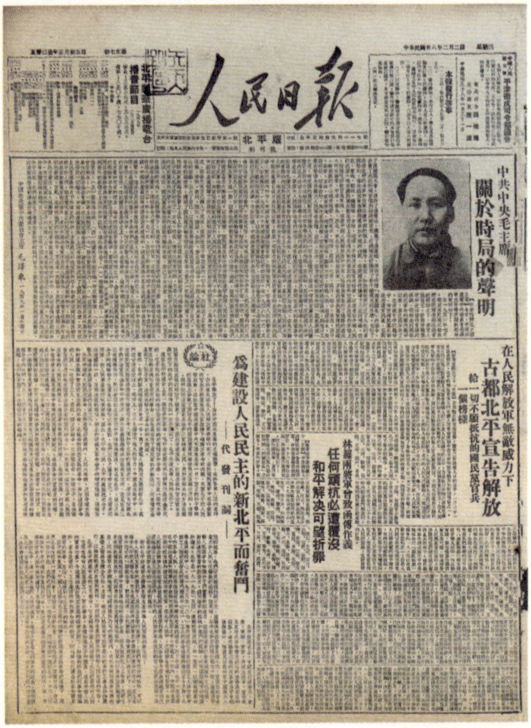
人民日報

北平版 創刊號

中共中央毛主席關於時局的聲明

在人民解放軍無敵威力下
古都北平宣告解放
給一切不願抵抗的國民黨官兵一個榜樣

社論
為建設人民民主的新北平而奮鬥
——代發刊詞——

林聶兩將軍曾致函傅作義
任何頑抗必遭覆沒
和平解決可望折罪

名称：1949 年 2 月 2 日《人民日报》（北平版）
年代：1949 年
质地：纸
尺寸：长 54 厘米　宽 40 厘米
来源：香山革命纪念馆馆藏

北京是一座有着深厚历史文化底蕴的城市。北平，是北京的旧称。1949 年 9 月 27 日，中国人民政治协商会议第一届全体会议正式将北平更名为北京，并将北京定为中华人民共和国首都。

1949 年 1 月 31 日，人民解放军正式入城，北平宣告和平解放。在距离北平宣告和平解放的一个月前，中共中央决定，抽调新华通讯社总社、华北总分社和华北《人民日报》的部分工作人员，由时任新华社总编辑的范长江率领，立即北上，暂驻良乡。此外，中共中央华北局城市工作部负责人通过北平地下党组织从北京大学、清华大学、燕京大学等学校挑选出 20 多位党员和进步青年前往良乡待命，一同参加筹办《人民日报》（北平版）和新华社北平分社的工作。

北平宣告和平解放的第一时间，范长江等奉命北上建立新闻机构的工作人员便到王府井大街 117 号，接管了国民党的华北日报社，着手准备《人民日报》（北平版）的发行工作；新闻工作队伍中的李庄等人，到西长安街石碑胡同接管中央社北平分社，准备开办新华社北平分社，即《人民日报》（北平版）的采访部。

2 月 1 日，在人民日报社工作人员接管新闻机构后，范长江宣布原华北日报社的编辑人员就地待命，印刷厂、排字房工人继续工作。

2 月 2 日，《人民日报》（北平版）正式出版。由于报纸印刷较慢，从清晨 5 时一直印到下午 6 时，随印随卖，5 万份创刊号被抢购一空。

“人民日报”作为报名，最早为 1946 年 5 月 15 日创刊至 1948 年 6 月 14 日停刊的中共晋冀鲁豫中央局机关报《人民日报》，由于当时报纸的创刊地位于河北省邯郸市，也称《人民日报》（邯郸版）。该报头为自右向左排列的毛泽东手书“人民日报”；第二个使用“人民日报”作为报名的报纸是 1948 年 6 月 15 日，在河北省平山县里庄创刊的《人民日报》（平山版），又称华北《人民日报》或《人民日报》（华北版），该报于 1949 年 7 月 31 日终刊；第三个使用“人民日报”做报名的报纸是 1949 年 8 月 1 日，中共中央决定将《人民日报》正式转为中共中央机关报。

《人民日报》（北平版）的报名的下方标注了“北平版 创刊号”的字样。《人民日报》（北平版）第一版的右上方刊有发行启事，包括报纸定价，对工人、学生、劳动者的优惠和订阅办法等；还有中国人民解放军平津卫戍司令部通告，写道：

凡我人民解放军一切军事机关部队之驻地、行军行列和生活、工作等，除经特准之随军记者外，一切中外人士均禁止照相或摄制影片。

由此可以看出，人民解放军纪律严明，中国共产党对于军队建设和发展已有长远考虑。左上方刊登了北平新华广播电台的播音节目，详细写出时间、电台频道和节目名单等。

报纸在第一版的上方刊登了1949年1月14日毛泽东《关于时局的声明》，声明指出南京国民党反动政府违背民意，不仅进攻人民解放区、残忍对待中国人民解放军，对人民更是无所不用其极，抢夺人民果实、压榨人民生活，导致民不聊生。声明中的八项和平谈判条件，反映了中国共产党反对内战、推翻国民党反动政府的决心。这份声明向北平人民表达了中国共产党的决心和政策主张，实现人民自由，希望全国人民、各民主党派、各人民团体争取真正的民主的和平，而不是虚伪的反动的和平。

在创刊号第一版显著位置刊载的社论《为建设人民民主的新北平而奋斗——代发刊词》中写道：

在毛主席所指示的“发展生产，繁荣经济，公私兼顾，劳资两利”的方针下，我们不但要发展在国民经济中居领导地位的公营企业；而且对于私人工商业，只要它是有利于国民生计，能够为新民主主义建设服务的，就要加以保护并鼓励其发展；同时还要有步骤地在现时经济条件许可的范围内，在私有制和群众自愿的基础上发展各种合作社。

发刊词阐明了新民主主义革命是无产阶级领导的、人民大众的，反对帝国主义、封建主义和官僚资本主义的革命；中国人民民主革命的人民大众的队伍是由工人、农民、独立劳动者、自由职业者、知识分子、自由资产阶级，以及从地主阶级分裂出来的开明绅士所组成的，表达了人民是北平的主人，北平的生产离不开人民，北平的发展将推动国民经济建设事业的发展、进步。

报纸在发刊词的右侧刊登了“古都北平宣告解放”和“任何顽抗必遭覆没”的消息，反映了北平解放前夕，中共中央为保护城中古迹做出的种种努力，北平和平解放是人民解放军所向无敌、北平广大人民群众坚决拥护真正民主和平的结果。

报纸的第二版记录了北平人民在解放军入城时，工人、学生热烈迎接、千万市民夹道欢迎、城中一片喜庆的景象，北平真正迎来了自由、解放，展现了人民对北平和平解放的欣喜之情和对中国共产党的爱戴之心。在第二版的下方发表了中国人民解放军平津前线司令部布告、北平市警备司令部布告等，充分展现了人民解放军是一支公正严明的队伍。

报纸的第三版上方刊载了李济深、沈钧儒等 55 人于 1 月 22 日发表对时局的意见，尤其对八项和平条件作出回应，表示愿在中国共产党的领导下，尽绵薄之力，以期中国人民民主革命成功。民主人士的响应说明了毛泽东《关于时局的声明》中的想法和政策顺应时代趋势，深得人心，真正符合人民渴望和平的意愿。

报纸的最后一版通过列举军队入城执行三大纪律八项注意、解放军纪律严格的例子，体现了人民解放军爱护人民、为人民解放而作战，人民对赏罚严明的解放军队伍交口称赞，军民一心，鱼水情深。

1949 年 3 月 15 日华北《人民日报》迁至北平市，《人民日报》（北平版）停刊，共出版了 41 期。《人民日报》（北平版）及时向人民传递了中共中央、北平市委和军管会的决策信息，也反映了时局变化和人民群众的需求，方便北平人民了解中国共产党的方针政策和北平城的发展，受到北平广大人民群众热烈欢迎。

（刘延岩）

一支见证北平和谈的钢笔

名称：苏静将军使用过的钢笔
年代：1949 年
质地：金属　塑料
尺寸：长 13.5 厘米
来源：平津战役纪念馆提供

在香山革命纪念馆基本陈列展厅里展示着一支派克牌钢笔。钢笔是复制品，原件藏于平津战役纪念馆。它是1949年初，时任东北野战军参谋处处长苏静，与国民党方面签订《关于和平解决北平问题的协议书》时所用的钢笔，北平和平解放，使得这座历史悠久的文化古城免遭战火摧毁。

苏静（1910—1997），曾用名苏孝顺，福建漳州人。解放战争时期，曾任东北野战军司令部参谋处处长等职，参加了辽沈、平津等战役。

辽沈战役胜利结束后，平津战役随之开始。为了使北平这座世界文化古城免遭战争破坏，中共中央和中央军委力争以和平方式解放北平。在人民解放军强大的军事压力下，在北平广大群众、各界进步人士的强烈要求下，国民党华北"剿总"总司令傅作义接受了谈判的建议。双方谈判先后进行了三次，苏静参与了整个过程，为北平和平解放作出了特殊贡献。

第一次谈判是在1948年12月中旬。傅作义派《平明日报》社长崔载之为代表同《平明日报》采编部主任李炳泉（中共地下党员）等一起，到平津前线司令部所在地八里庄进行谈判。先后与苏静、刘亚楼接触。由于双方提出的条件差距很大，第一次谈判无果而终。

1949年1月8日至9日，傅作义迫于形势压力，派周北峰、张东荪为代表赴八里庄平津前线司令部进行第二次谈判。这次谈判有很大进展，我方提出了改编国民党军的方案，对傅起义人员一律不咎既往，双方形成了一个会谈纪要。

1月14日至17日，傅作义派邓宝珊、周北峰为全权代表，到通县五里桥平津前线司令部进行第三次谈判。在此期间，东北野战军胜利解放天津，北平守军陷入绝境，傅作义放弃了最后幻想。1月17日，苏静和傅方人员一起草拟了《关于和平解决北平问题的初步协议》14条。1月19日，双方代表在城内华北"剿总"联谊处进行协商，将协议增补为18条，附件4条，共22条，最终形成《关于和平解决北平

参加第一次谈判的苏静（左二）。

问题的协议书》，苏静同傅方代表分别签字。

1月22日，傅作义在《中央军委、毛泽东修改后的正式协议》上签字，至此，北平和谈取得圆满成功。

1月31日，人民解放军入城接管全部防务，北平宣告和平解放。北平和平解放完整保存了这座千年历史文化古都，为日后筹备召开新政协、建立新中国并定都北平打下了良好基础。

（杜意娜）

以“北平方式”实现和平

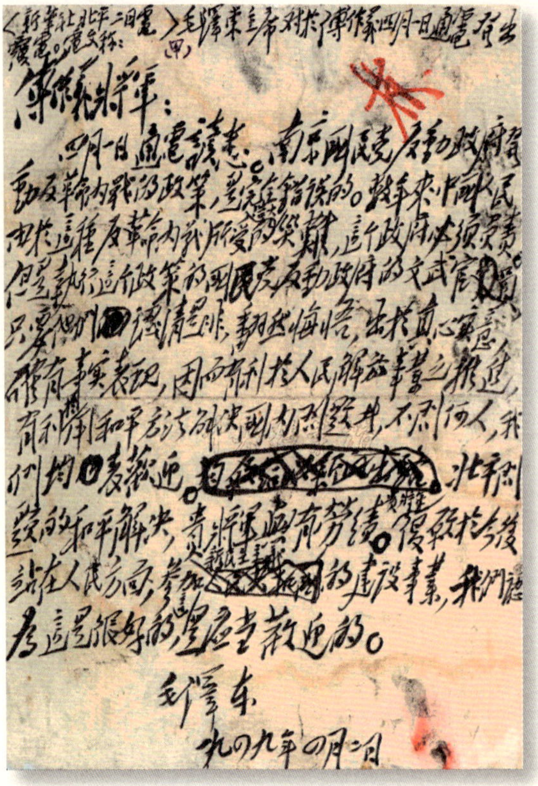

〈新华社北平二日电〉毛泽东主席对于傅作义四月一日通电覆电，电文称：

(甲)

宜生将军：

四月一日通电读悉。南京国民党反动政府发动反革命内战的政策，是完全错误的。数年来，中国人民由于这种反革命内战所受的灾难，这个政府必须负责。但是执行这个政策的国民党反动政府的文武官员，只要他们能够认清是非，翻然悔悟，出于真心实意，确有事实表现，因而有利于人民解放事业之推进，有利于用和平方法解决国内问题者，不问何人，我们均表欢迎。北平问题的和平解决，贵将军与有劳绩。今后站在人民方面，参加的建设事业，我们认为这是很好的，是应当欢迎的。

毛泽东

一九四九年四月二日

名称：毛泽东关于欢迎国民党官兵用和平方法解决国内问题复傅作义电（1949 年 4 月 2 日）

年代：1949 年

质地：纸

尺寸：长 27.5 厘米　宽 21.0 厘米

来源：中央档案馆提供

1949年元旦，为了建设一个光明的新中国，毛泽东发出“将革命进行到底”的号召，提出“用革命的方法，坚决彻底干净全部地消灭一切反动势力”。

1949年4月2日，毛泽东在香山双清别墅给傅作义发了一封电报。其中写道:“四月一日通电读悉。……北平问题的和平解决，贵将军与有劳绩。贵将军复愿于今后站在人民方面，参加新民主主义的建设事业，我们认为这是很好的，这是应当欢迎的。”这封电报开头提到的“四月一日通电”，是指原国民党华北“剿总”总司令傅作义公开发表的北平和平通电。1949年1月下旬，经过人民解放军和中共北平地下组织的耐心工作以及北平开明人士敦促，国民党华北“剿总”总司令傅作义于率部接受和平改编。1月31日，北平和平解放。

北平和平解放的消息传出，万众欢腾。毛泽东认为，这种“不流血的斗争方式，并不是不用斗争可以解决问题的”，这个结果，主要取决于人民解放军的强大与胜利，取决于中国共产党顺应人民期盼争取和平的努力，蕴含了中共中央和毛泽东高瞻远瞩的政治智慧和运筹帷幄的指挥艺术。

辽沈战役胜利已成定局时，中共中央和毛泽东就在酝酿东北野战军和华北军区部队配合进行平津战役，并计划1949年1月发动，用半年时间解决战斗。北平、天津被围后，傅作义所部守军已陷于绝境。解放军厉兵秣马，只待攻城。但为了保护平津人民生命财产和历史文化古迹、重要工业区，毛泽东指示解放军先礼后兵，在制订平津战役作战计划的时候，也酝酿通过谈判争取傅作义。

1948年12月中旬起，根据中央军委和毛泽东确定的方针和原则，由平津前线司令部与傅作义代表进行和谈。谈判过程中，傅作义处于激烈的思想斗争之中，呈现犹豫摇摆、观望拖延的态度。

1949年1月14日，东北野战军对拒绝放下武器接受和平改编的天津守敌发起攻击，29小时胜利结束战斗。傅作义迫于解放军强大的军

1949年2月22日，傅作义（左三）、邓宝珊（左二）乘上海人民和平代表团飞机到石家庄转西柏坡，受到周恩来（左一）等中央领导人的热情接待。

事压力，在中共的团结争取和各方面推动下，最终选择站到人民一边，在《关于北平和平解决问题的协议》上签字。1月31日，人民解放军接管防务，北平和平解放。2月22日，毛泽东、朱德和周恩来在西柏坡接见傅作义、邓宝珊。傅作义内疚地说："主席，我半生戎马，除抗日外，罪恶不小。"毛泽东说："和平解放北平，宜生（傅作义字宜生）功劳很大！"他告诉傅作义，要把北平和平解放前所有被解放军俘虏的傅部人员送回绥远参加起义，按起义人员对待。中国共产党的坦诚和宽待解除了傅作义心中最大的担忧和疑虑，使其深受感动和鼓舞。他回到北平后很快将两个多月前就拟写好的和平通电，于4月1日向全国和海外发出。毛泽东读到通电后非常高兴，对傅作义和平解决北平问题的贡献给予高度评价，称赞他在其中"起了个样板作用"。

4月2日，毛泽东发表关于欢迎国民党官兵用和平方法解决国内问题复傅作义电，最大程度地展现了中国共产党早日实现真正和平的诚意。

（索南卓玛）

【电报原文】

傅作义将军：

四月一日通电读悉。南京国民党反动政府发动反革命内战的政策，是完全错误的。数年来中国人民由于这种反革命内战所受的浩大灾难，这个政府必须负责。但是执行这个政策的国民党反动政府的文武官员，只要他们认清是非，翻然悔悟，出于真心实意，确有事实表现，因而有利于人民解放事业之推进，有利于用和平方法解决国内问题者，不问何人，我们均表欢迎。北平问题的和平解决，贵将军与有劳绩。贵将军复愿于今后站在人民方面，参加新民主主义的建设事业，我们认为这是很好的，这是应当欢迎的。

毛泽东

一九四九年四月二日

出自中央档案馆编:《中共中央文件选集》(一九四九)，中共中央党校出版社 1992 年版，第 202 页。

甲申对、窑洞对、赶考对——毛泽东的三次“重要对谈”

名称：郭沫若著《甲申三百年祭》
年代：1945 年
质地：纸
尺寸：长 17.9 厘米　宽 12.8 厘米
来源：香山革命纪念馆馆藏

在香山革命纪念馆基本陈列展厅里有一本郭沫若著、上海野草出版社于1945年10月出版发行的《甲申三百年祭》。书的左下方有副标题：明末亡国史实。该文曾连续刊载在《新华日报》，后被延安《解放日报》转载。书中除《甲申三百年祭》外，还收录了同期发表于《新华日报》的另外三篇文章——《甲申事变（明末亡国的历史）》《三百年前》《在情理之上（读史笔记）》，此三篇文章仅见于野草出版社版本的《甲申三百年祭》，其他版本均未收录。

郭沫若（1892—1978），中国近现代著名文学家、剧作家、诗人、历史学家、古文字学家、社会活动家。

《甲申三百年祭》由郭沫若写于1944年（甲申年）3月10日。三百年前的1644年（甲申年）农历三月十九日，李自成攻占北京城，崇祯皇帝自缢于煤山，明王朝覆灭，但李自成的大顺政权在北京仅存在了40天就灭亡了。文章剖析了明朝灭亡和李自成农民军失败的原因。李自成军进京前广收民心、军纪严明，但进京之后李自成及其部下开始骄奢淫逸、纪律涣散，直接导致了李自成农民军的溃败。郭沫若在《甲申三百年祭》中写道："（李自成）二月出兵山西，不到两个月便打到北京，没三天功夫便把北京城打下了……过短的时期之内获得了过大的成功，这却使自成以下（将领）……似乎都沉沦进了过分的陶醉里去了……纷纷然，昏昏然，大家都像以为天下就已经太平了的一样。近在肘腋的关外大敌，他们似乎全不在意。山海关仅仅派了几千兵去镇守，而几十万的士兵却屯积在京城里面享乐。尽管平时的军令是怎样严，在大家都陶醉了的时候，竟弄得（官兵）杀人无虚日，掠抢民财。”对于李自成的失败，郭沫若总结说：“假使初进北京时……使士卒不要懈怠而败了军纪……清人断不至于那样快的便入了关。”

1944年，抗日战争进入战略反攻阶段，胜利在望，毛泽东一直以来都在思考中国共产党在胜利后如何不重蹈历史王朝覆辙的问题。毛泽东在延安看到《甲申三百年祭》后赞赏说：“全党同志对于我党的几次骄傲引发的错误，要引为鉴戒。近日我们印了郭沫若论李自成的文章，也是叫同志们引以为鉴，不要重犯胜利时骄傲的错误。”同年11月，毛泽东在党的六届七中全会期间就总结党的历史经验致函郭沫若：你的《甲申三百年祭》，我们把它当作整风文件看待。小胜即骄傲，大胜更骄傲，一次又一次吃亏，如何避免此种毛病，实在值得注意。我虽然兢兢业业，生怕出岔子，但说不定岔子从什么地方跑来。你看到了什么缺点错误，希望随时示知。毛泽东与郭沫若的这次笔谈，被称为“甲申对”。

“甲申对”和“窑洞对”“赶考对”是新中国成立前的三次重要对谈，三次对谈中，毛泽东对党的建设进行了深入思考。

1945年，党的七大刚刚闭幕，国民参政会参政员黄炎培等6位先生访问延安，他们考察了延安的经济发展、民主政治建设、社会治理和军民关系等方面的情况，感受到了延安由最初2000人发展到5万人的巨大变化。考察期间，毛泽东在窑洞里问黄炎培对延安的感想，黄炎培说：“我生六十多年，耳闻的不说，所亲眼看到的，真所谓‘其兴也勃焉，其亡也忽焉’，一人、一家、一团体、一地方乃一国，不少单位都没有能跳出这周期率的支配力。一部历史，‘政怠宦成’的也有，‘人亡政息’的也有，‘求荣取辱’的也有，总之没有能跳出这周期率。中共诸君从过去到现在，我略图了解到的，就是希望找出一条新路，来跳出这周期率的支配。”毛泽东稍作思考后回答说：“我们已经找到新路，能跳出这周期率，这条新路就是民主。只有让人民来监督政府，政府才不敢松懈。只有人人起来负责，才不会人亡政息。”毛泽东与黄炎培的这次对谈，被称为“窑洞对”。

1949 年 3 月 23 日，毛泽东等中央领导同志率领中央机关和中国人民解放军总部人员，离开西柏坡前往北平。出发时，毛泽东对周恩来说，今天是进京赶考的日子，进京赶考去。周恩来笑着回答，我们应当都能考及格，不要退回来。毛泽东满怀信心地说，退回来就失败了。我们决不当李自成，我们都希望考个好成绩。毛泽东和周恩来这次对谈，被称为“赶考对”。

1949 年，经过对党的建设的深入思考，毛泽东在党的七届二中全会上提出“两个务必”，要求全党在胜利面前要保持清醒头脑，在夺取全国政权后要经受住执政的考验，“务必使同志们继续地保持谦虚、谨慎、不骄、不躁的作风，务必使同志们继续地保持艰苦奋斗的作风”。

（彭淼淼）

向全党推荐的 12 本干部必读书目

名称：向全党推荐的 12 本干部必读书目
年代：1949 年
质地：纸
尺寸：长约 20.7 厘米　宽约 14.7 厘米
　　　高约 0.8—3.7 厘米
来源：香山革命纪念馆馆藏

在香山革命纪念馆展厅里陈列着12本干部必读书，这套书分别为:《共产党宣言》《社会主义从空想到科学的发展》《社会发展简史》《政治经济学》《帝国主义是资本主义底最高阶段》《国家与革命》《共产主义运动中的“左派”幼稚病》《论列宁主义基础》《苏联共产党（布）历史简要读本》《列宁斯大林论社会主义经济建设》《列宁斯大林论中国》《马恩列斯思想方法论》。

1945年，毛泽东在党的七大上提出学习5本马列著作:“马克思的一本，就是《共产党宣言》，是和恩格斯合著的，但主要是马克思著的。恩格斯的一本，就是《社会主义从空想到科学的发展》。列宁的两本，一本是《在民主革命中社会民主党的两个策略》，一本是《共产主义运动中的‘左派’幼稚病》。列宁的这两本书写得很好，马克思、恩格斯写的那两本书也写得很好，这四本书薄薄的，读完它们不用花很多时间。此外，还有斯大林写的《苏联共产党（布）历史简要读本》，比较厚一点。这本书是历史的，又是理论的，又有历史，又有理论，它是一个胜利的社会主义国家的历史，是马克思主义在俄国成功的历史，这本书要读。前面四本书也既是理论的，又是历史的。马恩列斯的书多得很，如果读了这五本书，就差不多了。”1948年9月中共中央召开政治局会议，毛泽东又将马列著作的学习范围扩大至10本。

1949年3月，中共中央召开七届二中全会，提出党的工作重心由农村转移到城市，全党必须要用极大的努力学会管理城市和建设城市。开展城市工作迫切需要提高干部的理论水平和专业素质。为了更有效地提高全党的政治理论水平和做好城市接管的准备，中共中央重新编审了一套干部必读书目。毛泽东在七届二中全会上向全党推荐了12本干部必读书目，还特地为这套书加了“干部必读”四个字。这些必读书目中，有马列原著，有对马列论述的专题摘编，也有阐释和宣传马列主义的著作。毛泽东在七届二中全会上就12本“干部必读”的马列著作指出:“关于12本干部必读的书，过去我们读书没有一定的范围，翻译了很多书，也都发了，现在积二十多年之经验，深知要读这12本书，规定在三年之内看一遍到两遍。对宣传马克思主义，提高我们的马克思主义水平，应当有共同的认识，而我们许多高级干部在这个问题上至今还没有共同的认识。如果在今后三年之内，有三万人读完这12本书，有三千人读通这12本书，那就很好。”

毛泽东在香山时，正值解放全中国和筹备新中国的关键时期，他始终率先垂范，挤出时间读马列著作，例如列宁的《国家与革命》《共产主义运动中的“左派”幼稚病》，都是这段时期他阅读的主要篇目。他在《国家与革命》第一章“阶级社会与国家”中，几乎每句话旁边都画着标记。他在重读《共产主义运动中的“左派”幼稚病》一书时，在书的封面作了批语：“请同志们看此书的第二章，使同志们懂得必须消灭现在存在于我们工作中的某些严重的无纪律状态，或无政府状态。”中央宣传部根据毛泽东的指示，特别要求全党学习《共产主义运动中的“左派”幼稚病》第二章。

为了迎接新中国的到来，在毛泽东的号召下，全党的干部兴起了学习热潮。从1949年6月到1950年6月这一年间，12本“干部必读”印行总数达300万册，成为广大干部、党员和群众学习马列主义理论的必备书，对培养干部、提高干部理论水平，起了十分重要的作用。

（杜意娜）

“黄泥警校”学习笔记

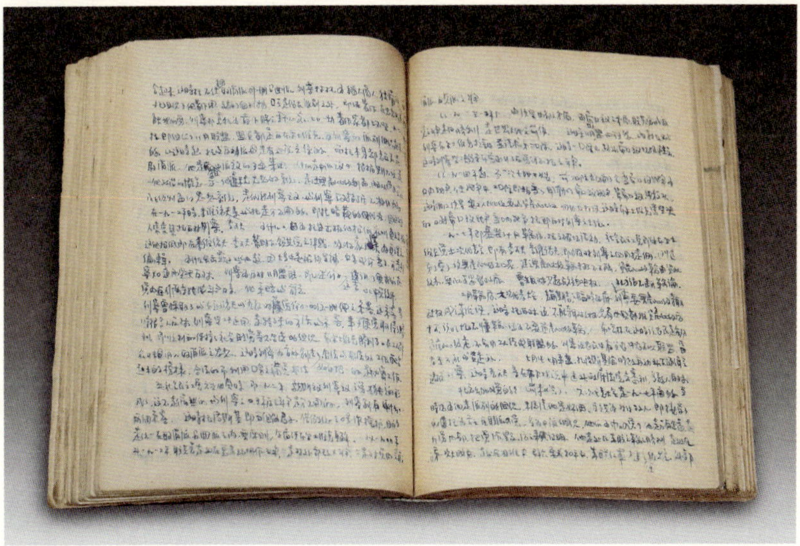

名称：段玉为做好接管北平工作撰写的学习笔记
年代：1948 年
质地：纸
尺寸：长 21 厘米　宽 14.5 厘米　高 3 厘米
来源：香山革命纪念馆馆藏

什么是党性？党性即阶级觉悟，共产党员之党性即是无产阶级之觉悟、思想。为什么增强党性？党员入党在组织上入党，但在思想上不一定完全入党，即存在有非无产阶级之意识。增强党性的方法，主要一条是批评与自我批评。

……

我们要总结经验，提高理论的水平。马列主义之思想方法，是占有材料，分析研究，提出问题、解决问题。调查研究是我党的思想方法之一，也是我们情报、保卫人员思想方法、工作方法之一，我们要了解城市有敌人的特务、警察，不好活动，这是一方面，另一方面他们与群众有矛盾，而是我们活动之有利条件。

——段玉为做好接管北平工作撰写的学习笔记（1948 年）

在香山革命纪念馆里陈列着一件珍贵的文物——中共中央社会部训练班学员、北平市公安局郊四分局代局长段玉为做好接管北平工作撰写的学习笔记。笔记的内容包罗万象，既有工作经验介绍，也有侦查技术、马列主义等理论知识，这是见证当年历史的珍贵记录。

1948 年，党中央进驻西柏坡后，全国战略形势发展得非常快。党中央分析了当时的形势，预见到全国解放即将到来，指示中央社会部组建接管大城市的情报、保卫干部训练班，培养接管城市的干部。

中央社会部接到此项任务后，部长李克农根据党中央指示，马上通知华北局、华东局、西北局、晋绥分局社会部各自选调人员，并对各局在人员安排上要求达到四个条件：一是县团级以上从事情报、保卫、公安的干部；二是各县的公安局长、副局长；三是初中以上文化程度；四是身体健康。选调人员经过严格政审后，对个别不符合要求的人员坚决返回，另予补充，确保参加培训人员的质量。训练班开学前夕，组织上又从北平派来了 8 名党员大学生，共计 108 人，因此，训练班学员们就有了一个美称——“一百单八将”。1948 年 9 月 17 日，秋高气爽，训练班在十分简陋的条件下正式开学，校址就选在平山县西黄泥村老百姓的土坯房内，训练班又称为“黄泥警校”，堪称“新中国警察的摇篮”。开学典礼由中央社会部部长李克农主持，刘少奇、朱德、任弼时等中央领导同志亲临大会，并都作了重要讲话。

该训练班毕业的学员后来成为北京市公安局的骨干力量，肃清特务，剿匪清霸，建立新的社会治安管理体系，为中共中央进驻北平和新中国开国大典的举行扫清了障碍，轰轰烈烈地掀开了新中国人民公安管理城市的历史篇章，为保卫党中央、保卫首都人民安全，保卫经济建设、维护社会治安秩序，作出了巨大的贡献，可谓是守卫新中国的“铜墙铁壁”。

这本珍贵的学习笔记的主人段玉就是其中一员，他于 1939 年 5 月加入中国共产党，先后在农会、儿童团、工委会等处从事抗日工作。解放战争时期，先后参加了土改工作、鲁西南战役支前工作、整党工作等。1948 年 9 月，由华北党校调中央社会部西黄泥村训练班学习。

段玉学习笔记扉页。

12 月 16 日，随队到达北平长辛店，参加接收北平的工作，后任北平市公安局郊四分局代局长。1949 年 1 月 31 日，北平和平解放。段玉参与组建了北平市公安局郊四分局，任一科兼四科科长。根据市局彻底摧毁旧警察机器的精神，段玉等积极审查旧警员，清理了反动党特骨干，有效地维护了北平治安。6 月，段玉任北平市公安局郊四分局代局长。之后郊四分局与丰台分局合并，段玉任北平市公安局丰台分局副局长。新中国成立后，段玉始终在公安和司法战线工作，直到 1987 年才离休，终其一生都在为祖国的革命和建设事业贡献力量。

翻开这本珍贵的笔记，从段玉密密麻麻、工工整整的笔迹中，我们依然可以窥见那段光辉的历史，感受到像段玉这样千千万万的共产党员为新中国的建立所付出的艰辛努力。砥砺奋进写华章，保卫北平绘蓝图——从西柏坡走出的人民公安队伍，从此成为古城北平维持安定的卫士。这支英勇奋进的队伍就是一面旗帜，这本珍贵的笔记更是他们为国为民、砥砺奋进的爱国精神的生动写照。这支奋进的队伍，这面伟大的旗帜，这种宝贵的精神……无不深深启发着中国新时代的新青年们要勇挑重担，传承革命先辈的精神，不忘初心，牢记使命，严守纪律，苦学精研，为共产主义事业奋斗终生。

（武龙女）

周密布置为迎接党中央迁平

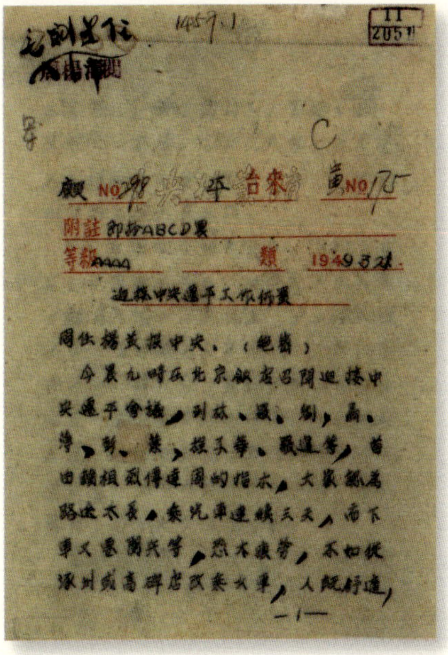

附註 印发ABCD
等级AAAA 类 1949
迎接中央迁平工作布置
今晨九时在北京饭店召开迎接中央迁平会议，到林、聂、刘、高、[illegible]、彭、叶、[illegible]等，首由[illegible]传达周的指示，大家认为路途太长，乘汽车连续三天，而下车又要开会等，恐太疲劳，不如在涿州或高碑店改乘火车，人既舒适，
—1—

名称：叶剑英、李克农关于迎接中央迁平工作布置的报告
年代：1949 年
质地：纸
尺寸：长 22.4 厘米　宽 15.6 厘米
来源：中央档案馆提供

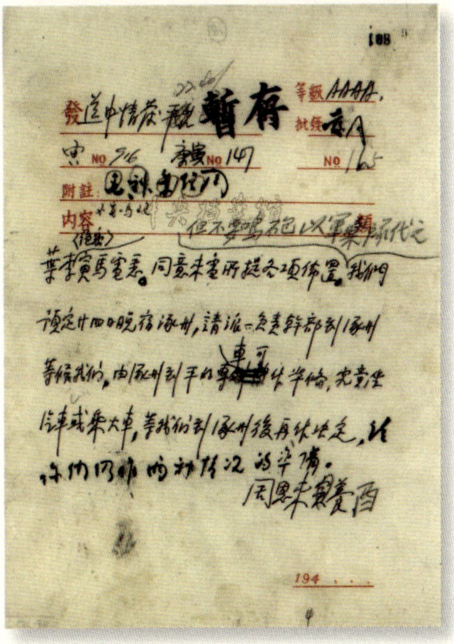

暂存
等级AAAA
附註
内容
[illegible]：同意来电所提各项布置。我们预定廿四日晚宿涿州，请派一负责干部到涿州等候我们。由涿州到平[illegible]坐汽车或乘火车，等我们到涿州后再作决定。[illegible]
周恩来[illegible]
194

名称：周恩来关于同意来电所提各项布置的批示
年代：1949 年
质地：纸
尺寸：长 27 厘米　宽 20 厘米
来源：中央档案馆提供

1949年1月31日，北平和平解放。随后，北平开展的政治活动日渐频繁，北平的政治中心地位也越来越突出。在迁驻北平事宜确定之后，中共中央开始做方方面面的准备工作：一方面需要为顺利迁移做准备；另一方面则是为首次进入大城市做政策、纪律、学习等方面的准备。

中共中央迁平过程中，确保中央领导人的安全事关重大。为此，中共中央、华北局、北平市委、北平市政府和北平驻军，对中共中央迁平的安全保卫工作极为重视，不仅对迁平路线进行了详细周密的勘察与布置，而且及时根据中央指示不断完善迁平方案，既保证中央领导人行程妥当、安全抵达，又避免在沿途引起不必要的慌乱，保证人民正常生活。

3月21日，迎接中央迁平会议在北平饭店召开，罗荣桓、刘亚楼、聂荣臻、薄一波、彭真、叶剑英、程子华、罗迈（李维汉）等到会。会上，按照周恩来的指示，成立了由叶剑英主持，包括聂荣臻、程子华、刘亚楼、李克农5人组成的迎接中央迁平组织委员会，并对中共中央迁平的沿途警卫、对空警戒、阅兵及城市庆祝等做了严密的部署：从唐县到涿县，由华北军区负责；涿县到长辛店，由第四野战军第四十二军负责；长辛店到西直门，由第四野战军第四十一军负责；西直门铁路以西直至香山，由李克农负责；对空警戒，包括西苑机场、香山等处均由刘亚楼负责。受阅部队由第四野战军准备3个步兵团，1个摩托化团，2个炮兵团，1个坦克营组成，由刘亚楼任总指挥，主席临场，以36门礼炮各鸣四响，（演习弹）共144响示敬。

3月21日，叶剑英、李克农将以上各项迎接中央迁平工作的布置电告周恩来、任弼时、杨尚昆并报中央。同时，为保证中央领导人安全和休息，提议在涿县由汽车改乘火车。3月22日19时，周恩来复电叶剑英和李克农，对来电中所提各项布置方案表示同意，但是特别强调在西苑阅兵时不要鸣炮，而以军乐队代替。当时北平刚解放不久，如果放礼炮容易引起恐慌，影响周围安定，以军乐队代替礼炮，既可以烘托阅兵现场凯歌高昂、胜利在望的欢庆气氛，激励人心、鼓舞军民，又不致打扰北平市民正常生活秩序。同时出于对毛泽东等一行人在涿县期间安全的考虑，周恩来要求事先派干部在涿县等候，并准备坐汽车和乘火车两种方案，等他们到涿县后再做具体安排。当天，叶剑英、李克农就铁路布置再次致电周恩来、任弼时、杨尚昆并报中央，对迁平工作布置方案作出进一步的补充和完善。

3月23日上午，毛泽东、朱德、刘少奇、周恩来、任弼时5位书记，率中共中央机关离开西柏坡，前往北平。上午11时，中共中央、解放军总部的车队出发了，晚上到达唐县城东淑闾村。车队未到之前，打前站的同志早已到了该村，做好了宿营准备。第二天（24日）中午到达冀中区党委所在地保定。下午继续北上，傍晚到涿县（现涿州市），住在第四野战军四十二军军部大院。晚上，毛泽东、周恩来同专从北平带专列来迎接的叶剑英、滕代远见面，首先听了叶剑英关于北平情况的汇报，然后研究了25日的行程安排。25日凌晨，毛泽东等中央领导同志换乘火车专列驶向北平，专列于25日上午到达清华园火车站，毛泽东等中央领导同志下车后，与迎候在车站的罗荣桓、聂荣臻、李克农等见面，随后乘汽车到颐和园休整，并在西苑机场举行了阅兵。

西苑阅兵是解放战争时期中共中央第一次公开阅兵。25日下午5时，毛泽东等中央领导人在欢呼声和军乐声中到达西苑机场，工人、农民、青年、妇女各界代表等，满怀热情与希望来迎接自己的领袖。按照中共中央指示，西苑阅兵中并没有鸣放礼炮。随着500发照明弹腾空而起，阅兵正式开始。毛泽东、朱德等领导人依次登车，伴随着雄壮的《人民解放军进行曲》，开始检阅解放军作战功勋部队以及英模功臣代表。

毛泽东等中央领导人参加完西苑阅兵后，当天晚上正式进驻香山，至此，中央迁平工作画上了圆满的句号。在中共中央和迁平工作筹备人员的科学谋划和妥善布置下，不仅保证了中央领导人的安全抵达、西苑阅兵的顺利举行、各中央机关的有效安置，也给途经之处的人民群众留下了良好的印象，为解放战争的胜利和筹建新中国各项工作的顺利开展打下了良好的基础。

（温晓丽）

进京“赶考”路上的美式吉普车

名称：毛泽东从西柏坡进京时乘坐的同款吉普车
年代：1942 年
质地：金属　橡胶
尺寸：长 460 厘米　宽 220 厘米　高 190 厘米
来源：香山革命纪念馆馆藏

在香山革命纪念馆展厅里陈列着一辆1942年美国道奇公司生产的军用吉普车，这是解放战争时期人民解放军从国民党军队手中缴获的战利品，也是毛泽东从西柏坡进京时乘坐的同款吉普车。这辆车与普通吉普车相比车身较长，空间宽敞；驾驶员一侧放置有备胎，没有车门，只在副驾驶位置有个弧状的缺口；发动机盖为侧开，形制十分特别。

1949年3月23日，毛泽东率领中共中央机关离开中国革命的最后一个农村指挥所——西柏坡，向北平进发。当时西柏坡村边，一支由多辆中小吉普车和卡车组成的车队整装待发，毛泽东乘坐第二辆吉普车。根据档案记载，当时从西柏坡至涿县（现涿州市），毛泽东乘坐的是汽车，从涿县到北平清华园，中央首长乘坐的是火车。当时为保证安全，在中央首长从涿州换乘火车进北平时，编为3个列车。第一列挂8个客车，载警卫部队和少数干部以及警卫人员为压道车，到西直门站下车，然后用卡车将他们直送香山。第二列挂8个卧车和一辆餐车，直开清华园车站（车站较小，宜于警卫）。第三列5个客车，3个行李车，开至前门车站。

中央首长从西柏坡到涿县乘坐汽车时，由于道路弯弯曲曲，坑洼不平，行车时十分颠簸。但毛泽东全然没有觉察到这些，他的心情非常愉悦，与随行人员有说有笑。毛泽东问随行人员："现在又是3月份，为什么老在3月份咱们有行动呢？你们记得这几次行动的时间吗？"在毛泽东的带动下，大家兴奋地讨论起来："1947年3月撤离延安。""去年3月，我们由陕北米脂县的杨家沟出发，向华北前进。"毛泽东听完大家的话，信心十足地说："今天是3月23日，我们又向北平前进了。三年三次大行动都是在3月份。明年3月份应该解放全国了。等全中国解放了，我们再也不搬家了。"

3月25日，毛泽东率领中央机关、人民解放军总部进驻北平。北平社会各界群众热情地迎接，毛泽东来到他们中间，高兴地与他们握手，互致问候。见到各界民主人士，毛泽东感慨地说："今天是你们欢迎我们，也是我们欢迎你们，并向你们表示感谢。希望我们继续合作，在今后的政府工作和其他工作中，做出应有的贡献。"

在之后的半年时间里，北京香山成为党中央所在地。中共中央在香山期间领导全国人民，取得了新民主主义革命的胜利，完成了人民解放的历史使命，开启了中国历史发展新纪元的光辉篇章。

（桂星星）

第二篇

进驻香山

第一单元
Unit I
确定香山
香山位于北平西郊，距离城区较远，宜于警卫，便于防空，香山慈幼院成为中共中央办公地的最佳选择。为选定驻地，中共中央多次派员赴北平全面调查，确定香山为中共中央机关和中国人民解放军总部的驻地，对外称“劳动大学”。香山成为中共中央和中央领导同志迁驻北平后最早办公地和居住地。
Located in the western suburbs of Beiping, Xiangshan is far from the city proper, which made ground and air attack against it difficult. The Xiangshan Orphanage, which was publicly named the University of Labor, was chosen as the office of the CPC Central Committee and the headquarters of the PLA. Thus, Xiangshan housed leaders and staff of the CPC Central Committee after they moved to Beiping.
第二部分
进驻香山
1949年3月25日，毛泽东等中央领导同志率领中共中央机关和中国人民解放军总部由西柏坡进驻香山，从此香山成为新中国成立前夕党中央的所在地。北京香山是毛泽东和朱德发布向全国进军命令的地方，是中国人民解放战争走向全国性胜利的指挥部。
Part II
Arriving at Xiangshan
On March 25, 1949, headed by Mao Zedong and other central leaders, the CPC Central Committee and the headquarters of the PLA arrived at Xiangshan, which became the seat of the CPC Central Committee until the founding of New China. It was here in Xiangshan that Mao Zedong and Zhu De issued the order to liberate the entire country.

第二篇　进驻香山

定都北平，是解放战争取得全国性胜利前夕中国共产党的重要战略决策。为选定中央迁平后的驻地，中共中央多次派员赴北平全面调查，最终确定香山为中共中央机关和中国人民解放军总部的驻地，对外称“劳动大学”。香山成为中共中央和中央领导同志迁驻北平后最早办公地和居住地。

1949 年 3 月 23 日，毛泽东等率领中共中央机关和中国人民解放军总部离开西柏坡前往北平。当晚，住河北唐县淑闾村。24 日中午，到达冀中区党委所在地保定，下午抵达涿县。25 日凌晨，在涿县换乘火车，上午抵达北平清华园火车站，改乘汽车至颐和园。下午，毛泽东、朱德、刘少奇、周恩来、任弼时等中共中央领导人，在西苑机场会见各民主党派负责人、无党派民主人士和北平各界代表，举行阅兵仪式，检阅中国人民解放军作战功勋部队、英雄模范功臣代表。第四野战军参谋长刘亚楼任阅兵总指挥。西苑阅兵是解放战争时期，中共中央第一次公开阅兵，极大地鼓舞了人民解放军广大官兵的斗志，坚定了全军将士打过长江去、解放全中国、将革命进行到底的决心。

阅兵结束后，毛泽东与各界代表及民主人士合影留念。当晚，毛泽东在颐和园益寿堂宴请民主党派代表，共商国是。参加晚宴的民主人士有李济深、黄炎培、郭沫若、沈钧儒、谭平山、马叙伦、张东荪、章乃器、章伯钧、许德珩、盛丕华、彭泽民、蔡廷锴、陈叔通、马寅初、张奚若、俞寰澄、柳亚子、张志让 19 人。

1949 年 3 月 25 日夜，毛泽东等中央领导同志正式进驻香山。毛泽东入住双清别墅，朱德、刘少奇、周恩来、任弼时入住来青轩。随之，中央警卫处迁入双清别墅东侧平房，中共中央宣传部迁入思亲舍和多云亭，中共中央宣传部图书馆迁入小白楼，中共中央办公厅机要处迁入镇芳楼和镇南房，香山专用电话局设在丽瞩楼。当晚，新华社向全国、全世界宣告了中共中央、中国人民解放军总部和毛泽东等已胜利到达北平的消息，从此香山成为新中国成立前夕党中央的所在地。

在这里，毛泽东、朱德发布了向全国进军的命令，结束了国民党反动派在大陆的统治；在这里，毛泽东发表了《论人民民主专政》，为新中国的建立奠定了理论基础和政策基础；在这里，中共中央同各民主党派、各界人士共同筹备中国人民政治协商会议，制定了《中国人民政治协商会议共同纲领》，确定了新中国的国体和政体，制定了一系列基本政策，描绘了建立建设新中国的宏伟蓝图。

（杜意娜）

“标准本”：《目前形势和我们的任务》

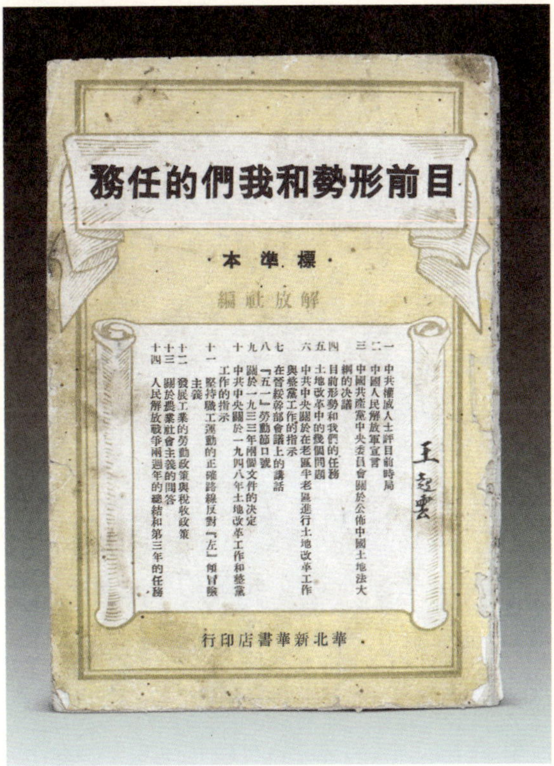

名称：1949 年 9 月解放社编华北新华书店印行的《目前形势和我们的任务》
年代：1949 年
质地：纸
尺寸：长 17.7 厘米　宽 12.5 厘米
来源：香山革命纪念馆馆藏

在香山革命纪念馆中，展出了1949年9月由解放社编、华北新华书店印行的《目前形势和我们的任务》一书。这本书以1947年12月25日毛泽东在陕北米脂县杨家沟召开的十二月会议上所作的《目前形势和我们的任务》报告为中心，选取了从1947年5月至1948年7月之间中共中央发表的重要文件、重要讲话和新华社社论等共计14篇文章。

这本书的封面比较特殊，写有“标准本”字样。这是解放社编、华北新华书店印行的，方便各解放区“以此为准”的文件选集。

对于以前的中央文件，大都是出版方自行编印并发行的，因为传达时难免会出现差错，所以市面上会出现不同的文件版本。1948年6月，中央发布了《关于宣传工作中请示与报告制度的决定》。《决定》中特地提到了要严格审查出版物:“凡关于全国性、全党性问题的著作，其内容不同于中央已经公布的主张，或虽无不同于中央主张之处，而其性质特别重要者，均应送由中央审查或取得中央同意出版。凡中央负责同志未经正式公布的著作，未经中央同意，各地不得擅自出版。中央负责同志已正式公布的著作，各地在编辑或翻译时，亦须事前将该著作目录，报告中央批准。并请作者重新加以校阅或修改。”

这部“标准本”就是在这样的背景下出版发行的。1948年8月，新华社选取了14篇重要文章进行了校对编辑，书中写道:“这些文件过去在各地发表时，因为电讯传达的关系，大都或多或少的有些错漏，现在经新华总社根据原稿校对，汇印成册，作为标准本。各解放区翻印这些文件时，请以此本为据。”此书发行后，新华社还发表了专题报道。《人民日报》称其为“一年来党的重要文献集”。这“标准本”也受到了人民的喜欢，后陆续被各地解放区翻印。作为当时中央的标准文献，它成为了对干部进行政治形势教育的重要书目，也成为了“标准本”的开端。

书中选取的14篇文献皆经过仔细挑选、精心编校，涵盖了土地革命战争时期、解放战争时期等重要事件。开篇第一文为《中共权威人士评目前的时局》的新华社社评，文中严厉批评了蒋介石政府。最后一篇为1948年7月30日发表的《人民解放战争两周年的总结和第三年的任务》，对于人民解放战争取得胜利的原因作了深刻总结。书中大多是毛泽东发表的文章，也有任弼时等人的著作。书中文章《中国人民解放军宣言》《目前形势和我们的任务》《在晋绥干部会议上的讲话》后被收入《毛泽东选集》第四卷。

《目前形势与我们的任务》既是书名，也是本书的中心篇，具有重要意义。当时中国革命形势一片大好，已经胜利在望。解放全中国的客观条件已经成熟，为了全面制定新形势下党的行动纲领，准备夺取人民解放战争的全国胜利，1947年12月25日至28日，中共中央在陕北米脂县的杨家沟，召开扩大会议，即十二月会议。这次会议分为政治、军事、土地改革三个小组，对有关问题进行充分、深入的酝酿和讨论。会议上通过的毛泽东《目前形势和我们的任务》书面报告，是中国共产党在打倒蒋介石反动统治集团、建立新民主主义中国的整个时期内，在政治、军事、经济各方面的纲领性文件。它准确地判断了当下的军事形势和政治形势，为经济、政治的转变奠定了基础。对于中国人民解放军推翻国民党反动派统治，建立新中国，具有重要指导意义。

报告以激昂奋进的文字，讲述了所面临的局势，并呼吁：

“我们清醒地知道，在我们的前进道路上，还会有种种障碍，种种困难，我们应当准备对付一切内外敌人的最大限度的抵抗和挣扎。但是，只要我们能够掌握马克思列宁主义的科学，信任群众，紧紧地和群众一道，并领导他们前进，我们是完全能够超越任何障碍和战胜任何困难的，我们的力量是无敌的。现在是全世界资本主义和帝国主义走向灭亡，全世界社会主义和人民民主主义走向胜利的历史时代，曙光就在前面，我们应当努力。”

这部“标准本”体现了当时党对文件和政策的严谨宣传，由于书中的文字准确，权威性强，受到了群众和干部的一致好评。它广泛地宣传马克思主义理论和中国共产党的政策，不仅满足了干部群众学习的需要，同时也开启了出版史上“标准本”的篇章。

（孙瑾溪）

香山“通行证”

名称：“劳动大学”通行证章
年代：1949 年
质地：金属
尺寸：直径 2.3 厘米　高 0.1 厘米
来源：香山革命纪念馆馆藏

在香山革命纪念馆馆藏文物中有一枚“劳动大学”证章。章呈圆形，正面为“七一”字样，背面有编号，除此之外，没有任何文字或标志，保密性较强。这是1949年中央军委作战处参谋赵光琛所使用的证章，也是当时中共中央机关及中央军委机关人员出入香山的通行证。

赵光琛（1924—　），河北束鹿县人，1938年1月参加革命，10月加入中国共产党。1939年在八路军第一二〇师参谋训练队受训，后赴晋察冀军区工作。1948年，由晋察冀军区选调到西柏坡中央军委作战部任参谋。1949年3月跟随党中央进驻香山，在中央军委作战部工作。当时上级给在香山工作的每位中共中央机关及中央军委机关人员配发了证章，这枚珍贵的证章充分见证了中央机关为了保密起见，使用代号“劳动大学”的历史。

1949年1月19日，中央直属机关供给部副部长范离从西柏坡出发，到达北平已解放的西郊地区，为中央迁平选址。经过调查，他向住在颐和园的北平市长叶剑英作了汇报。1月底，范离带着叶剑英写给中央办公厅主任杨尚昆的信回到西柏坡向党中央汇报。信中说：范、刘（刘达）二同志侦察和研究的结果，我们认为地区的选择，以香山为适当，只需牵动一家（慈幼院）就可基本解决。

为确定中央驻地，中央又派社会部副部长李克农一行13人赴北平全面调查。2月5日，李克农等到达北平，2月7日与北平市警备司令员程子华一起去香山勘察，确定香山为中共中央、解放军总部的驻地。3月25日，毛泽东等率中共中央机关和人民解放军总部入驻香山。毛泽东住双清别墅，朱德、刘少奇、周恩来、任弼时等住来青轩。

为了保密，中央机关对外用代号，称“劳动大学”（简称“劳大”）。设立三个临时办事处：第一站设在城内弓弦胡同，称“劳大”筹备处，由赖祖烈负责；第二站设在城外青龙桥，由王范负责，称“劳大”收发处；第三站就是香山驻地，由边纪中、田畴负责，称“劳大”招待处。中央机关分驻在香山，中央军委机关分驻在西山一带，中央警卫和公安部门分驻在西直门、颐和园至香山一带。为了便于联系群众，工青妇等群众团体驻在城内。

为了确保安全，当时中共中央机关及中央军委机关人员每个人都配发了这枚证章，作为出入香山的“通行证”。当时同在香山工作的中央机要处工作人员任民后来在回忆录中写道:“我们当时搬到眼镜湖北、水帘洞附近的平房里，记得中央对外的名义是‘劳动大学’，每人胸前佩戴写有‘七一’两字的圆形徽章，是出入门的标志。”

北京香山是毛泽东和朱德发布向全国进军命令的地方，是中国人民解放战争走向全国性胜利的指挥部，中国共产党团结带领全国各族人民浴血奋斗 28 年，在这里筹建了新中国。

如今，这枚证章成为老一辈革命家在香山解放全中国、筹建新中国这段历史的时代缩影和重要见证，默默向世人诉说着这段光辉历史。

（桂星星）

机要人员沈世英的故事

名称：1949 年沈世英（中）在香山工作期间的照片
年代：1949 年
质地：相纸
尺寸：长 7.8 厘米　宽 5.8 厘米
来源：香山革命纪念馆馆藏

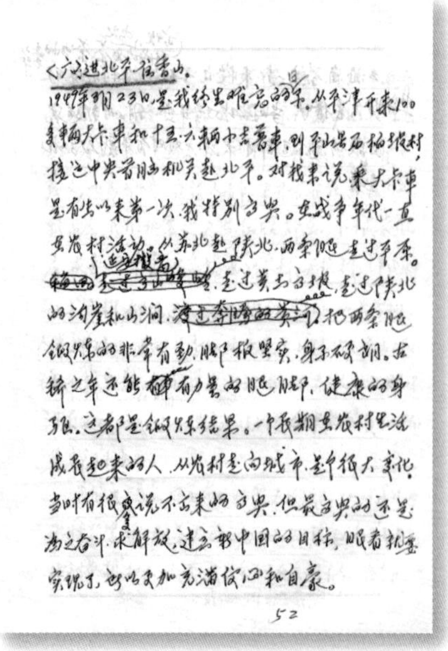

<六>进北平住香山。
1949年3月23日，是我终生难忘的日子。从平津开来100多辆大卡车和十五、六辆小吉普车，到平山县西柏坡村，接送中央首脑机关赴北平。对我来说，乘大卡车是有生以来第一次，我特别高兴。在战争年代一直在农村活动。从苏北赴陕北，两条腿走过平原，爬过高山峻岭，走过黄土高坡，走过陕北的沟崖和山洞，把两条腿锻炼的非常有劲，脚板坚实，身子硬朗。古稀之年还能有力量的腿脚、健康的身体，这都是锻炼结果。一个长期在农村生活成长起来的人，从农村走向城市，是个很大变化，当时有很多说不出来的高兴，但最高兴的还是为之奋斗、求解放、建立新中国的目标，眼看就要实现了，所以更加充满信心和自豪。

52

名称：沈世英晚年撰写的香山工作期间回忆录部分手稿
年代：20 世纪 80 年代
质地：纸
尺寸：长 26 厘米　宽 18.5 厘米
来源：香山革命纪念馆馆藏

沈世英，1926年6月生，江苏睢宁人。1942年加入中国共产党，1943年10月投笔从戎，加入新四军。1945年春，奉命选调至延安中央机关工作，任中央机要处译电员。1947年跟随毛主席转战陕北，次年随中央机关移师西柏坡，先后担任中央前委译电员和中办机要处股长。1949年3月，中共中央进驻香山后，任中央机要处股长。沈世英一生经历了抗日战争、解放战争、抗美援朝和新中国原子弹基地建设等重要时期，是隐蔽战线上的一名默默无闻的战士，为党的事业贡献着自己的力量。

机要人员的主要工作是收发电报，誊抄电报，还需要使用摩尔斯电码，发送密电，就像影视作品《永不消逝的电波》里李侠的岗位一样。机要工作要严谨、耐心、细致，工作不能有丝毫的马虎和懈怠。

一辈子与密码、电文打交道的沈世英，也有过马虎的时候，那是一次非常深刻的教训。一天深夜，连续工作的他实在熬不住，正准备休息时，一封电报送到了他手中。他发现不是急电，便压在枕头下，准备一会儿再发出去。小睡了一会儿后，他醒来却发现电报稿不见了。他赶忙向领导汇报，机要处领导要求立即查找电报。沈世英四处寻找后依然没有找到丢失的电报，无奈之下只能准备接受组织的处分。可就在这时，有同事突然发现在桌子底下杂物后有一个小洞，他们用小木棍一点一点掏，掏出许多练习时使用过的乱码纸，越掏越多，最终掏出了那份丢失的电报稿。“原来是被老鼠拖到了洞里啊！”沈世英长出一口气，吸取这次教训，之后不管收到任何电报，他都是随到随译随发，无论多么疲倦也绝不放松。

根据公开出版的权威著作统计，中共中央在香山的181天中，仅毛泽东就起草电报202封，这离不开沈世英和机要处同志们的辛勤付出。时至今日，由于严格的工作纪律，许多人都不知晓机要人员为党的事业作出的具体贡献。他们中的绝大多数人都没有留下任何证件或材料证明自己的身份，即便后来遇到有人采访，他们也习惯对工作闭口不谈。

一个长期在农村生活成长起来的人，从农村走向城市，是个很大变化。当时有很多说不出来的高兴，但是最高兴的还是为之奋斗，求解放，建立新中国的目标，眼看就要实现了，所以更加充满信心和自豪。

——沈世英晚年撰写的香山工作期间回忆录手稿

2018 年，沈世英这位默默无闻的英雄走了。他的夫人赵天恩将沈世英晚年撰写的香山工作期间回忆录手稿、1949 年在香山工作期间的照片捐赠给了香山革命纪念馆，希望更多的年轻人知晓先辈的革命精神与新中国的来之不易。

如今，在香山革命纪念馆展厅里，我们可以通过一张张历史照片和一封封手稿，了解沈世英等人的光辉事迹。他们将一生都奉献给了党和国家的机要事业，不论是战争岁月还是和平时期都始终做到了对党忠诚、听党指挥、严守纪律。通过他的事迹，我们体会到了“功成不必在我”的精神境界和“功成必定有我”的历史担当。

（桂星星）

西苑阅兵的历史见证

名称：西苑阅兵时毛泽东乘坐的同款吉普车
年代：解放战争时期
质地：金属　玻璃
尺寸：长 333 厘米　宽 150 厘米　高 160 厘米
来源：香山革命纪念馆馆藏

在香山革命纪念馆里陈列着一辆毛泽东在西苑阅兵时乘坐的同款吉普车。中共中央和人民解放军总部迁入北平后，1949 年 3 月 25 日，在西苑机场举行了阅兵式——中央首长和一些爱国人士检阅了正在夺取全国解放最后胜利的人民解放军威武之师。这辆同款吉普车就是西苑阅兵的重要历史见证物。

1949 年 3 月 23 日上午党的七届二中全会公报发出后，11 时，毛泽东挥手告别了前来送行的西柏坡当地领导和群众，率领党中央机关踏上“进京赶考”之路，3 月 25 日凌晨 6 时到达北平清华园车站。毛泽东等中央领导同志在负责北平警卫工作的二〇七师师长吴烈护送下来到颐和园益寿堂作短暂休息。

阳春三月春来早，北平郊外，春天的气息更浓。从市内通往西苑机场的路上，小汽车、大卡车川流不息。西苑机场上，一门门大炮直指蓝天，一辆辆坦克威猛雄峙，一支支钢枪锃锃闪亮，一个个战士英姿勃勃。广大群众和在北平的党政军民各界代表及 160 多位民主人士，也纷纷赶到西苑机场参加欢迎仪式。

新中国成立前，毛泽东一直没有专用轿车，在延安时期，著名爱国侨领陈嘉庚出于对共产党的敬仰和爱戴，将两辆“福特”新型轿车专程送到了延安，在分配时，毛泽东没有要，一辆给了负责指挥作战的朱德总司令，另一辆给了年龄较大、德高望重的林伯渠、谢觉哉、董必武、吴玉章、徐特立等“五老”。在谈论毛泽东乘什么车检阅时，北平市一位副市长提议将自己坐的一辆高档轿车作毛泽东的检阅车；几位民主人士则请毛泽东乘自己的汽车阅兵；北平市军管会主任叶剑英也建议毛泽东乘自己带来的一辆漂亮轿车阅兵。毛泽东都没有同意，他笑了笑，风趣地说：“用我们缴获的战利品美式吉普车检阅部队，岂不更有意义吗？”

3 月 25 日下午 5 时许阅兵开始，毛泽东、朱德、刘少奇、周恩来、任弼时等中央五大书记、林伯渠等中央军委首长及民主人士乘车检阅了人民解放军正义之师、威武之师、胜利之师，当穿着灰布军装的毛泽东的伟岸身影出现时，军乐队高奏起欢乐的乐曲，早已等候在机场的工人、农民、学生、妇女等各界代表，立即爆发出震天动地的欢呼声。毛泽东和到场欢迎的群众微笑着一一握手，许多人紧握着主席的手，久久不愿松开。

受阅部队是第四野战军第十四兵团第四十一军的“塔山英雄团”“塔山守备英雄团”“白台山英雄团”等部队和四十一军连以上干部及一些英雄功臣模范代表。阅兵总指挥是平津前线司令部参谋长刘亚楼。

随着检阅的车队缓缓驶过，经历过无数艰苦战斗的中国人民解放军，包括野战步兵、警卫部队、坦克、榴弹炮、山野炮、高射炮和摩托化部队，和从敌人手中缴获来的美军机械化装备一起，激动地接受着最高领袖的检阅。一个个年轻的战士，以威严的军容、胜利者的姿态，向领袖致以最崇高的军礼。毛泽东站在吉普车上挥动着手高喊：“同志们好！”“同志们辛苦啦！”战士们振臂高呼：“中国共产党万岁！”“毛主席万岁！”“朱总司令万岁！”阅兵总指挥刘亚楼登上阅兵首长的检阅车，一手扶着毛泽东，另一手扶着车把手，确保毛泽东在检阅车上的安全，直到检阅结束。这在中国阅兵史上，也是仅有的一次。

阅兵刚刚结束，各界代表、民主人士纷纷围住了毛泽东，争相握手问候，毛泽东谦恭微笑致礼。

西苑阅兵是中共中央、中央军委迁至北平城，中国人民解放军在北平城的首次亮相。毛泽东在北平西苑机场阅兵，极大地鼓舞了人民解放军广大官兵的斗志，坚定了全军将士打过长江去、解放全中国、将革命进行到底的决心。西苑阅兵可以算作开国大典阅兵的预演，是党中央和毛泽东由西柏坡迁入北平后进行的一项重要活动，是开国大典的序曲。检阅结束后，新华社向全国、全世界发出广播：中共中央、解放军总部和毛泽东等胜利到达北平！检阅结束后，毛泽东驱车来到了香山双清别墅，开始了指挥渡江战役、解放全中国和筹划开国大典的工作。

这辆毛泽东乘坐的同款吉普车作为西苑阅兵的重要历史见证物，生动再现了那段波澜壮阔的历史。毛泽东站在吉普车上检阅部队的威武雄姿，也成为人民军队阅兵史上的永恒经典。

（武龙女）

一份简易而不简单的手稿

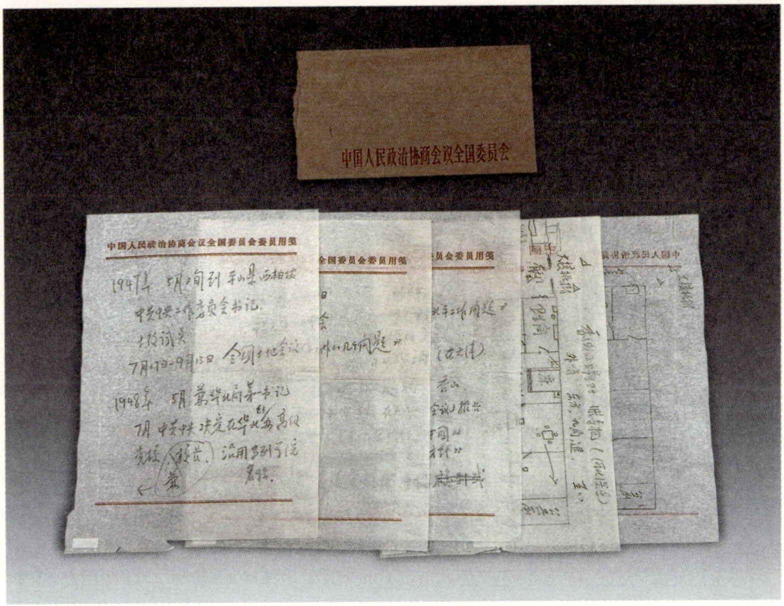

名称：王光美手书刘少奇大事记
年代：1993 年
质地：纸
尺寸：信长：26.5 厘米 宽 19.5 厘米
信封长：20.5 厘米 宽 11 厘米
来源：香山革命纪念馆馆藏

香山革命纪念馆的展厅里陈列着一封用铅笔书写的大事记，这件手稿，记录了刘少奇自 1947 年到 1949 年的工作大事记。手稿共 5 页，没有过多的语言修饰，仅简要记录了事件发生的时间，最后一页则是一张简单的家居图。就是这样一件普通而不凡的手稿，涵盖了革命伉俪跟随党中央进驻香山前后的主要经历，更体现了刘少奇等老一辈革命家为筹建新中国付出的诸多努力。

1993 年海淀区委党史研究室为纪念毛泽东诞辰一百周年，组织撰写《中共中央在香山》。海淀区委党史研究室原主任蔡景惠为了解刘少奇在进驻北平前后的办公、居住等具体情况，辗转找到刘少奇的夫人王光美，并请她回忆刘少奇在香山期间的主要经历。后来，为恢复香山五大书记故居建设，蔡景惠特意请王光美回忆与刘少奇在香山来青轩居住时室内的陈设、布局情况。王光美亲自用铅笔绘制了当时的家居陈设情况图，为恢复故居原貌留下了宝贵的历史资料。

1947 年，刘少奇与王光美在延安相识。1948 年二人在西柏坡举行了朴素的婚礼，此后两人同甘共苦，相濡以沫。1949 年，刘少奇与王光美跟随中共中央进驻北平西郊香山。在香山期间，中央书记处几乎每天晚上都在毛主席住的双清别墅开会，交流情况，讨论问题，研究重要事宜。刘少奇大多半夜才回到住所，但王光美非常理解刘少奇，精心照顾他的饮食起居，全力支持他的工作，在背后默默地付出。新中国成立后，两人多次共同出席外交场合，堪为模范夫妻。直至刘少奇病逝，王光美带着对丈夫的无尽思念，收集整理他生前的文稿和文物，肩负起总结、宣传刘少奇理论和思想的重要责任。后来她根据自己的部分日记，回忆并整理了刘少奇在新中国成立前夕的重要活动，总结成文《从香山到中南海》。

手稿的第一页记录着 1947 年 5 月上旬，刘少奇从延安转至河北省平山县西柏坡，任中共中央工作委员会书记，和朱德一起负责中共中央委托的工作，着手进行土地改革。7 月 17 日至 9 月 13 日，刘少奇在平山县主持召开全国土地工作会议，这次会议确定的方针，进一步推动了解放区土地改革运动的发展。

1948年5月，刘少奇兼任华北局第一书记。7月，随着解放战争的胜利发展，迫切需要提高党的干部理论水平，中共中央决定在华北创办高级党校，沿用“马列学院”的名称，由刘少奇任院长，陈伯达任副院长，杨献珍为教育长。

手稿的第二页和第三页记录了刘少奇在1949年3月5日至13日间，参加党的七届二中全会，并作《关于城市工作的几个问题》报告。报告总结了土地改革的整体情况；提出今后全党的工作重心转为城市，并列举了面临城市接管问题的相应举措，今后将依靠工人发展生产等建议。3月25日，刘少奇跟随党中央到达北平，居住在香山来青轩。4月，刘少奇在城市工作会议中作《关于北平工作问题》，对学校问题、资本家问题、房子问题和金融物价问题等需要迅速解决的几件事情发表了意见，并着重对北平的工会工作问题作了指示。由于党的主要任务逐渐由革命战争转移到经济建设，4月10日至5月上旬，刘少奇奔赴天津考察。6月，作《关于新中国经济建设方针》，为新中国成立初期的经济发展奠定基础。

手稿的最后两页是刘少奇居住在香山来青轩时的屋内陈设示意图。从图上可以看出，当时的屋内空间并不大，家具陈列简单，并无多余的装饰，体现了老一辈革命家朴素无华的优良作风。

2019年，蔡景惠向香山革命纪念馆捐赠这份王光美亲自手写和手绘的文稿。筚路蓝缕，以启山林。这份珍贵的手稿充分体现了刘少奇为筹建新中国呕心沥血所做的大量工作，更向世人展现了共产党人艰苦奋斗、不断探索的革命精神。

（刘延岩）

红鱼书信寄深情

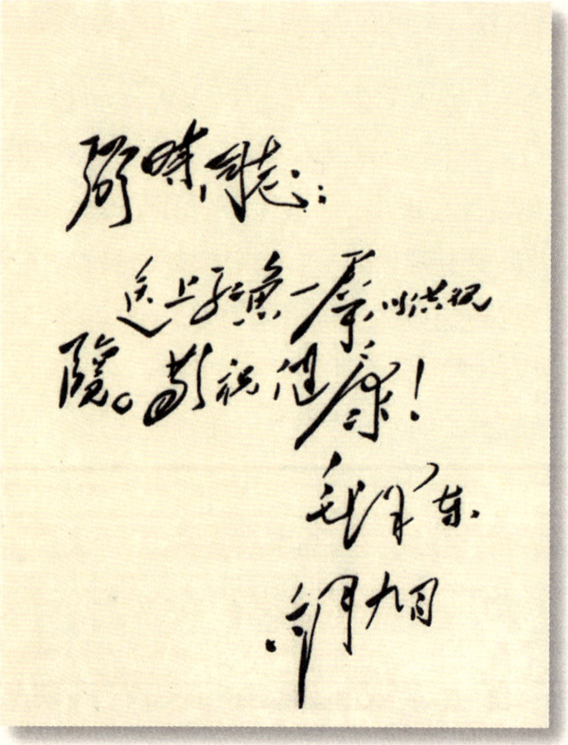

弼时同志：

送上红鱼一条以供观览。敬祝健康！

毛泽东

一月九日

名称：毛泽东写给任弼时的信
年代：1949 年
质地：纸
尺寸：长 29.6 厘米　宽 21 厘米
来源：任弼时纪念馆提供

在香山革命纪念馆基本陈列展厅里，陈列着一封毛泽东写给任弼时的信。这封信的原件现藏于任弼时纪念馆。

1949 年 10 月 1 日，中华人民共和国举行了开国大典，30 万军民齐聚天安门，见证新中国的诞生。在这一天，毛泽东主席向全世界庄严地宣告：“中华人民共和国中央人民政府今天成立了！”这激动人心的话，向全世界证明了中华民族永远不会被曲折困难所压倒。

我们在开国大典的影像资料里能看到毛泽东、朱德、周恩来、刘少奇的身影，却看不到任弼时。在这个举国欢庆的日子里，他去了哪呢？

1949 年 3 月 23 日，任弼时和毛泽东等一起，从西柏坡来到北平，开始了著名的“进京赶考”之路，为新中国成立前的最后阶段而奋斗。

然而这时的任弼时，因为长期残酷的战争环境和忘我的工作使他的高血压再次严重复发。进驻香山之后，中国共产党一方面邀请各界民主人士共商国是，另一方面继续指挥解放全中国，而新中国筹建的各项准备工作更是千头万绪，在解放战争即将进入一个新的阶段，住在来青轩的任弼时不顾医生和中央的劝阻拼命地工作。在纪念五四运动 30 周年活动中，任弼时看到了即将诞生的新中国，由于精神过于兴奋，整夜没有休息，导致血压升高，眼底开始出血，甚至出现了昏迷的症状。经过医生的及时医治，这才把他从死神的手里抢了回来。当毛泽东听了周恩来和医生的报告后，特别指示要加强对任弼时同志的护理。

在香山时，毛主席的朋友送来了七八尾鲜红的北京金鱼，主席非常喜欢，便在双清别墅找了个小鱼缸，专门养了起来。毛主席在批阅文件或读书疲惫时，时常走到近前观赏，有时还拿些鱼虫进行投喂。每当主席一靠近，这些鱼儿便争先恐后地围拢过来抢食，主席很开心地对旁人说：“鱼都和我熟了，认识我呢！”有一天，毛主席喂完金鱼后，沉吟片刻，立即拿出笔墨纸砚写下了一封书信，让警卫人员乘坐专车将书信和这一缸鱼一起送给正在医院治疗的任弼时。

当战士们将鱼缸和书信放到任弼时的桌上时，他一眼便知这是毛主席平常最喜爱的金鱼。书信中毛主席写道：“弼时同志：送上红鱼一群，以供观览。敬祝健康！毛泽东 六月九日。”看完信后，任弼时内心十分感动，不住地再三点头致谢，对送鱼的战士们说：“主席这么忙，还这样挂念我，谢谢毛主席，向他致敬！”

任弼时是毛主席湖南一师的校友，在土地革命时期，两人便成为风雨同舟的革命战友。在工作中，他坦言直抒，从不隐瞒自己的不同意见，所以毛主席格外重视他的意见。今日主席的馈赠，里面充满了对革命战友的关爱之情，以及祝愿他早日康复的殷殷之情。

由于长期抱病工作，任弼时接受毛主席的建议，在玉泉山休养，未能参加新中国的开国大典。住在休养所的他，通过广播收听毛主席震撼世界的声音，此时激动的心情化作热泪从脸颊上滑了下来……

1950 年 10 月，在庆祝新中国成立一周年庆典时，任弼时第一次登上天安门，不久后的 10 月 27 日，任弼时逝世，年仅 46 岁。任弼时对事业和工作恪守着这样一个信条，“能坚持走一百步，就不走九十九步”。正如叶剑英所说：“任弼时同志是我们党的骆驼，中国人民的骆驼，担负着沉重的担子，走着漫长而艰苦的道路，没有休息，没有享受，没有个人的任何计较。”

任弼时是伟大的马克思主义者，杰出的无产阶级革命家、政治家和组织家，中国共产党和中国人民解放军的卓越领导人，是以毛泽东同志为核心的第一代中央领导集体的重要成员。他为人民和国家事业奉献了一生，被称为中国人民的“骆驼”。而“骆驼”精神也正是我们中华民族永远不会被困难和曲折所压倒的真实写照。

（丁子雄　董良）

红色警卫将军的通行旗帜

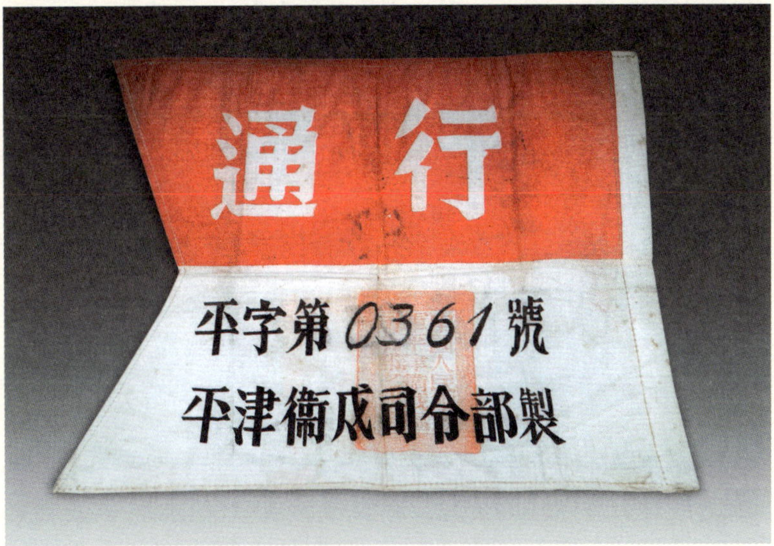

名称：华北军区平津卫戍司令部独立第二〇七师师长吴烈使用的汽车通行旗帜
年代：1949 年
质地：纺织品 · 布
尺寸：长 31 厘米　宽 24 厘米
来源：香山革命纪念馆馆藏

香山革命纪念馆展厅里展示了一面特别的旗帜，它是负责香山周边地区警卫工作的华北军区平津卫戍司令部独立第二〇七师师长吴烈使用过的汽车通行旗帜。这面旗帜上印有“通行 平字第0361号 平津卫戍司令部制”字样，并钤有“中国人民解放军平津卫戍司令部之关防”红章。这面通行旗帜是1949年3月吴烈在中共中央进驻北平香山后，戍卫党中央所使用，反映了中共中央在香山的重要历史。

吴烈（1915.10—2001.8），江西省萍乡市人。1927年参加安源路矿工人罢工斗争等革命活动。1930年5月参加中国革命工农红军，同年9月加入中国共产党。土地革命战争时期，任中国工农红军总前委特务大队排长、队长、大队长，国家政治保卫局保卫大队大队长，红十五军团七十八师参谋长。参加中央苏区第一至五次反“围剿”作战和二万五千里长征。抗日战争时期，任中央警卫教导大队大队长，中央警卫团团长兼政治委员、兼延安北区卫戍司令员。解放战争时期，任冀察热辽军分区副司令员、东北野战军第八纵队二十二师师长、第四野战军四十五军一三三师师长、华北军区平津卫戍司令部独立第二〇七师师长、中国人民公安中央纵队司令员。新中国成立后，任军委公安部队参谋长、北京卫戍区司令员、人民武装警察部队副司令员等职。1955年被授予少将军衔，曾荣获二级八一勋章、二级独立自由勋章、一级解放勋章。吴烈曾参与过大量保卫毛泽东等中央领导同志的工作，从事了半个多世纪的红色警卫工作，被人们称为“红色警卫将军”。

1949年1月15日，吴烈率第四十五军一三三师解放天津后，准备继续南下作战。1月下旬，他奉命调往北平的第四野战军四十七军一六〇师任师长，担负清剿北平郊区敌特匪徒，迎接党中央迁入北平，保卫党中央和北平的卫戍警卫任务。2月设立了平津卫戍司令部，对应的军事区域则称为平津卫戍区，由华北军区兼。3月初，中央军委决定将一六〇师番号改为二〇七师，隶属华北军区平津卫戍司令部，与中央警备团一起担负中央领导、机关和北平的卫戍任务，吴烈任第二〇七师师长。3 月 23 日，毛泽东等中央领导和中共中央机关从河北平山县的西柏坡迁驻北平，25 日上午抵达北平清华园火车站。第二〇七师和中央警备团先遣部队提前做了大量安全警卫工作。毛泽东等中央领导下车后，吴烈奉命接护他们到颐和园益寿堂作短暂休息。下午，毛泽东、朱德、刘少奇、周恩来等中央领导不顾旅途劳累，到西苑机场检阅了第四野战军的炮兵、坦克部队、第四十一军等部队。当日晚，吴烈率警卫营护送毛泽东安全住进香山双清别墅。此后，保卫香山成为中共中央社会部和警卫部队的头等大事，并专门成立了西郊治安委员会，吴烈也是其中的重要成员。

这段时期，吴烈主要负责中共中央在香山的安全保卫工作，在保卫党中央的工作过程中，不论是在香山周边，还是在北平市内、或是天津等地乘车部署指挥安全保卫工作时，他一直使用此汽车通行旗帜往来平津等地，这面旗帜成为了中共中央在香山期间安全警卫工作这段重要历史的珍贵见证物。如今，观众透过这件文物，可以重温中共中央在香山这段光辉历史。

2018 年香山革命纪念馆筹备期间，吴烈将军的后代吴时锋、吴源、吴东、吴时青等将这面通行旗帜捐赠给香山革命纪念馆筹备办。

（桂星星）

戍卫党中央的历史见证

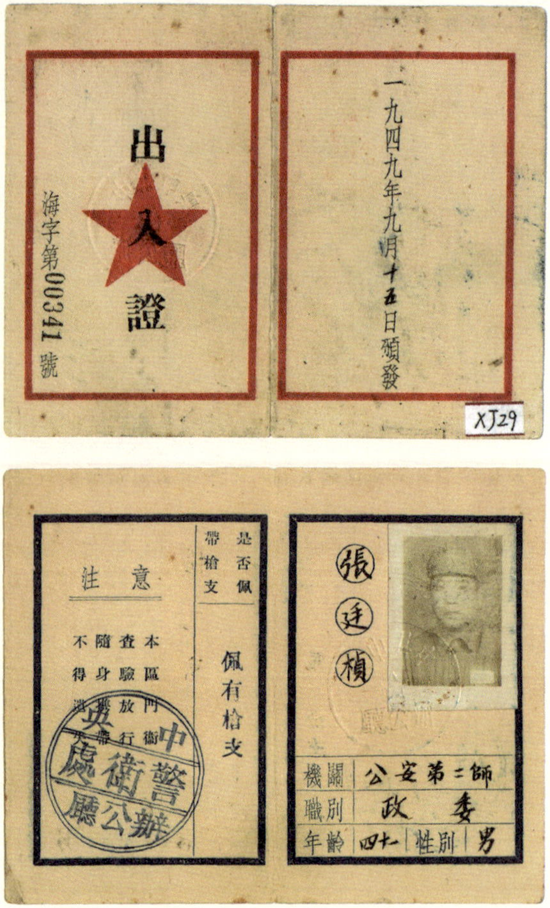

名称：1949 年 9 月 15 日中共中央办公厅颁发给公安纵队第二师政委张廷桢的出入证

年代：1949 年

质地：纸

尺寸：长 10 厘米　宽 6.4 厘米

来源：香山革命纪念馆馆藏

香山革命纪念馆珍藏的这件由中共中央办公厅颁发的出入证，证件上的“张廷桢”便是这张证件的主人。证件右侧上方粘贴有张廷桢的照片，并加盖了“中共中央办公厅”钢印，另外还钤有“中央警卫处办公厅”圆形蓝章。这张出入证是2018年12月28日，张廷桢之子张克难先生捐赠给香山革命纪念馆筹备办的。

张廷桢（1909—1983），原名张廷秀，1931年参加组织原平县抗日义勇军。1933年加入中国共产党。土地革命战争时期，任中共山西原平县组织委员、支部书记。抗战时期，任延安中央教导大队总支书记，政治处组织股股长，中共中央社会部办公室总支书记，中央教导大队政治处副主任，延安中央警卫团政治处主任、政治委员。解放战争时期，任中央警卫团政治委员，北平市公安总队总队长、政治委员，中央公安纵队第二师政治委员。新中国成立后，任中央公安警卫师政治委员，中国人民解放军公安军干部部部长，中国人民解放军总参谋部警备部副部长兼干部部部长，北京卫戍区副政治委员。1955年被授予少将军衔。

1949年1月31日北平解放，此时，党中央已经有意选择北平作为未来新中国的首都。为了保证北平有一个稳定、安全的环境，2月初，中央派张廷桢带领扩编后的中央警备团7个连共800多人，以“北平市公安总队”的番号进驻北平，张廷桢任总队长兼政治委员。

北平市是国民党统治华北的中心，虽然已和平解放，但城内并不安全，潜藏了大量特务以及国民党军从东北、华北战场等地溃败后撤退下来的众多散兵游勇，他们千方百计地试图破坏新生政权，这给北平解放初期城市治安工作造成了很大困难。这段时期，张廷桢和大多数干部战士一样，3个月未曾脱过衣服睡觉，由此可见，北平治安与警卫工作的严峻性与紧迫性。

为加强北平的卫戍警卫工作，保证中央首长和机关的安全，1949年9月初，中央军委命令组建中国人民公安中央纵队，以中央警备团为基础，下设两个师。毛泽东亲自签发命令，任命张廷桢为纵队党委成员、第二师政治委员。这件出入证便是张廷桢任公安第二师政委时所使用，见证了 1949 年中共中央和人民解放军总部进驻北平后，张廷桢警卫保障中央首长和机关安全的重要历史。

新中国成立前后，党和国家举行了一系列重大活动，这给担负警卫工作的公安中央纵队提出了严峻挑战。从 1949 年 9 月 21 日至 30 日，二师担负了警卫保障中国人民政治协商会议第一届全体会议安全的任务。10 月 1 日开国大典，首都广场 30 万人，张廷桢带领二师担负了天安门城楼上下及周围的警卫任务。12 月 6 日，毛主席率新中国政府代表团出访苏联。由于 20 世纪 30 年代在同蒲铁路工作的经验，张廷桢对火车驾驶技术十分熟练，此次出访，他亲自驾驶毛泽东乘坐的专列。

如今，透过这件文物，更多的人可以重温中共中央在香山的光辉历史，深刻体会张廷桢为警卫事业鞠躬尽瘁的崇高精神，体会包括张廷桢在内的革命先辈为解放全中国、筹建新中国不畏艰难、英勇奋斗、敢于牺牲的伟大精神。

（桂星星）

第三篇

指挥解放全中国

第三部分
继续指挥解放全中国
三大战役的胜利，奠定了全国胜利的巩固基础。由于受到内部和外部的压力，国民党政府不得不发表“求和”声明。中国共产党为早日结束战争、实现国内和平，同意与国民党政府举行和平谈判。但由于国民党政府拒绝在《国内和平协定最后修正案》上签字，谈判破裂。中共中央军委一声令下，中国人民解放军发起渡江战役，百万雄师过大江，占领南京，宣告了延续22年国民党反动统治的覆灭。按照中共中央军委的统一部署，中国人民解放军向华北、西北、华东、中南、西南等地区进军，解放全中国。
Part III
Commanding the War to Liberate the Whole of China
举行国共和谈

第三篇　指挥解放全中国

将革命进行到底，还是半途而废？毛泽东在1948年12月30日，为新华社撰写的题为《将革命进行到底》的新年献词中指出，要将革命进行到底。1949年元旦这天，蒋介石发表了《新年文告》，向中共提出“求和”声明。为了早日实现和平，彻底揭露蒋介石的“和谈”阴谋，1月14日，毛泽东发表《关于时局的声明》，提出了惩办战争罪犯、废除伪宪法、废除伪法统等8项条件，作为和谈的基础。

4月1日起，以周恩来为首席代表的中国共产党代表团开始与以张治中为首席代表的南京政府代表团在北平中南海勤政殿举行和平谈判。经过半个月的协商，4月15日，中共代表团在尽可能地采纳南京政府代表团提出的意见后，提出8条24款的《国内和平协定最后修正案》，并宣布4月20日为最后签字日期。可到这一天，南京政府拒绝在和平协定上签字，谈判破裂。

国共和谈破裂后，遵照毛泽东主席和朱德总司令发布的《向全国进军的命令》，人民解放军发起渡江战役。人民解放军百万雄师在中共中央、中央军委的统一部署和总前委的统一指挥下，在华东、中原两区党和政府及广大人民群众的大力支援下，在江南中共秘密组织和游击队的密切配合下，以木帆船为主要航渡工具，发扬英勇顽强、有进无退的战斗作风，不顾国民党军队陆海空协同的炮火阻击和多次反扑，千帆齐发，于4月22日一举突破国民党的长江防线，封锁了长江。4月23日，人民解放军占领了国民党反动统治中心南京，之后又陆续解放了杭州、汉口、南昌和全国最大的工商业中心上海等重要城市。

4月23日，人民解放军占领南京，宣告延续22年的国民党反动统治的覆灭。南京解放时，部分国民党军队仍负隅顽抗，进行各种破坏活动，同时，江南的广大民众对中国人民解放军的了解还不充分。为了向广大民众和社会各界宣传我党我军的方针政策，在国民党反动统治宣告覆灭后仅三天，毛泽东就草拟并同朱德联名颁布了《中国人民解放军布告》。布告对稳定城市秩序，安定民心，恢复和发展生产，发挥了重要作用。

南京解放后，人民解放军继续挥师东进。上海是全国最大的城市和工商业中心，为了达到既消灭敌人，又完整接管建设的目的，解放上海被形象地称为“瓷器店里打老鼠”的特殊战斗。1949年5月10日，第三野战军司令部正式下达《淞沪战役作战命令》。根据毛泽东“打上海，要文打，不要武打”的战前指示，部队在上海市区尽可能避免使用重武器和爆破，最大限度地减轻了对城市的破坏。战役前期，人民解放军从吴淞口两翼迂回，封锁敌海上退路，诱歼敌主力于市郊。5月23日夜，第三野战军各部采取小分队多路穿插的形式向市区发起总攻，追歼残敌。5月27日，上海解放。至此，这座城市完整地回到人民手中。

1949年5月解放上海前，华东军区司令部专门印发了《入城纪律》，特别强调解放上海时的人民解放军不入民宅的重要内容。为加强军队纪律建设，按照中央要求，中共中央华东局和渡江战役总前委组织有关部队在江苏丹阳进行了整训。陈毅指出，人民解放军是野战军，但进城后不能“撒野”。正是在丹阳整训之后，才涌现了解放军在上海夜宿街头的动人场景。人民解放军的率先垂范、以身作则、纪律严明，进一步增进了军民鱼水关系，铸就了人民解放军“威武之师”“文明之师”“胜利之师”的良好形象。

上海解放后，毛泽东、朱德命令解放军向全国进军，继续歼灭试图抵抗的国民党残余军队。中共中央和毛泽东在香山运筹帷幄、决胜千里，指挥解放军分别向华北、西北、华东、中南、西南挺进。

“宜将剩勇追穷寇，不可沽名学霸王。”根据毛泽东、朱德向全国进军的命令，中国人民解放军，坚决、彻底、干净、全部地歼灭中国境内一切敢于抵抗的国民党残余军队，解放全国人民，保卫中国主权的独立和完整。到 1949 年 9 月底，除西南、中南等部分地区和沿海部分岛屿、海疆外，全国大部分地区获得解放。

人民解放军在全国解放战争中取得的伟大胜利，是同全国人民特别是解放区人民的支援分不开的。广大人民群众发扬参战积极性和生产积极性，以无私无畏的付出和牺牲，全力以赴支持人民军队的行动。应该说没有人民的支援，就没有这场战争的胜利。正如 1949 年毛泽东为《中国人民解放战争三年战绩》一书题词的那样，这是“人民的胜利”。

（王园）

“将革命进行到底”的伟大号召

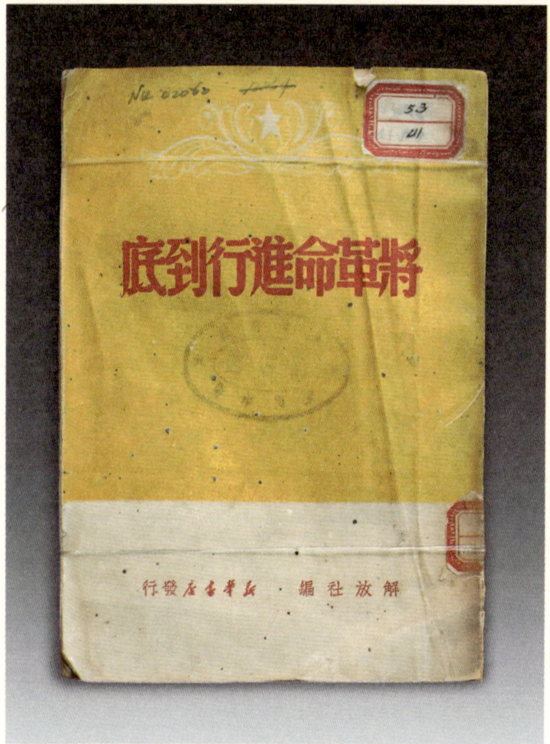

名称：毛泽东 1949 年新年献词《将革命进行到底》
年代：1949 年
质地：纸
尺寸：长 17.2 厘米　宽 12.1 厘米　高 1.1 厘米
来源：香山革命纪念馆馆藏

中国人民将要在伟大的解放战争中获得最后胜利，这一点，现在甚至我们的敌人也不怀疑了。

……

中国革命的怒潮正在迫使各社会阶层决定自己的态度。中国阶级力量的对比正在发生着新的变化。大群大群的人民正在脱离国民党的影响和控制而站到革命阵营一方面来，中国反动派完全陷入孤立无援的绝境。人民解放战争愈接近于最后胜利，一切革命的人民和一切人民的朋友将愈加巩固地团结一致，在中国共产党的领导之下，坚决地主张彻底消灭反动势力，彻底发展革命势力，一直达到在全中国范围内建立人民民主共和国，实现统一的民主的和平。

——毛泽东《将革命进行到底》（1948 年 12 月 30 日）

在香山革命纪念馆基本陈列里，展示着一件 1949 年 8 月解放社编新华书店发行的《将革命进行到底》。书中全文刊载了毛泽东于 1948 年 12 月 30 日为新华社撰写的新年献词《将革命进行到底》。

1948 年，人民解放军在各个战场上捷报频传，中国革命进入即将取得全国胜利的关键时刻，国共决战胜负已见分晓。此时的国民党反动政府见大势已去，开始制造和平幻想，一面放出“和谈”烟雾，一面加紧部署长江防线，企图以阻止人民解放军南进，在江南继续维持其反动统治。国内一些人也希望人民解放军停止向长江以南进军，重新提出“中间路线”。以美国为首的西方国家也出面干预，意欲阻止人民解放军过江，对中国革命设置障碍。他们在革命阵营内部宣传，革命应就此止步，如果再要前进，则应带上温和的色彩。

在这个中国该何去何从的关键时刻，是将国民党反动政权彻底摧垮，还是折中妥协、使革命半途而废，成为摆在中国人民面前的一个尖锐的问题。在这种形势下，毛泽东审时度势，于 1948 年 12 月 30 日为新华社撰写了题为《将革命进行到底》的新年献词，深刻揭露国民党“和谈”阴谋，及时地向全国人民发出了“将革命进行到底”的号召。

在这篇献词的开头，毛泽东不容置疑地宣告道：“中国人民将要在伟大的解放战争中获得最后胜利，这一点，现在甚至我们的敌人也不怀疑了。”到底“是将革命进行到底呢，还是使革命半途而废呢？”他给出了明确的答案：“如果要使革命半途而废，那就是违背人民的意志”，中国共产党没有其他道路可选，唯一的选择就是“把伟大的人民解放战争进行到底”，实现中国革命的彻底胜利。

他在这里引用了一则“农夫与蛇”的寓言：农夫怜悯冻僵了的毒蛇，救醒了它，却被它反过来咬死。以此生动形象的比喻，告诫全党全军一切进步力量，决不要怜惜蛇一样的恶人。并义正言辞地表明：要用革命的方法，坚决彻底干净全部地消灭一切反动势力，不动摇地坚持打倒帝国主义，打倒封建主义，打倒官僚资本主义，在全国范围内推翻国民党的反动统治，在全国范围内建立无产阶级领导的以工农联盟为主体的人民民主专政的共和国。

这篇文章犀利、深刻，在中国革命的关键时刻，分析了国内外的形势，指出中国革命发展前途。在文章最后，毛泽东擘画了 1949 年中国革命彻底胜利后应努力实现的主要任务：中国人民解放军将向长江以南进军，将要获得比 1948 年更加伟大的胜利；在经济战线上将要获得比 1948 年更加伟大的成就；人民解放军主力兵团要进入更高程度的正规化；要召集没有反动分子参加的以完成人民革命任务为目标的政治协商会议，宣告中华人民民主共和国的成立，并组成共和国的中央政府。

1949 年 1 月 1 日，新年献词经新华广播电台和《人民日报》公开发表后，在国内外引起了强烈反响，广大人民解放军、工农群众和各民主党派、人民团体纷纷学习，认真贯彻，一致表示要将革命进行到底，为实现建立新中国、解放全国人民的宏伟目标而共同奋斗。

1949年1月6日至8日，毛泽东在西柏坡主持召开了中共中央政治局会议，会议讨论并通过了毛泽东起草的《目前形势和党在一九四九年的任务》的党内指示，重申了“必须将革命进行到底，而不容许半途而废”的坚定立场。1月14日，毛泽东为了进一步揭露南京反动政府“假和谈、真备战”的阴谋，针对蒋介石发表的《新年文告》，又发表了《关于时局的声明》，提出愿在8项条件的基础上同国民党反动政府进行和平谈判。这一声明，得到了全国人民和各民主党派、各人民团体和各阶层人士的热烈拥护。然而，蒋介石虽已宣布“引退”，却仍计划以“和谈”为幌子，重整旗鼓，以便卷土重来。4月20日，国民党反动政府拒绝签字，和谈破裂。毛泽东和朱德发布向全国进军的命令，百万雄师横渡长江。4月23日，人民解放军占领南京，宣告国民党在大陆统治的覆亡。在北平香山的毛泽东得知南京解放的消息后，挥笔写下那首气势恢宏的《七律·人民解放军占领南京》，以“宜将剩勇追穷寇，不可沽名学霸王”的诗句，再次表达了“将革命进行到底”的决心。

渡江战役后，人民解放军继续向全国进军，分别以战斗方式或和平方式，迅速解决残余敌人，至1949年9月，解放了除西藏、台湾、西南等地区外的国土，取得了中国革命战争的胜利，迎来了中华人民共和国的诞生。

（徐畅）

不能忘却的“四一”惨案

名称：1949 年 4 月南京区大专学校四一血案善后处理会编印《凶手，你逃不了！——四一纪念画集》
年代：1949 年
质地：纸
尺寸：长 18.4 厘米　宽 12.7 厘米　高 0.4 厘米
来源：香山革命纪念馆馆藏

游行队伍走遍了南京的每一个角落，迄下午二时始告结束，在金大操场解散，分别整队回校。请愿虽毫无结果，满以为游行能够顺利完成，却不料以屠杀人民为能事的反动派，以有计划有组织的“各个击破”的毒辣手段，又饰演了一次空前未有的大屠杀。

这段记述南京“四一”血案纪实的文字，出自香山革命纪念馆展出的一件《凶手，你逃不了！——四一纪念画集》。画集里以漫画、版画、图片、诗歌等多种形式反映了“四一”惨案的内容。画集封底印有“1949 年 4 月南京区大专学校四一血案善后处理会编印”等字样。封面已被虫蛀，内页也已磨损泛黄。但封面醒目的颜色与字体，似乎在强有力地告诉人们一段事实真相，而这也将我们带回一段血雨腥风的历史。

1948 年秋，人民解放战争进入了战略决战阶段。经过辽沈、淮海、平津三大战役，国民党赖以维持反动统治的主要军事力量基本被摧毁，

《凶手，你逃不了！——四一纪念画集》内页照片。

为中国革命在全国的胜利奠定了基础。三大战役结束后，人民解放军在数量上、质量上都取得了绝对优势。在这种形势下，国民党由于受到内部和外部的压力，发表了“求和”声明，企图以“和谈”为借口，保持所谓的“法统”。为了迅速结束战争，减少人民痛苦，中国共产党从大局出发，同意谈判，提出了“惩办战争罪犯”“废除伪宪法”“废除伪法统”等8项和平条件。但国民党反动政府却玩弄假和平、真内战的伎俩和阴谋，并没有谈判的诚意。

1949年4月1日是国民党政府代表团同中国共产党代表团在北平举行和平谈判的日子，此刻身处南京的师生们选择在这一天发出自己的声音。早上8点多，中央大学、金陵大学、戏剧专科学校等10多所学校的6000多名学生，从中央大学浩浩荡荡地向国民党“总统府”进发，进行和平请愿。游行队伍的四周，军警密布，如临大敌。学生们高呼着“拥护中共八项和平条件”“反对假和平”等口号，一路点燃起南京市民的爱国热情。

在学生们返校途中，国民党军警对他们大打出手，打死三人，打伤数百名学生，酿成震惊全国的“四一”惨案，这是全国解放前夕国民党制造的最大的学运惨案。惨案发生后，在全国特别是北平、南京、上海等地引起了极大震动，全国各地人民或亲自到医院看望或送来慰问款、慰问品或写来慰问信，纷纷表达对国民党反动当局的愤慨和对学生的同情。4月3日，《人民日报》发表《和平谈判开始第一天 反动派制造大血案 南京学生示威要求真和平 百余人竟惨遭打死打伤》文章，文中指出：“南京反动政府在和平谈判开始第一天，对要求真和平学生的屠杀，说明国民党反动政府所谓和平是怎么一回事。”4月4日，新华社发表社论《南京惨案与和平谈判》，其中指出：“南京惨案再一次告诉了中国人民，希望国民党战争罪犯集团放下屠刀，乃是不可能的事情。南京惨案也再一次告诉了中国人民，对于这个战争罪犯集团的任何保留和庇护，就是意味着中国的和平不能实现。南京惨案也再一次告诉了中国人民，中国人民要争生存、争自由、争和平，就要坚决彻底干净全部地扫荡这一群吃人的野兽。”

4 月 20 日，南京国民政府拒绝在《国内和平协定》上签字。当日晚，人民解放军百万大军在东起江苏江阴、西至江西湖口的千里长江上，发起了举世闻名的渡江战役，以摧枯拉朽之势，横渡长江，于 23 日解放南京，宣告了延续 22 年的国民党独裁政府的覆灭。此时，距“四一”惨案过去仅仅 22 天。

抗战胜利以后，广大人民群众要求和平建国，但是，国民党反动派违背人民群众的意愿，坚持发动内战，遭到人民群众的坚决反对。除了南京“四一”惨案以外，从 1945 年到 1949 年，还发生了一系列的反对国民党反动派的群众运动。

如今，当我们看到这件文物时，不仅能直观看到“凶手”——国民党反动统治的实质和累累罪行，更能深切感受到与祖国同呼吸共命

《凶手，你逃不了！——四一纪念画集》内页漫画。

运的爱国师生，在国家危难时刻，他们没有胆怯和退缩，而是心系人民解放和民族独立的伟大事业，以自己的行动呼吁和平、争取和平。“四一”示威游行，是爱国师生在党领导下的“第二条战线”上的英勇斗争，它有力地配合了前线人民解放军的武装斗争。透过这件文物，可以重温这段新中国成立前的重要历史，进一步体会到爱国师生、革命前辈为了新中国的解放和建设事业作出的奉献和牺牲，更加深刻感受到新中国的成立来之不易。

（桂星星）

一支特殊的部队

名称：解放战争时期华东子弟兵团使用的臂章
年代：1949 年
质地：布
尺寸：长 9 厘米　宽 5.5 厘米
来源：香山革命纪念馆馆藏

在人民解放军的历史上，有一支部队叫华东子弟兵团，它是在淮海战役前夕，随着华东支前司令部的诞生而成立的。华东子弟兵团作为人民解放军的“第二梯队”，配合主力部队转战大江南北，完成了战区警备、打扫战场、押解俘虏、救护和护送伤员、运送物资、看守仓库、剿匪、维持新解放地区治安等战勤任务，是中国人民解放军一支特殊部队。

1948年10月11日，毛泽东为中共中央军事委员会起草了《关于淮海战役的作战方针》，并将作战方针通过电报发给华东野战军，同时告知华东局和中原局。电报要求“十一、十二两月完成淮海战役。明年一月休整。三月至七月同刘邓协力作战，将敌打至江边各点固守。秋季你们主力大约可以举行渡江作战”。11月4日，中共华东局决定在山东支前委员会的基础上，成立华东支前委员会和华东支前司令部，统一领导包括山东在内的华东地区的支前工作。傅秋涛被任命为华东支前委员会主任和华东支前司令部司令员。

华东支前司令部成立后，傅秋涛征求华东野战军各纵队首长关于如何最有效支援前线战争的意见。华野各纵队首长一致希望能集中优势兵力去战胜敌人，除主战场作战外的打扫战场、押送俘虏、看护仓库、打击小股敌人和土匪等工作，可以不从主力部队中分兵来做。华东支前司令部按照征求的意见，开始筹备组织武装民兵来支援战争。

华东支前司令部向山东各解放区的民兵组织发出了“带上武器，支援前线”的号召。全省很快调集到首批2.2万余名携有各式武器的武装民兵，为便于指挥和管理，华东支前司令部将他们按部队编制编成了17个团，统称“华东子弟兵团”，然后分别配属给华东野战军各纵队。华东子弟兵团都穿着解放军黄绿色军装，佩戴正面印有“华东子弟兵团”字样，背面有人员所属队别、姓名和号码的臂章。

华东子弟兵团成立后，主要负责执行运送伤员、押送俘虏、看管物资、打扫战场、歼灭散匪、维护交通安全、维护驻区社会治安等战勤任务，以便主力部队专心打仗。他们随军转战，先后参加了淮海战役、渡江战役等，成为野战军的得力助手，为解放战争的胜利作出了卓著贡献。

（石碧兰）

为渡江战役绘蓝图

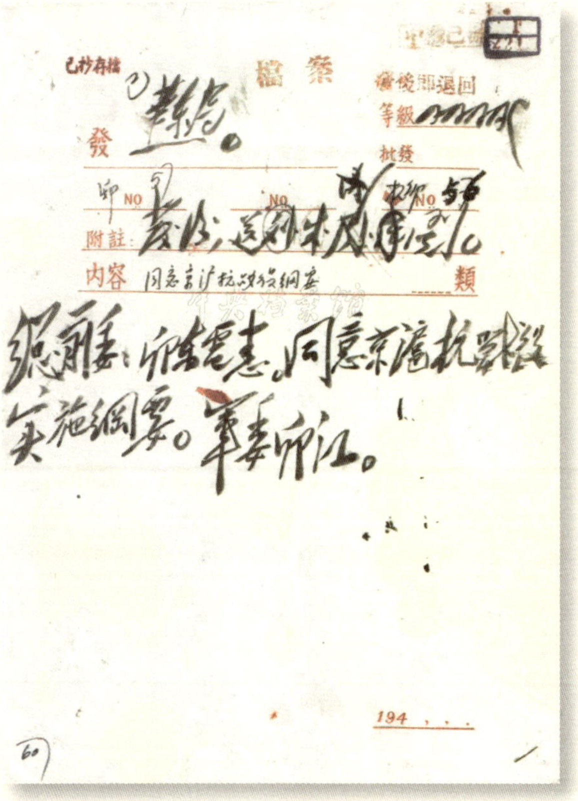
檔案

發 粟譚。

內容 同意京沪杭战役实施纲要

總前委、饒粟譚：同意京滬杭戰役實施綱要。軍委卯江。

名称：中央军委关于同意京沪杭战役实施纲要给总前委的批复（1949 年 4 月 3 日）
年代：1949 年
质地：纸
尺寸：长 27.5 厘米　宽 21.0 厘米
来源：中央档案馆提供

人民解放军渡江南进，完成解放全国的大业，是中共中央坚定不移的方针。1949 年 1 月 8 日，中共中央政治局会议通过毛泽东起草的《目前形势和党在一九四九年的任务》的决议，决定“几个大的野战军必须休整至少两个月，完成渡江南进的诸项准备工作。然后，有步骤地稳健地向南方进军”。

中共中央和中央军委在力争和平渡江的同时，抓紧做好渡江的军事准备。2 月，根据中央军委的指令，中原野战军改编为第二野战军，刘伯承任司令员，邓小平任政治委员；华东野战军改编为第三野战军，陈毅为司令员兼政委。为了加强渡江作战的统一领导，11 日，中央军委决定，由刘伯承、陈毅、邓小平、粟裕、谭震林 5 位同志在淮海战役期间组成的总前委，在渡江作战中“照旧行使领导军事及作战的职权，华东局和总前委均直属中央”。

3 月 5 日至 13 日，中共七届二中全会在西柏坡举行。其间，毛泽东与邓小平、陈毅等讨论了渡江作战有关事宜。3 月 31 日，根据中央军委的意图，渡江战役总前委书记邓小平主持起草了《京沪杭战役实施纲要》，并于 4 月 1 日以总前委名义报告中央军委并告刘伯承、李达、张际春。《京沪杭战役实施纲要》指出：这一战役的目的是，以第二、第三两野战军全部，歼灭上海、镇江、南京、芜湖、安庆等地及浙赣线蒋军的全部或大部，占领苏、皖南部浙江全省，夺取京、沪、杭，彻底摧毁国民党反动政府的政治、经济中心。决于 4 月 15 日 18 时，以全线渡江作战，开始进行本战役。由粟裕、张震指挥三野的东线第八、第十两兵团为东集团，在张黄港至三江营段渡江作战；谭震林指挥三野的西线第七、第九两兵团为中集团，在枞阳至裕溪口段渡江作战。以上两路归粟、张统一指挥。刘伯承指挥二野为西集团在枞阳至望江段渡江作战。

4 月 3 日，毛泽东以中央军委名义给总前委批复：“同意京沪杭战役实施纲要”。8 日，刘伯承等致电中央军委：我们接到总前委《京沪杭战役实施纲要》后，即按照其精神及当前情况，确定第二野战军渡江作战基本部署。与此同时，第三野战军也下达了京沪杭战役作战命令。但为了促成国共和谈，从 4 月 2 日起，毛泽东分别多次致电总前委等人，一再调整渡江时间。4 月 20 日，南京政府拒绝接受《国内和平协定》（最后修正案），谈判破裂。当晚，人民解放军按预定计划发起渡江战役，这场战役也叫京沪杭战役。《京沪杭战役实施纲要》是渡江作战的纲领性文件，纲要确定的具体设想，在渡江战役中得到了圆满实现。

（王园）

【电报原文】

总前委：

卯东电悉。同意京沪杭战役实施纲要。

军委

卯江

附：

总前委关于京沪杭战役实施纲要向军委的请示

（1949 年 4 月 1 日）

军委并告刘李张：

兹电呈京、沪、杭战役实施纲要，请军委批示。

总前委

卯东

出自中央档案馆编:《中共中央文件选集》(一九四九)，中共中央党校出版社 1992 年版，第 203 页。

有理有利有节备战渡江

图片说明：渡江部队根据长江两岸的地形条件进行演习训练，为顺利渡江做战前准备

1949年初，辽沈、淮海、平津三大战役胜利结束后，中国的政治军事形势已经十分明朗：中国人民革命战争在全国范围内的胜利已经不需要太长的时间了，而国民党政府则处于急转直下的不利局势。在这种情况下，两年多来悍然发动全面内战、把和平之门关死的国民党政府，忽然通过种种渠道，放出要进行“和平谈判”的空气来。

1949年1月，在人民解放军百万雄师兵临长江、南京城内已微闻炮声的情势下，众叛亲离的蒋介石被迫“引退”。一向同蒋介石存在尖锐矛盾的国民党桂系军阀首领李宗仁、白崇禧趁机以和谈为名，逼蒋下野以取而代之，由李宗仁出来代行“总统”职务。李宗仁在蒋介石“引退”的第二天就发表声明，表示“中共方面所提八条件，政府即愿开始商谈”。其实他只是想通过和谈，同中共实行“划江而治”以保住国民党统治的“半壁江山”。

毛泽东对这一切自然看得很清楚，但他为了减少战争对人民的损害，早日实现和平，还是复电李宗仁表示愿意同南京政府进行和平谈判。4月8日，毛泽东为国共争取早日成立和平协定复李宗仁电，他再次强调，以双方同意的八项条件为谈判基础“以求具体实现”，并就战犯问题提出宽大的标准，并回应道：“为着中国人民的解放和中华民族的独立，为着早日结束战争，恢复和平，以利在全国范围内开始生产建设的伟大工作，使国家和人民稳步地进入富强康乐之境，贵我双方亟宜早日成立和平协定。中国共产党甚愿与国内一切爱国分子携手合作，为此项伟大目标而奋斗。”通过电文展现了中国共产党为实现中国人民解放、中华民族独立而奋斗的诚意和决心。

尽管人民解放军已经做好渡江的一切准备，但为了促成和谈成功，毛泽东作了许多相应的部署，既在军事、政治上做了充分准备，也在渡江问题上做到了有理有利有节。

4月14日，毛泽东致电前线指战员，根据谈判进程做好多种准备：“张治中等表示原则上接受我方草案，仅在个别问题上有意见。惟南京李、何、白、顾（编者注：指李宗仁、何应钦、白崇禧、顾祝同）等是否能拒绝美蒋干涉（此种干涉现已加紧）愿意接受，则尚无把握。”但是无论和平渡江还是战斗渡江，人民解放军渡过长江势在必行。这封中央军委致总前委，并告二野、三野的电报，是 1949 年 4 月 14 日由毛泽东起草、以军委名义发出的 4A 级密电。电报的主要内容是向师以上干部说明推迟渡江的理由。

4 月 20 日，南京国民党当局拒绝在《国内和平协定（最后修正案)》上签字，国共和谈宣告破裂。而毛泽东对谈判的形势早有预料，在 16 日，毛泽东就致电前线指挥员：“南京是否同意签字，将取决于美国政府及蒋介石的态度。如果他们愿意，则可能于卯哿（四月二十日）签字，否则谈判将破裂。”他历来主张遇事要作好应付各种可能的准备，叮嘱前线指挥员：“你们的立脚点应放在谈判破裂用战斗方法渡江上面，并保证于二十二日（卯养）一举渡江成功。”在电文的字里行间，体现了毛泽东义无反顾、因势破敌的气魄和韬略。因此，随后进行的渡江战役一举成功，是历史的必然和人民的选择。

（索南卓玛）

渡江战役的点滴记忆

名称：华东军区、第三野战军政治部印行《渡江一日》
年代：1949 年
质地：纸
尺寸：长 20.8 厘米　宽 15 厘米　高 3 厘米
来源：香山革命纪念馆馆藏

渡江战役，是解放战争时期中国人民解放军继战略决战胜利后，对国民党军进行战略追击的第一个战役。为彻底粉碎国民党政府“划江而治”的美梦，1949 年 4 月 20 日，人民解放军第二、第三野战军和四野十二兵团在东起江阴，西至湖口的千里江面上发起了渡江作战，战役取得了重大胜利，宣告了蒋介石集团的覆灭，加快了全国解放的进程。

渡江战役前夕，华东军区、第三野战军政治部发出号召，动员全军同志在渡江作战中动笔为文。战后，指战员、炮兵、船工这些平凡而伟大的渡江战役亲历者们向三野政治部踊跃投稿，稿件总数 500 余篇，字数达 100 万以上。编委们从中精选了 120 篇稿件，整理出版了这部《渡江一日》，记载 1949 年 4 月 23 日那个永恒的夜晚。

《渡江一日》全书共 20 余万字，以报告文学的方式再现了渡江作战这一规模巨大、作战艰苦的伟大战役，从各个侧面反映了三野渡江前后和渡江作战时的情况，全景展现了中国人民解放军从渡江之前千军万马挺进江边、积极备战在长江北岸；到英勇渡江、发起总攻的渡江之夜；再到胜利追击，攻占南京，大围歼战胜利结束的历史进程。书中附有 48 幅照片，记录了诸如向长江进军、医务人员蒙眼练习包扎、战士们制作芦苇救生圈、江北民众开河道、向江边进军、千船齐放大军渡江、骑兵经过白渡桥、追击敌人、国民党军举手投降等历史画面。其中解放军战士飞身登岸、解放军严格执行城市政策等大量珍贵历史照片，以及一组题为“英勇的渡江竞赛”连环画，则真实还原了解放军二一三团在无为县渡江作战的经过。

（董良）

“这样光辉的日子，应该永远记住它”

名称：渡江战役期间解放军三十军文工团团长胡士平的《渡江日记》
年代：1949 年
质地：纸
尺寸：长 17.2 厘米　宽 12.5 厘米　高 2.3 厘米
来源：渡江胜利纪念馆提供

在香山革命纪念馆里，展示的这本绿色封皮、封面印有“民主日记”四个字的《渡江日记》，是著名作曲家、时任解放军第三十军文工团团长胡士平在渡江战役期间写下的，全文共 40 页。日记为复制件，原件藏于渡江胜利纪念馆。这本不同于普通的日记，真实地记录了 70 多年前那场对国民党军队发起的又一次大规模的战略追击战，它成为渡江战役的珍贵见证。

中国人民解放军三十军文工团团长胡士平。

胡士平，1924 年 3 月出生于安徽省无为县一个革命家庭。1938 年，14 岁的胡士平参加了新四军，在战地服务团接触文艺，跟随汪道涵副团长学会读谱和指挥，结识了抗战歌曲作者孟波。在他们的影响下，16 岁的胡士平开始了他的作曲生涯。在战火纷飞的创作环境里，胡士平仍然坚持练习并展开实践，创作出了许多激励战士斗志的歌曲。解放战争期间，他先后担任新四军二师文工团政治指导员、苏北淮海分区文工团音乐教员、华东十二纵队文工团音乐教员。渡江战役期间任解放军第三十军文工团团长。

日记中 1949 年 4 月 23 日这天上午，胡士平这样写道:

昨晚的信你一定没有收到，因为现在大军南下，国民党飞机天天来捣乱，人心不大安宁，不便外出，所以一定要到稍微安定一点才能送去。可是，我又要写这封信了，因为我们已渡过了长江。这样光辉的日子，应该永远记住它。马上写信（给）你也有这个意思，同时也使我的情形能详细报导给母亲。

日记中的寥寥数语，展现了战事推进的迅猛与激烈。然而即使在战火硝烟中，胡士平仍不忘及时写下自己的所闻所感，字里行间中充斥着胜利的兴奋与喜悦，记录者恨不能让文字插上翅膀，飞向祖国的每一个角落。

胡士平在信中回忆了自己和一位老妈妈的交谈：“一位老太太是这样告诉我二十日夜我军渡口的情形的：大炮一响，我就知道是你们打过来了，因为他们没有炮啊。我们老百姓都不敢睡了，都爬起来看。一会子功夫，后面一团火，你们就过来了。有一队人到了庄上问我们：‘什么人’。我说‘老百姓’。他说‘大妈妈不要怕’。我心里想，怎么这样和气，真是我们自己的人回来了！”由此可以看出，江南的百姓对于人民解放军的到来，是极其渴望与欢迎的。

日记中还记载了胡士平对家人的爱与思念，饱含深情：

弟弟，十一年了，自我离家那一天起，就有坚强的信念，总有一天会回来的！现在是回来了，这能不使人兴奋么！

……

昨晚我们渡江的路线，离家只五里路吧。当时我想，这个时候，我如果突然到了家里，家里一定不认识我了（你也不认识），会把我当做一个解放军同志招待。可是，一旦知道我回来了，家里一定欢喜死了，母亲也许会流泪。然而，我并没有“突然回家”，妈妈要是知道我离家五里路不回家，一定会骂我“不孝之子”吧。

……

现在我想问你，昨天晚上你和妈妈都做些什么？门前的大路上是否也有解放军过？你和妈妈在门前看队伍吗？当时你们有没有想在那样长行列里找出你的哥哥、妈妈的儿子呢？（如果）你们没有找到，你们（会）失望的（地）回到房子里，对着油灯谈起我来，或者师成、师树、受华……

渡江战役结束后，胡士平将自己的家书整理为长达40页的《渡江日记》，后亲自捐赠给渡江胜利纪念馆，现为国家一级文物。2019年筹建香山革命纪念馆时，《渡江日记》复制件作为基本陈列使用。在作战的前线间隙，胡士平写下的这些战地家书，以诉说家常的方式记录着自己在渡江战役中的所见所闻、所思所想，情节生动，朴素感人。70多年过去了，如今我们展开再读，其中记录的历史细节依然令人感动。

（徐畅）

参加“打响渡江战役第一枪”的朱慕萍烈士

名称：朱慕萍照片
年代：解放战争时期
质地：纸
尺寸：长 6.9 厘米　宽 5 厘米
来源：香山革命纪念馆馆藏

名称：朱慕萍使用过的《政策学习参考手册》
年代：1948 年
质地：纸
尺寸：长 15.5 厘米　宽 11.7 厘米
来源：香山革命纪念馆馆藏

1949 年注定是不凡的一年。三大战役胜利后，在中共中央、中央军委及多方努力下，北平和平解放。3 月 25 日，中共中央进驻香山。在这里，中央军委和毛泽东指挥了一场规模空前的战略性战役——渡江战役。

为确保此次战役胜利，渡江战役总前委在作战前夕，综合分析战场态势，安排由第三野战军第九兵团第三十军第九十师在安徽和县长江北岸的西梁山率先打响“渡江战役第一枪”，牵制敌人的兵力火力，为人民解放军主力部队渡江创造有利条件。根据敌人的防守配备，我军指挥部研究部署决定：以第二六九团担任主攻，第二六八团担任佯攻，同时第二七〇团为师预备队，计划在两三天内打下西梁山。1949 年 4 月 7 日至 11 日，人民解放军对西梁山多次发起猛攻，使国民党军遭受重创，成功瓦解国民党军心，帮助我军主力部队成功渡江。虽然西梁山战役只有短短数天，却是一场惨烈的血战，最终以第二七〇团团长朱慕萍在内的千余名人民解放军指战员的鲜血和生命换来了大军胜利渡江。

朱慕萍（1912—1949），江苏省涟水县前进乡人，1932 年 3 月在响水中学读书时加入共产主义青年团，后转为中国共产党党员。1933 年 12 月与党组织失去联系，1941 年重新加入中国共产党。抗日战争胜利后，调任解放军灌云县独立团团长兼县长。不久，独立团改编为中国人民解放军第三野战军第二七〇主力团，朱慕萍任团长。1949 年 3 月，朱慕萍率团参加渡江战役，在攻占西梁山的战斗中不幸壮烈牺牲，时年 37 岁。

朱慕萍使用过的这本《政策学习参考手册》，由华东军区政治部于 1948 年 12 月编印。手册封面上注明“供营连干部用”，并写有“团长、团副，参谋长同阅”，这是朱慕萍担任二七〇团团长期间和副团长陈国钧、参谋长孙万瑾共同使用的学习材料。手册保存完整，可见朱慕萍烈士生前和各位学习者十分珍惜这本学习材料。

这本手册的参考材料主要来源于华东新华书店出版之《目前形势与我们的任务（标准本)》。在解放战争时期，这本手册为党内中下级干部学习党的政策文件提供便利条件，内文不仅涉及各种主要政策的内容与范围，而且将部队干部应懂的原则问题进行摘编、排成系统，包括：认识中国革命的基本问题是了解一切政策的根本认识，点明政策学习是反对无纪律、无政府状态，反对经验主义的主要内容和方法。手册编印的目的在于帮助营连级的同志们便于摸索到学习党的政策途径，便于启发研究党的政策性文件。手册的编者鼓励学习者找到各种文件的原文进行深入研究，各部队常委可以根据情况，随时组织干部学习手册中的内容。

手册对当时的思想学习、形势和任务、历史阶段的总路线总政策、土地改革政策、工商业政策及城市政策、国民党军政策均展开直观、深入的论述。例如，手册中的第二章《目前的形势和我们的任务》中写到了十项军事原则，这篇文章阐述了自 1946 年 7 月至 1947 年 11 月，人民解放军歼灭蒋介石正规军及非正规军 169 万人，其中俘虏 105 万人，使人民解放军保存了解放区的基本区域，转由进攻态势。取得如此成绩离不开正确的战略方针：

五、不打无准备之仗，不打无把握之仗，每战都应力求有准备，力求在敌我条件对比下有胜利之把握。六、发扬勇敢战斗，不怕牺牲，不怕疲劳于连续作战（即短期内不休息地接连作战）的作风。

这些作战方针是人民解放军在内外敌人长期作战中总结出来的，是建立在人民战争基础上，军民万众一心、战士们团结一致，不惧危险，英勇作战的体现。

这本手册体量不大，仅 87 页，但内容丰富全面，涉及了政治、经济、思想、军事等方面，体现了中国共产党和革命先烈革命到底、勇于探索、不断进取的革命精神。

（刘延岩）

支前船工的旗帜

名称：二野第一〇六团授予“支前船工”陈文义和陈玉华父子的奖旗
年代：1949 年
质地：布
尺寸：长 29 厘米　宽 20 厘米
来源：渡江战役纪念馆提供

在香山革命纪念馆基本陈列展厅里，陈列着一面残缺不全的奖旗。奖旗是 1949 年中国人民解放军第二野战军第一〇六团授予“支前船工”陈文义和陈玉华父子的，原件藏于渡江战役纪念馆。奖旗右侧在渡江战役过程中被炮弹击穿，露出了弹痕烧焦的线头，它是渡江战役中军民团结抗敌的重要物证。就是这面破损的旗帜，见证了 70 多年前解放军浩浩荡荡下江南时，众多人民支援解放军强渡“天堑”的历史，也默默诉说了解放战争时期英雄儿女的动人故事。

渡江战役前，解放军部队来到了重要的沿江城市——安徽省安庆，开始投入到了紧张的渡江准备工作中。其中有一项最为重要且最为紧迫的工作，那就是征集渡江的船只和招募支前船工。

陈玉华从小成长在渔民家庭，当年只有 21 岁。在迎接全国解放的大形势下，他和父亲陈文义将自家船只贡献了出来，并义无反顾地报了名，成为了支前船工中的一员。

渡江之前，野战军首长亲自为他颁发奖章，章上面缝着他的名字、年龄和出生地。那可不是一般的奖章啊，陈玉华清醒地知道，戴上它就意味着随时要做好牺牲的准备。除此之外，首长还特地颁发给他一面方方正正的小奖旗。黄底黑字，上面写有“奖给水上英雄，渡江第一船，一零六团”。从这面奖旗上，陈玉华知道，自己担负着最先冲向江对岸的任务。他小心地接过这面象征着光荣的奖旗，如珍宝一般将它缝在了自己衣服的内里上。

1949 年 4 月 21 日凌晨，一〇六团的渡江号令正式打响，无数支前群众划着密密麻麻的船只冲向了大江之中。父亲陈文义上船掌舵，儿子陈玉华负责扯帆、摇桨。凶险的江面和密集的炮火中，前锋船的船帆被击落了，船头也被炮火击碎，他们就一边修补船只，一边继续渡江，使出了浑身解数送军过江。

最终，他们从敌人的炮火中穿过，英勇地抵达到了江南岸。靠岸后，本已经完成任务又刚刚躲过生死之劫的陈玉华仍然不肯离开。南岸上等待着他们的，是更加猛烈的炮火，还有敌军布置的大片地雷。身边的将士们一个个不畏牺牲、为了新中国前赴后继，陈玉华想起了身上那面光荣的旗帜，并更加坚定了只有赢得战争的胜利，推翻国民党的反动统治，才能迎来真正新中国的信念。

为了给后续部队开辟道路，他在炮火硝烟中，小心地清除地雷引线。就在那时，一枚炮弹在他身旁炸响。一瞬间，剧烈的爆炸和冲天的气浪将在岸边的他们全部吞没。漫天火光之中，陈玉华遍体鳞伤、血肉模糊。身上那面象征光荣使命的“渡江第一船”奖旗，也随之炸毁了一角。血泊中的他只模糊记得，后面有我们的战士用信号灯为部队开路，我军胜利登岸。

70 多年过去了，这面历经硝烟的“渡江第一船”奖旗，见证了军民齐心、改天换地，把浩荡长江变成平阳大道的伟大奇迹。如今，它一直默默向世人诉说着那一段浴血奋战、勇往直前的光辉历史。

（吕玥莹　彭淼淼）

渡江战船

名称：人民解放军渡江战役中使用的木船
年代：1949 年
质地：木质
尺寸：长 8 米　宽 1.6 米
来源：香山革命纪念馆馆藏

香山革命纪念馆馆藏的渡江战役时期的木船，长约 8 米、宽约 1.6 米，由实木木板通过榫卯工艺拼接而成，这是解放战争时期人民群众支援解放军强渡长江的船只。

时间进入 1949 年，随着解放战争形势的发展，将革命进行到底，已经是人心所向，众望所归。人民解放军早已做好了渡江战斗的准备，但需要解决的首要问题就是船只。渡江战役发起前，国民党已将长江北岸能够发现的船只全部拖到了长江以南，并将来不及拖到对岸的船只全部沉江。人民解放军发动群众，在短短的时间里，通过组织动员，扶贫帮困，分田地送粮食和对船主损坏赔偿承诺等方式，使得大批船民很快集中到位。人民群众还与解放军战士共同努力，打捞下沉船只，并抓紧抢修。据不完全统计，在渡江战役中，解放军征得船只 3 万余条，但比起需要渡江的人数来说，船只的数量还是很有限的。到最后渡江时，浴盆、鱼桶甚至是门板都成了渡江的工具。

在短短一个月的时间里，自愿报名参战的船工就达到 3 万余人。

渡江战役期间，江苏省宝应县颜红英（摇桨者）和父亲、妹妹一起划船送人民解放军渡江。

渡江战役总前委书记邓小平曾在一次报告中动情地说：江北人民把家里的粮食尽量拿出来，并表示只要渡江，饿着肚子也不要紧。为解决烧柴困难，人民甚至无怨言地拆房子给我们当柴烧。

照片上划船的小姑娘，名叫颜红英，当年只有 19 岁，如今已经是一位年过九旬的老人了。她在帮助解放军渡江的过程中，不幸被敌人的弹片击中脸颊，听力严重受损，她是成千上万民众中支持人民解放军的一个代表。在渡江过程中，参战船工与解放军战士们同舟共济，为争做“渡江第一船”，冒着敌人的炮火，舍生忘死奋勇向前。

1949 年 4 月 20 日夜至 21 日，中国人民解放军第二野战军、第三野战军遵照中央军委命令和总前委的《京沪杭战役实施纲要》指示，先后发起渡江作战。在西起湖口、东至江阴的千里战线上强渡长江，迅速突破国民党军江防，占领贵池、铜陵、芜湖、无锡、镇江等城镇，彻底摧毁了国民党军的长江防线。被国民党吹嘘为“固若金汤”的长江防线，在人民军队面前竟然是如此不堪一击。4 月 23 日，人民解放军占领南京，宣告了南京国民党政府统治的覆灭。

1949 年 5 月 1 日，毛泽东在与民主人士柳亚子泛舟昆明湖的时候，柳亚子问毛泽东：人民解放军到底是用了什么样的妙计，这么快就成功的渡过长江？毛泽东说：哪里有什么妙计，要是真有的话，那就是“人民的支持是最大的妙计”！ 2020 年 8 月，习近平总书记在参观渡江战役纪念馆时强调：淮海战役的胜利是靠老百姓用小车推出来的，渡江战役的胜利是靠老百姓用小船划出来的。这些都充分说明人民的支持才是取得革命胜利的关键。

（陈宇蛟）

传递南京解放喜讯的《进步日报》

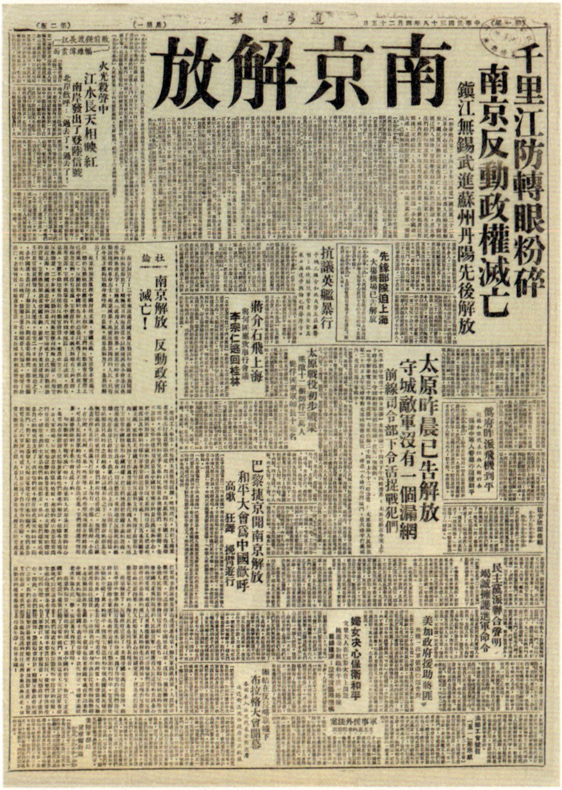

南京解放

千里江防轉眼粉碎
南京反動政權滅亡
鎮江無錫武進蘇州丹陽先後解放

火光熊熊中
江水長天相映紅
南岸發出了登陸信號

社論
南京解放 反動政府滅亡！

抗議英艦暴行

蔣介石飛上海
李宗仁逃回桂林

太原昨晨已告解放
守城敵軍沒有一個漏網
前線司令部下令活捉戰犯們

巴黎捷京聞南京解放
和平大會爲中國歡呼
高歌 狂舞 提燈遊行

婦女決心保衛和平

名称：刊载南京解放报道的《进步日报》
年代：1949 年
质地：纸
尺寸：长 75 厘米　宽 50 厘米
来源：香山革命纪念馆馆藏

在香山革命纪念馆的展厅里有这样一个雕塑场景：毛主席端坐在靠背椅上，上身微倾，一手持报，另一手轻搭在膝盖上，目光炯炯，神情自若，吸引无数观众驻足思考。这个雕塑是根据摄影师徐肖冰于南京解放后在双清别墅池塘边的六角凉亭中拍摄毛泽东阅《进步日报》的照片所设计，反映了毛主席在香山双清别墅看解放南京捷报时的喜悦心情。

毛主席手中的报纸正是1949年4月25日的《进步日报》，报纸上“南京解放”四个大字十分醒目，而右侧一则报道标题《千里江防转眼粉碎，南京反动政权灭亡》清晰可见。

香山革命纪念馆中毛泽东同志在香山双清别墅阅《进步日报》关于“南京解放”的消息雕塑景观。

《进步日报》是毛主席十分喜欢的一份报纸，该报于1949年2月27日创刊，是由天津版《大公报》改组而来，报名也是毛主席亲自取的。据史料记载，当时毛主席说："办报的自我检讨、自我批评就是进步，看报的也要进步，解放了，大家都要进步嘛！"

《进步日报》因采取民主管理的体制，在经济上自负盈亏，既不同于解放前的私营报纸，也不同于解放区党的机关报，是天津解放后第一家民营报纸，也是当时解放区唯一的一家民营报纸。其办报方针是："立足天津，背靠三北，面向全国"，为宣传党的路线政策，在知识界、工商界中发挥了特殊作用。

1949年4月20日，国民党南京政府拒绝接受国共双方代表团形成的《国内和平协定（最后修正案）》，谈判破裂。当晚20时，人民解放军中突击集团首先渡江，迅速突破了安庆、芜湖间防线。4月21日，毛泽东主席和朱德总司令发布了《向全国进军的命令》，发出了"打过长江去，解放全中国"的号召。人民解放军东、西突击集团分别从镇江、江阴间和贵池、湖口间渡江。广大指战员发扬英勇顽强、有进无退的战斗作风，不顾国民党军队陆海空协同的炮火阻击和多次反扑，用木帆船作为主要航渡工具，千帆齐发，强渡长江。4月22日，人民解放军以雷霆万钧、摧枯拉朽之势，一举摧毁了国民党军队的长江"立体防线"，占领国民党统治中心南京，宣告了延续22年的国民党反动统治的覆灭。

毛主席在北平香山双清别墅得到南京解放的消息后欢欣鼓舞，挥笔写下了不朽诗篇《七律·人民解放军占领南京》："钟山风雨起苍黄，百万雄师过大江。虎踞龙盘今胜昔，天翻地覆慨而慷。宜将剩勇追穷寇，不可沽名学霸王。天若有情天亦老，人间正道是沧桑。"

南京解放后，国内新闻界争相报道，《进步日报》亦不例外。1949年4月25日的《进步日报》，刊载了新华社南京电讯、新华社北平电讯、新华社南京长江前线电讯及进步日报专讯等多条关于南京解放的报道，主要介绍了解放军英勇进军，国民党军队纷纷逃命，溃不成军，以及解放军受到南京市民和学生的热烈欢迎，南京城内秩序安定等内容，再现了南京解放的历史画面。此外，报上还刊载了“太原昨晨已告解放 守城敌军没有一个漏网”“太原战役初步战果”等有关太原解放的报道。可见《进步日报》虽为民营报纸，但关注全国的解放事业，充分体现了其办报方针。

《进步日报》共计出版1400号，于1952年12月31日停刊，历3年10个月，后与上海《大公报》合并，于1953年1月1日起改称《大公报》在天津出版，成为一张以财经、国际宣传为重点的全国性综合类报纸。1956年10月1日起，该报又迁往北京出版，于1966年9月10日停刊。

一个场景，一张报纸，一段历史，阅读这一段段沉淀着岁月力量的油墨文字，仿佛体会到了毛主席那种由衷的喜悦，更是走进了那段激昂人心的岁月，真切感受到了从战火纷飞中走出的新生南京。

（杜意娜）

百万大军南下的历史记忆

名称：时任第三野战军第三十五军政治部宣传部副部长刘宗卓同志拍摄的人民解放军南下集结准备渡江作战的历史照片
年代：1949 年
质地：纸
尺寸：均长 15.2 厘米　宽 10.2 厘米
来源：香山革命纪念馆馆藏

香山革命纪念馆珍藏了一组时任第三野战军第三十五军政治部宣传部副部长刘宗卓同志拍摄的历史照片，主要有：渡江作战前人民解放军南下集结进行政治动员、整合武装力量、筹集船只、开展战前训练、动员群众支援前线、运送粮草等。这组照片，是刘宗卓使用抗战时期缴获日军的相机所拍摄。2020 年 10 月，刘宗卓之子刘力群将这组珍藏了 70 多年的珍贵历史照片和相机捐赠给香山革命纪念馆。

刘宗卓使用的相机。

刘宗卓（1920—2013），湖南湘潭人，1938 年 10 月进入延安抗大学习并参军入伍，同年 11 月加入中国共产党。解放战争时期，担任第三野战军第三十五军政治部宣传部副部长和第三野战军《人民前线》报总编辑，曾参加济南战役、淮海战役、渡江战役等。新中国成立后，曾任红旗杂志社副总编辑、解放军报社社长，是中国人民解放军优秀政治工作者和军事新闻工作者。

早在 1948 年秋，中共中央和中央军委就提出了由在淮海战役期间组成的以邓小平为书记的总前委统一领导的百万雄师于次年秋季南下渡江的构想。总前委根据中央军委的指示，3 月下旬制定了《京沪杭战役实施纲要》，确定了渡江的战略部署计划。

人民解放军渡江作战，面临很多困难，为顺利渡江，解放军各指战员相继进行了一系列准备工作。首先是军事准备，淮海战役后，中国人民解放军各大野战军为健全组织，整合政治力量，对部队进行整编。其中，华东野战军改编为第三野战军，中原野战军改编为第二野战军，此两军协同作战，备战渡江。中央军委电令此二部进行整休至3月底，在此期间加紧训练，完成渡江的各项准备。

除加紧进行军事训练外，参战部队仍需进行相应的物资准备工作。1949年1月15日，华东野战军总前委下达指示，要求全军后勤在备战期间尽一切努力完成解放军渡江期间的物资补给、粮食筹划、弹药补给、充实运输工具等准备工作，为保证我军顺利渡江，打下基础。

大军渡江，首先满足的条件就是有足够的船只，还需有熟悉长江地形、善于掌舵的士兵参战。由于部队的指战员多数为旱地生长的北方人，不谙水性，在渡江准备过程中，一些战士们产生了恐水、惧水的心理，他们担心无法完成渡江重任。为帮助战士们克服心理因素，保障渡江战役的顺利进行，各级党委掀起了群众性的“谈水、学水、练水”活动，与此同时一系列筹集船只的工作也在紧张进行着。历时两个月，至战役发起前夕，我军共筹集船只9000余只。

保证粮草供应，也是当时重点工作之一。为筹集渡江作战部队、随军民兵、民工及渡江后解放区军民所需粮草，山东、苏北新老解放区的人民，开展了大规模的支前工作。在此期间，共筹集与运送到前线的粮食达到了数亿斤，至渡江前夕，所有参战部队均备足了一个月的粮草。

其他如侦察江南敌情、修筑部队运动必须的桥梁、公路；开辟船只入江河道、隐藏船只所需船坞等各项渡江准备工作也在有序展开。4月中旬，各项准备大致就绪，部署在长江北岸的百万渡江大军万事齐备，张弓待发。这一阶段，当中国人民解放军各指战员正在为渡江作战加紧准备之时，时任第三十五军政治部宣传部副部长的刘宗卓随即拍摄下这些历史的瞬间。照片中，战士们士气高涨，整装待发，从这些照片中可以感受到百万人民解放军蓄势待发，争取早日突破长江天堑，解放整个江南的信心与决心。

这组照片是“打过长江去，解放全中国”的最好佐证，具有十分重要的史料价值，它鲜活反映了中国人民解放军在战略决战之际为实现中华民族独立解放而坚持到底、不怕牺牲、英勇奋斗的光辉历史。

（王梦妮）

人民解放军的“约法八章”

图片说明：上海市民阅读张贴在外滩大楼外墙上的《中国人民解放军布告》

在香山革命纪念馆基本陈列里，展示着毛泽东起草的《中国人民解放军布告》。

1949 年 3 月，中共中央和毛泽东进驻北平香山后，一方面积极推动与国民党政府进行北平和谈，另一方面根据谈判进程，反复筹划渡江战役。4 月 20 日，由于国民党政府拒绝签订《国内和平协定（最后修正案)》，国共两党和平谈判破裂。4 月 20 日晚，人民解放军发起渡江战役。4 月 21 日，毛泽东、朱德发出《向全国进军的命令》，震撼中外的渡江战役随之打响。4 月 23 日，解放军占领南京，宣告国民党反动统治覆灭。4 月 25 日，南京解放仅三天，毛泽东就草拟并同朱德联名颁布了《中国人民解放军布告》。《布告》指出:“国民党反动派业已拒绝接受和平条件，坚持其反民族反人类的罪恶的战争立场。全国人民希望人民解放军迅速消灭国民党反动派。我们已命令人民解放军奋勇前进，消灭一切敢于抵抗的国民党反动军队，逮捕一切怙恶不悛的战争罪犯，解放全国人民，保卫中国领土主权的独立和完整，实现全国人民所渴望的真正的统一。人民解放军所到之处，深望各界人民予以协助。兹特宣布约法八章，愿与我全体人民共同遵守之。”手稿上短短百余字的内容就把布告发布的背景、原由和目的交代清楚，并与五天前发出的《向全国进军的命令》的内容联系起来，更加引人注目。

此时的人民解放军百万雄师横渡长江，势如破竹，锐不可当，直指江南的广大地区。由于部分国民党军队仍负隅顽抗，进行各种破坏活动，且江南的广大民众对中国人民解放军的了解不够充分，所以向广大民众和社会各界宣传我党我军的方针政策，向其说明应遵守和周知的事项，对消除人民群众的顾虑、安定社会秩序、打击国民党残余势力、加速解放进程，十分必要和迫切。

正是在这个背景下，毛泽东审时度势，不失时机地起草了这份布告，史称“约法八章”。“约法八章”实际上就是我军的八项基本政策和主张，对其所涉及的包括民族工商业、农牧业、官僚资本、农村中的封建土地所有权制度以及外国侨民的生命财产等内容，都作出了明确、完善的政策规定。整篇布告用词通俗易懂，言简意赅，气势磅礴，周知范围明确，体现了毛泽东独特的语言风格，也显示了所向披靡、锐不可当、在凯歌中行进的中国共产党和人民解放军崭新的精神风貌。

《布告》的发布及时快捷，作用范围广阔，时效长久，起到了稳定社会秩序、安定民心的作用，得到了广大人民群众的拥护和支持。人民解放军前进到哪里，布告就广播、张贴、宣传到哪里，先后到达大半个中国，迎来了中国大陆的解放，迎来了新中国的诞生。

这份《布告》为毛泽东手迹，原件藏于中央档案馆。当时以《约法八章》为题广布城乡，后以《中国人民解放军布告》原题，经毛泽东亲自修改定稿，全文收入《毛泽东选集》第四卷。

（徐畅）

【电报原文】

国民党反动派业已拒绝接受和平条件，坚持其反民族反人民的罪恶的战争立场。全国人民希望人民解放军迅速消灭国民党反动派。我们已命令人民解放军奋勇前进，消灭一切敢于抵抗的国民党反动军队，逮捕一切怙恶不悛的战争罪犯，解放全国人民，保卫中国领土主权的独立和完整，实现全国人民所渴望的真正的统一。人民解放军所到之处，深望各界人民予以协助。兹特宣布约法八章，愿与我全体人民共同遵守之。

（一）保护全体人民的生命财产。各界人民，不分阶级、信仰和职业，均望保持秩序，采取和人民解放军合作的态度。人民解放军则采取和各界人民合作的态度。如有反革命分子或其他破坏分子，乘机捣乱、抢劫或破坏者，定予严办。

（二）保护民族工商农牧业。凡属私人经营的工厂、商店、银行、仓库、船舶、码头、农场、牧场等，一律保护，不受侵犯。希望各业员工照常生产，各行商店照常营业。

（三）没收官僚资本。凡属国民党反动政府和大官僚分子所经营的工厂、商店、银行、仓库、船舶、码头、铁路、邮政、电报、电灯、电话、自来水和农场、牧场等，均由人民政府接管。其中，如有民族工商农牧业家私人股份经调查属实者，当承认其所有权。所有在官僚资本企业中供职的人员，在人民政府接管以前，均须照旧供职，并负责保护资财、机器、图表、账册、档案等，听候清点和接管。保护有功者奖，怠工破坏者罚。凡愿继续服务者，在人民政府接管后，准予量才录用，不使流离失所。

（四）保护一切公私学校、医院、文化教育机关、体育场所，和其他一切公益事业。凡在这些机关供职的人员，均望照常供职，人民解放军一律保护，不受侵犯。

（五）除怙恶不悛的战争罪犯和罪大恶极的反革命分子外，凡属国民党中央、省、市、县各级政府的大小官员，"国大"代表，立法、监察委员，参议员，警察人员，区镇乡保甲人员，凡不持枪抵抗、不阴谋破坏者，人民解放军和人民政府一律不加俘虏，不加逮捕，不加侮辱。责成上述人员各安职守，服从人民解放军和人民政府的命令，负责保护各机关资财、档案等，听候接收处理。这些人员中，凡有一技之长而无严重的反动行为或严重的劣迹者，人民政府准予分别录用。如有乘机破坏，偷盗，舞弊，携带公款、公物、档案潜逃，或拒不交代者，则须予以惩办。

（六）为着确保城乡治安、安定社会秩序的目的，一切散兵游勇，均应向当地人民解放军或人民政府投诚报到。凡自动投诚报到，并将所有武器交出者，概不追究。其有抗不报到，或隐藏武器者，即予逮捕查究。窝藏不报者，须受相当的处分。

（七）农村中的封建的土地所有权制度，是不合理的，应当废除。但是废除这种制度，必须是有准备和有步骤的。一般地说来，应当先行减租减息，后行分配土地，并且需要人民解放军到达和工作一个相当长的时期之后，方才谈得到认真地解决土地问题。农民群众应当组织起来，协助人民解放军进行各项初步的改革工作。同时，努力耕种，使现有的农业生产水平不致降低，然后逐步加以提高，借以改善农民生活，并供给城市人民以商品粮食。城市的土地房屋，不能和农村土地问题一样处理。

（八）保护外国侨民生命财产的安全。希望一切外国侨民各安生业，保持秩序。一切外国侨民，必须遵守人民解放军和人民政府的法令，不得进行间谍活动，不得有反对中国民族独立事业和人民解放事业的行为，不得包庇中国战争罪犯、反革命分子及其他罪犯。否则，当受人民解放军和人民政府的法律制裁。

人民解放军纪律严明，公买公卖，不许妄取民间一针一线。希望我全体人民，一律安居乐业，切勿轻信谣言，自相惊扰。切切此布。

中国人民革命军事委员会主席　毛泽东

中国人民解放军总司令　朱　德

出自《毛泽东选集》，人民出版社 1991 年版，第 1457—1459 页。

电文有据、范围有序、遵循有律

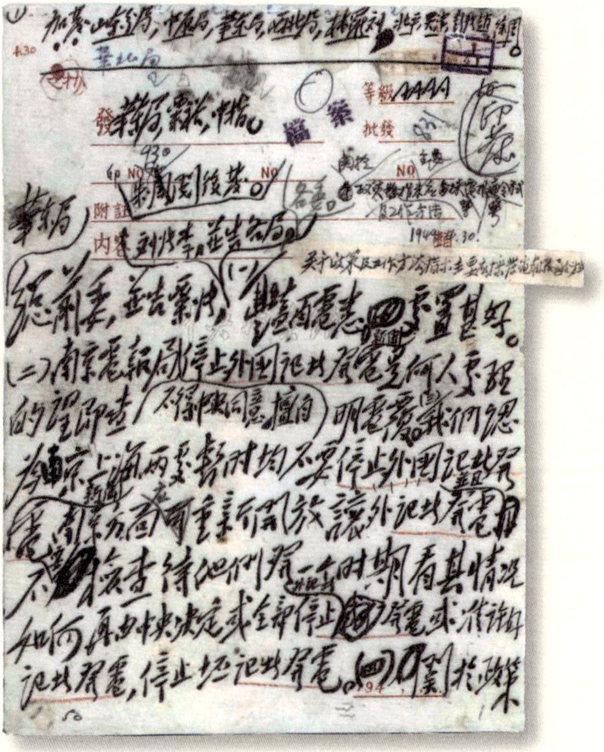

名称：中央军委关于高级领导机关对下级应加强文电指示等问题给华东局等的电报（1949 年 4 月 30 日）
年代：1949 年
质地：纸
尺寸：长 27.5 厘米　宽 21.0 厘米
来源：中央档案馆提供

中共中央和毛泽东在进驻香山后，电报成为指挥全国各地党政军工作的主要通讯手段。在长期的革命斗争和实践中，毛泽东高度重视文电在开展各项工作中的重要性。毛泽东香山期间，亲自起草了大量电报公文，并以此指导工作、统一思想、正风肃纪。

1949年4月30日，南京解放后不久，远在北平香山的毛泽东以中央军委名义向华东局和总前委发出了“关于高级领导机关对下级应加强文电等问题的指示”电，并要求在各局、各委中传达，电文的开头并不是嘉奖胜利，而是带有些许问责：“南京电报局不得中央同意，擅自停止外国记者发新闻电是何人处理的，望即查明电复。”

南京解放后，由于外事纪律教育不够深入，因此三野七兵团三十五军在南京解放的第二天，就发生了战士误入美国驻华大使司徒雷登住所的事件。原来，解放军第三十五军的一位营长带着一个通讯员，在为部队安排食宿的时候，不慎误入司徒雷登住所，但是很快便退了出来。当天夜里，“美国之音”就广播了所谓中国人民解放军搜查美国大使馆的新闻，不久又发生了南京电报局未经中央同意，擅自停止外国记者发新闻电的事件。

毛泽东和中共中央对发生的一连串违反外事纪律事件高度重视，毛泽东就三十五军擅入司徒雷登住宅一事，指示总前委：“必须引起注意，否则可能引出大乱子。”4月30日，因为南京电报局擅自停止外国记者发新闻电一事，毛泽东在电文中则进一步作出指示：“我们认为，南京、上海两处暂时均不要停止外国记者发新闻电，南京方面应重新开放，让外国记者发电，并且不要检查。待他们发一个时期，看其情况如何，再由中央决定或全部停止外国记者发电，或准许好记者发电，停止坏记者发电。”

总结这件事情的经验教训，毛泽东提到：“这种出乱子的责任，主要地不是在下面，而是在领导方面，事前告诫处理得不适当，或者没有去告诫和处理。”毛泽东告诫高级领导机关对下级应加强文电指示，就是强调电报在指导各项工作中的极端必要性，要学会通过使用电报这种渠道，指挥全国各地党政军工作。

在电文中，毛泽东这样生动地总结道：“关于政策及工作方法的指示，在你们高级领导机关方面来说，主要地是依靠写电报，发通令，而不是依靠开干部会，不是依靠口讲。一个负责人半小时可以写一个电报，一小时可以写一个通令，一天、两天、三天或四天工夫可以经过电台传达到各军、各师、各团，各省、各市、各县，有文字为凭，有范围可守，又迅速，又使下级有所遵循。”

从这件事情可以看出，毛泽东是把“有文字为凭，有范围可守”作为一项指令、一种要求、一个规定，下发全党严格执行和推广。这也是毛泽东倡导的工作作风，并以身作责，率先垂范。

（索南卓玛）

【电报原文】

华东局，总前委，并告粟张、刘张李，并告各局、各委：

（一）艳酉电悉。处置甚好。

（二）南京电报局不得中央同意，擅自停止外国记者发新闻电是何人处理的，望即查明电复。

（三）我们认为，南京、上海两处暂时均不要停止外国记者发新闻电，南京方面应重新开放，让外国记者发电，并且不要检查。待他们发一个时期，看其情况如何，再由中央决定或全部停止外国记者发电，或准许好记者发电，停止坏记者发电。

（四）关于政策及工作方法的指示，在你们高级领导机关方面来说，主要地是依靠写电报，发通令，而不是依靠开干部会，不是依靠口讲。一个负责人半小时可以写一个电报，一小时可以写一个通令，一天、两天、三天或四天工夫可以经过电台传达到各军、各师、各团，各省、各市、各县，有文字为凭，有范围可守，又迅速，又使下级有所遵循。此种方法，毛主席已多次向饶漱石同志提议过。而在你们方面，则对于若干项政策和执行政策的方法问题，仍然不是靠文字，而是靠口头去向下面作指示。口头指示也是要的，也是有用的，也是必不可少的。但是一则无文字可凭；二则范围不见得很明确；三则到会的少数人听到了，没有到会的多数人没有听到，有挂一漏万的缺点（只是说的只有口头报告，没有文字决议的干部会）。此次外交政策几天时间内出了很多乱子，就是因为你们过去对于这个问题对下面没有任何文电指示。对有些问题有了指示，但如果没有让各军、各师、各团，各省、各市、各县的领导同志同时普遍看到，或者指示中对一项问题不强调，不突出，不鲜明，不确定范围，则各地仍然不明白，或者不甚明白。现在鉴于南京方面闹出的乱子，如果你们还不采取打电报、发通令的方法，立即告诉各军、各师、各团，各省、各市、各县，那就在上海，在杭州，在苏州，在镇江，在无锡，在芜湖，以及在其他地方，又要重复出乱子。这种出乱子的责任，主要地不是在下面，而是在领导方面，事前告诫处理得不适当，或者没有去告诫和处理。过去你们对于山东及苏北的城市政策和工业政策，长期不发电报，不发通令，以致下面无所适从，各干各的，受了损失，也是一项教训。

中央军委

卯三十

出自《毛泽东文集》第五卷，人民出版社 1996 年版，第 287—288 页。

陈赓与南昌的不解之缘

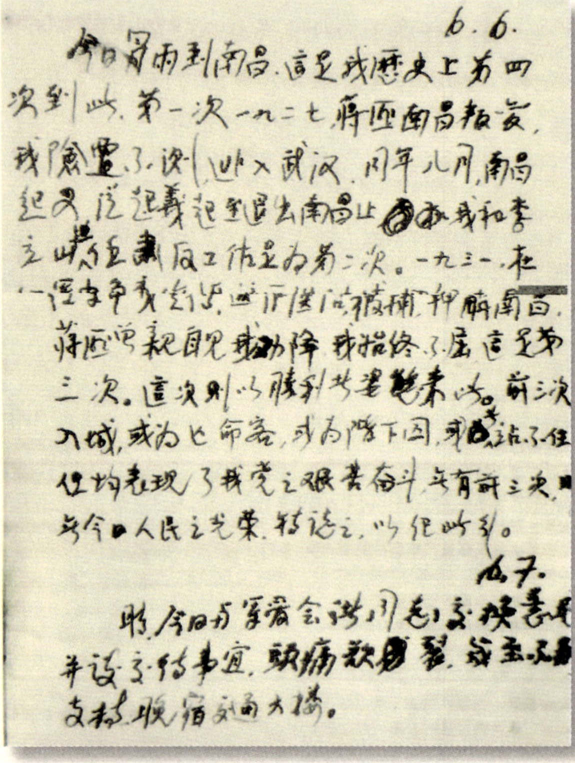
6.6.
今日冒雨到南昌，这是我历史上第四次到此。第一次一九二七蒋匪南昌叛变，我险遭不测，逃出武汉。同年八月，南昌起义，随起义军退出南昌止，我和李立三、[illegible]同工作是为第二次。一九三一，在[illegible]被捕，押解南昌，蒋匪亲自见我劝降，我始终不屈，这是第三次。这次则以胜利者姿态来此。前三次入城，或为亡命客，或为阶下囚，[illegible]但均表现了我党之艰苦奋斗，无有前三次，则无今日人民之光荣。特志之，以纪此行。

[illegible]

晚，今日为军管会[illegible]并谈交待事宜，头痛[illegible]晚宿交通大楼。

图片说明：1949 年 6 月 6 日的陈赓日记手迹

1949年4月，中国人民解放军第二、四野战军，以摧枯拉朽之势，突破国民党军队的长江防线进入江西。5月9日，二野前委刘伯承、张际春、李达关于进占南昌之准备致电中央军委和总前委，指出："在我完全控制浙赣路并逼近赣江情况下，南昌之敌可能提早撤退，如此我四兵团似应于敌退时适时占领南昌，以免该城遭受破坏。我们已令四兵团即作随时进占南昌（如敌不撤退则不去攻占）之准备，是否可行？请速示复。"5月10日，毛泽东即以中央军委名义回复了这封电报："总前委，并告刘张李，林罗肖，中原局：辰佳电悉，同意你们对南昌的处置，即如果南昌敌逃走，可由陈赓率兵直入城维持秩序，俟林罗部队过江后即行移交。"遵照中央军委指示，5月22日，陈赓率第四兵团经过艰苦奋战，解放了南昌。

南昌解放后，陈赓即令第十三军政治委员刘有光和兵团政治部副主任胡荣贵率工作组进城接管。他向工作组指出："要严格执行中央的城市政策，对敌人遗留的物资要一律封存，将来交给接防的第四野战军。"刘有光曾经带着工作组进驻刚刚解放的河南省洛阳市做城市工作，有丰富的城市接管经验，所以到南昌市工作是轻车驾熟。陈赓还决定，不许兵团直属队及其他部队进入南昌市。

陈赓以身作则，自己带头不进南昌市，和兵团部一起住在距城30里地的莲塘，等待接管队伍的到来。不久，中央军委电示，由陈正人担任南昌市军事管制委员会主任。陈正人6月5日到南昌，陈赓作为交代工作的主管，于6日进入了南昌市，会见了陈正人。

6月6日，陈赓怀着无比兴奋的心情在日记里写道："今日冒雨到南昌，这是我历史上第四次到此。第一次一九二七，蒋匪南昌叛变，我险遭不测，逃入武汉；同年八月，南昌起义从起义起至退出南昌止，我和李立三担任肃反工作，是为第二次；一九三一，在一次战斗中我受伤，返沪医治，被捕，押解南昌，蒋匪曾亲自见我劝降，我始终不屈，是为第三次；这次则以胜利者姿态来此。前三次入城，或为亡命客，或为阶下囚，或者站不住，但均表现了我党之艰苦奋斗。无有前三次，则无今日人民之光荣。特志之，以纪此行。”

在陈赓的戎马生涯中，似乎与南昌城结下了不解之缘。正如《陈赓日记》中所写，自参加革命到中国革命胜利，他曾四进南昌，而每一次进南昌的环境、经历和心情都不尽相同，在一定程度上，见证了中国革命发展的不同时期，也在他的革命生涯中留下了一段特殊的经历。

（王园）

解放上海要“文打”，不要“武打”

人民日報

華北稅務會議揭幕

本報發行部啓事

全部粉碎敵東西堡壘陣地
上海主要市區解放

浙東我克餘姚新昌遂抵天台山麓

中共中央委員會電賀各線偉大勝利

我和大代表團勝利歸來
平十萬人盛會歡迎

葉劍英市長歡迎詞

郭沫若先生講演詞

馬寅初先生講演詞

短論

慶祝和平代表團勝利歸來

名称：1949 年 5 月 26 日《人民日报》
年代：1949 年
质地：纸
尺寸：长 26.3 厘米　宽 19.7 厘米
来源：香山革命纪念馆馆藏

上海是中国最大的城市和工商业中心，早在七届二中全会时，毛泽东就高瞻远瞩地指出：“我们进入上海，是中国革命过一大难关，它带有全国全世界性质。”为了尽可能完好地保存上海，毛泽东反复考虑，提出“慎重、缓进”的方针，以避免国民党实行焦土政策，强调“打上海，要文打，不要武打，不仅要军事进城，还要政治进城”。最终确立了对上海战役“既要打一场城市攻坚战，而又不能把城市打烂，要将上海完整地接管过来”的指导思想。

鉴于解放军进驻南京时没有很快做好精神准备和组织准备，吃了亏，为顺利接管上海，1949年5月3日中央军委发电指示，推迟占领杭州上海的时间，令军队在丹阳集中整训期间学习政策和接管城市事项，对参战部队实施了大规模的城市政策、涉外政策和纪律教育。

第三野战军根据中央军委和总前委要完整保全上海城市的指示精神，先后拟订了夺取上海的三种作战方案：一是对上海守军实施“长围久困”，但这样将使市民生活陷于绝境；二是攻其防御薄弱点，从苏州河以南向市区实施突击，这样会使市区成为主战场，不利于城市设施的保全；三是从上海两翼迂回，钳击吴淞口，封锁其海上退路，诱歼敌主力于市郊尔后再将其消灭。但攻城部队以强击强，将会付出较大代价。第三野战军指挥员经过认真分析，一致认为第三种方案是最佳方案。为了保全上海这座工商业大城市，保护上海人民的生命财产，付出一定的代价是必要的、值得的。中央军委及时批复了第三种方案。总前委陈毅总司令把这一方案形象地比喻为“瓷器店里打老鼠”，就是说老鼠要打，瓷器还不能破坏。

在解放上海的准备工作大体就绪后，上海战役于5月12日夜打响。第三野战军第九、十兵团分别从浦东、浦西钳击吴淞口，先断敌海上退路，然后歼灭被围之敌于上海外围。19日，中央军委就总攻上海的时间、步骤致电总前委，认为“在上海已被我军包围后，攻城时间似不宜拖得太长”。20日，中央军委又电告粟裕、张震：似此只要军事条件许可，你们即可总攻上海，总攻时间似以择在25日至31日之间为宜，可采取攻其可歼之部分，放弃一部分不攻，让其从海上逃去。22日，汤恩伯残部从海上撤逃。粟裕、张震即令三野各部提前于23日夜发起总攻。作战部队严格执行不用大炮等重武器射击的命令，采用快速推进、勇猛穿插、迂回包围的战术击溃了敌军。27日，上海宣告解放。进驻上海市区的人民解放军为不扰民“十万大军露宿街头”，赢得了上海人民的高度赞扬和衷心拥戴。

（王园）

“加强纪律性 革命无不胜”

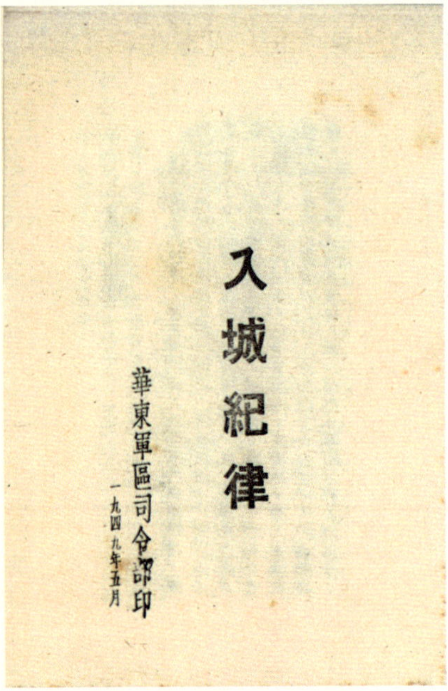

入城紀律

華東軍區司令部印

一九四九年五月

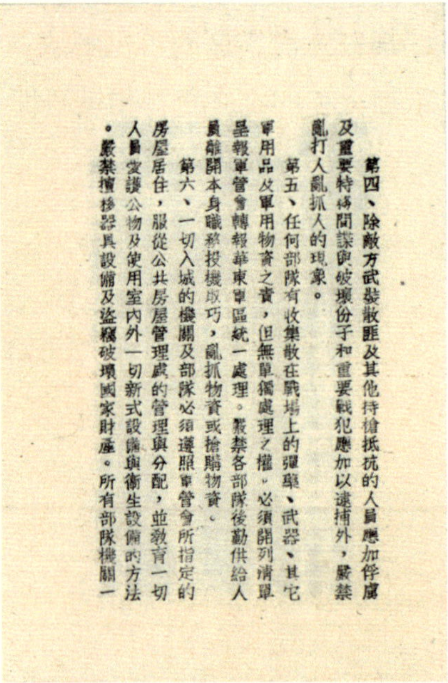

第四、除敵方武裝散匪及其他持槍抵抗的人員應加俘虜及重要特務間諜與破壞份子和重要戰犯應加以逮捕外，嚴禁亂打人亂抓人的現象。

第五、任何部隊有收集散在戰場上的彈藥、武器、其它軍用品及軍用物資之責，但無單獨處理之權。必須開列清單呈報軍管會轉報華東軍區統一處理。嚴禁各部隊後勤供給人員離開本身職務投機取巧，亂抓物資或搶購物資。

第六、一切入城的機關及部隊必須遵照軍管會所指定的房屋居住，服從公共房屋管理處的管理與分配，並教育一切人員愛護公物及使用室內外一切新式設備與衛生設備的方法。嚴禁擅移器具設備及盜竊破壞國家財產。所有部隊機關一

名称：1949 年 5 月华东军区司令部印制的《入城纪律》
年代：1949 年
质地：纸
尺寸：长 13.2 厘米　宽 9.5 厘米
来源：香山革命纪念馆馆藏

一切入城的机关及部队必须遵照军管会所指定的房屋居住，服从公共房屋管理处的管理与分配，并教育一切人员爱护公物及使用室内外一切新式设备与卫生设备的方法。严禁擅移器具设备及盗窃破坏国家财产。

这段文字出自香山革命纪念馆陈列的一本1949年5月华东军区司令部印制的《入城纪律》，这本小册子见证了人民解放军解放上海时，严守纪律、不入民宅的重要史实。

1949年5月27日，经过16昼夜的激烈战斗，人民解放军解放上海。28日清晨，枪声刚刚停息，天上下着绵绵细雨。上海市民一推开窗户，就被眼前的景象惊呆了：湿漉漉的马路边，躺满了身穿黄布军装的解放军战士。原来，为了不打扰市民，解放军战士选择露宿街头，席地而卧。这一震撼人心的画面被拍了下来，在当时的国内乃至世界范围引起巨大轰动，充分反映了人民解放军是一支严肃纪律的队伍。

解放上海前，1949年2月，第三野战军南下到达徐州贾汪时，司令员兼政治委员陈毅就找到时任司令部城市政策组组长曹漫之谈话，交代他一项重要任务——起草第三野战军《入城守则和纪律》。陈毅说，自古以来，军队进入城内，住进民房，干好事的不多。我们很快就要进入南京、上海、杭州等大城市，那里的老百姓受国民党反动宣传的影响，对我军很不了解，我们进城后一定要严守纪律，给他们一个好的“见面礼”。因为老百姓接触我们，首先注意的是军队纪律，所以，入城纪律是入城政策的前奏，入城纪律搞不好，以后影响很难挽回。之后，陈毅又让曹漫之查找一些历史书籍，看上面有没有军队“不入民宅”这句话，作为起草文件的参考。曹漫之每到一处就去地方图书馆查看古书。谁知，查来查去都没有“不入民宅”这句话。陈老总笑着对他说，你真是个书呆子！古书上没有，我们就不能写吗？军队进城后，在没有找到营房之前一律睡马路，这一条一定要写上，否则那么多人一下子涌进老百姓家里，肯定要出问题的，弄不好会天下大乱。

4月1日，华东野战军以司令员兼政治委员陈毅、副司令员兼第二副政治委员粟裕、第一副政治委员谭震林、政治部主任唐亮、副主任钟期光联名发布“命令”的形式，颁布了《入城三大公约十项守则》。要求各级军政机关须据该公约、守则深入教育所属部队；务使人人了解，个个熟记；各级军政干部以身作则，督率全体切实遵行。同日，华东局在其经过中共中央批准发布的《关于接管江南城市的指示》中，又规定了一切部队干部和接收人员必须遵守的十项守则。为了进一步细化与宣传相关纪律，5月，华东军区司令部编印了《入城纪律》小册子，强调“一切入城的机关及部队必须遵照军管会所指定房屋居住”。

对此，有的干部提出疑问：过去历次打仗都是睡在老百姓家里，为什么进了上海就非要睡马路？军指挥所也不许进民房？遇上大雨怎么办？战士生病，进去要点儿水喝也不行？陈老总斩钉截铁地说：“这些困难都是可以想办法克服的，但军队不入民宅睡马路这一条要坚决执行！就这么定了，天王老子也不能改！”毛泽东对此极为赞赏，在电文中用8个字批示：“很好，很好，很好，很好。”

为了确保入城纪律和守则深入人心，第三野战军将入城守则和纪律编成了朗朗上口的快板诗：“解放大军下江南，要进上海和南京。大小城市几百座，都要解放归人民。接管建设新城市，政策纪律最要紧。入城守则共八条，一条一条记在心……若要进城来宿营，要经军管会批准，房子不能随便住，宿营必须听指定。”不入民宅便成为解放军解放上海时最基本的一条铁定纪律。

为把人民生命财产的损失降到最低，把大上海完整地交给人民，华东野战军要求部队仅允许使用轻武器作战，一律禁止使用火炮和炸药。在实际作战中，解放军战士坚决执行上级命令，主要使用步兵轻武器，以短兵相接的方式消灭敌人。战斗过程异常艰苦，部队付出了巨大牺牲。后来，有目睹当年战斗的上海老百姓回忆道：“解放军战士一批一批倒下，又一批一批往前冲，苏州河水都被染成了红色。”大军胜利进城后，继续严格执行入城守则。为不影响市场供应和金融秩序，解放军一律不允许在市区购买东西，甚至部队吃的饭菜都是在几十里外的郊区做好，再送到市区。纪律严明、穿着朴素的解放军官兵和军纪涣散、贪腐盛行的国民党军队形成了强烈而鲜明的对比。

在国共战略决战的关键时刻，在人民政权胜利曙光就要来临、中华民族命运转折的紧要关头，严明的纪律对树立人民解放军的光辉形象起到了重要作用，对于提高各级党组织和人民军队的战斗力并且最终取得解放战争的最后胜利，起到了至关重要的作用。毛泽东曾对纪律是革命胜利的保证做出了精辟概括:“加强纪律性，革命无不胜。”

解放战争时期，人民解放军不拿群众一针一线、不吃老乡一个苹果等无数严守群众纪律的事例，让人民群众看到了党领导下的人民军队与旧军队的迥然不同，也获得了老百姓“最后一碗米送去做军粮，最后一尺布送去做军装，最后一件老棉袄盖在担架上，最后一个亲骨肉送去上战场”这样的支持与信任。

（桂星星　谢尹楠）

《城市常识》——加强接管城市教育的教科书

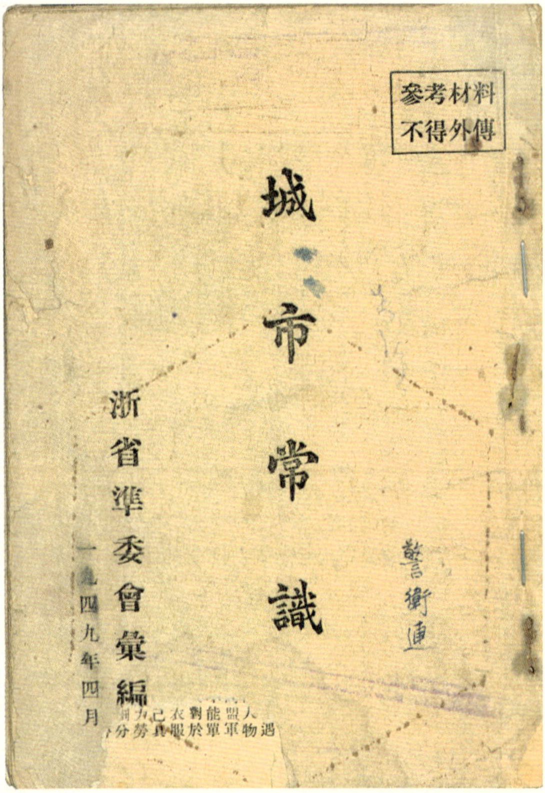

名称：1949 年 4 月浙省准委会汇编的《城市常识》

年代：1949 年

质地：纸

尺寸：长 17.8 厘米　宽 12.6 厘米

来源：香山革命纪念馆馆藏

在香山革命纪念馆馆藏文物中，有一本1949年4月浙省准委会汇编的《城市常识》读本。这本书长17.8厘米、宽12.6厘米，内页泛黄，封面破损。书中从城市生活的各阶层及各行各业人物、城市生活的一般规则、城市生活应注意问题等方面讲述了城市生活的基本常识。

1949年2月，为接管浙江工作的需要，浙省准委会即中共浙江省准（筹）委会，在安徽蚌埠组建，5月3日，随着杭州的解放，准委会的工作也告一段落。

在3个月的时间中，准委会多次召开会议，研究本地区行政机关建立、全省行政区划分、杭州市军管会和省委组织机构构成等问题，对浙江省行政区划分、人口、经济、交通、风俗文化等基本概况进行调查，以做好接收南下干部及接管城市的准备工作。准委会从多方面收集了浙江和杭州情况资料，作为接管城市的重要参考。

早在七届二中全会上中国共产党决定党的工作重心由乡村转移到城市，最紧迫的事情就是对部队进行城市政策教育。1949年4月21日，毛泽东和朱德发布《向全国进军的命令》，中共中央和毛泽东不仅向部队提出具体的战斗指示，还约法八章，提出了严明的纪律要求。与此同时，解放军各指战员一方面进行军事训练，准备渡江，另一方面加强政策教育，做好接收和管理城市的准备工作。

4月23日，南京解放，为确保南京地区城乡治安，中央军委派三野第三十五军入城维持秩序，派邓小平、陈毅二人率华东局入城主持防务。由于第三十五军在入城前未进行充分的准备，在南京的数天之中，犯了一些无组织无纪律的错误行为。

从接管南京的经验来看，解放军在接管城市的过程中还存在着较大的考验。由于战争形势发展较快，许多接管工作还未来得及筹备，加之入城纪律和政策教育不够深入，我军在城市管理中处于十分被动的境地。

人民解放军渡江之后，相继来到了皖南等地区的大城市生活。面对城市的现代化设施，战士们有些许不适应的地方，加之绝大部分战士来自农村，有城市生活经历的人很少，他们对城市之中新鲜事物感到好奇，闹了不少笑话。有的战士以为电灯是火，就把香烟凑上去点火；有的战士把灯绳一拉后看到灯泡发亮感觉害怕；很多战士不会使用水、电、气等设备，浪费水电现象很普遍；站岗的哨兵站在马路中央，看到汽车就阻拦询问，妨碍了交通。初次置身现代化的城市生活中，许多战士都面临长时间的适应过程。

总前委领导人了解到人民解放军进驻城市的生活状态后，不禁感觉到，眼下最紧迫的事就是对部队进行深入的城市政策教育，以适应接管工作的需要。为对战士进行生活常识的普及教育，维护好城市人民正常的生活秩序，适应连队学习及南下干部生活需要，1949 年 4 月，浙省准（筹）委会内部学习材料——《城市常识》应运而生。

作为内部学习参考资料，此书内容设置合理，书中首先对城市之中生活的工人、劳动者、知识分子、自由资产阶级和开明士绅及普通民众的生活习惯、行为特征作了简要介绍：

过去我们住在农村里，对于农村里各阶层、各行各业的人物是比较熟悉了。可是我们一下子到了城市，就会遇到不少新鲜的东西，首先对于城市中各个阶层、各行各业的人物极其生疏。要是我们不去了解他们，不能识别他们，那么，在我们进行工作的时候便会遇到很多困难，并不可必避免的要犯一些错误。现在我们就要讲一讲城市里有一些什么样的人物，他们属于什么样阶级，哪些是我们要依靠的基本群众，哪些是我们所要团结争取的同盟军，以后在做工作时才能决定用什么态度，采取什么政策对待他们。

书中重点阐述了城市生活的一般行为规则、乘坐交通工具、马路弄堂、工厂及其他城市生活中需要注意的问题：

乘坐火车：

我们从这一个城市到那一个城市，如是长距离的交通，除了飞机以外，要算火车最快和最便利了。火车一般速度一点钟能走八十里至一百多华里，到了站头，由站上管理火车的人与下一站的人取上联系，互相对准时间，要不然搅得不好火车就碰翻了头。我们有些同志不懂得，他又不肯遵守站上的规矩，用枪硬逼着先开抢开，结果就会出乱子受损失，甚至性命交关。

拐弯抹角的弄堂和错综交叉的马路：

我们住在乡里一条大路转个把拐弯就到了驻地的村庄，你只要记得庄名，迷失了方向也能很快问到。可是城市里的情形就不一样了：直的街，横的路，街道两边转过来，一个弄堂（即胡同或巷子），转过去又是一个弄堂每个街道有一定的名称，每个弄堂也有一定的名称，弄堂里边拐弯抹角，又过去成若干小弄堂，一排排的房子很整齐，每间房子都有门牌号，在大城市里你要是忘了自己的路名、横冲直撞、够你找的了。所以一定要记得什么街什么巷门牌第几号。

为了帮助战士们尽快学习使用城市中的一般生活设备，适应城市生活，维持正常的生活秩序，书中详细描述了电灯、电铃等具体使用方法及注意事项，指出：

电灯，是城市里最普通的装备，电灯包括灯泡、灯头、电线和开关。把灯泡按在灯头上（要亮的按大度数的灯泡，一般按上二十五枝光就差不多，相等于二十五根蜡烛的亮光），把开关一扭（有的用手按）电灯就亮了。

电铃，大公馆或公共机关的地方很大，为了开门方便，他在门旁装了一个小玩意儿，样子像羊奶头差不多，你只要一按，铃……的响了起来，里面便有人来开门。

此外，书中对其他诸如电气、电风扇、自来水、煤气灶、抽水马桶等设备的使用方法也有提及。

在解放战争的战略追击阶段，接收和管理城市，成为解放军各指战员的必修课，中央军委和华东局在渡江前后也相继发布了《中国人民解放军布告》《入城纪律十二条》《中共中央关于入城部队遵守纪律的指示》《关于城市驻军纪律问题的决定》等指示，要求部队及机关工作人员遵守各种事项规定，要求各指战员在备战渡江的同时，深入地进行党的城市政策教育、入城纪律教育与接管城市的经验教育，做好城市接管工作，以维护人民解放军“文明之师”的形象。

面对城市的新生活，战士们还有许多需要学习的地方。城市常识的普及，为解放军尽快适应城市生活提供了指导，同时也为人民解放军顺利接管江浙地区奠定基础。该书出版后，各指战员以此规范自身行为，作为加强连队政策教育的辅助参考，这部读本也渐渐成为战士们城市生活的指南。

（王梦妮）

痛击“紫石英”号

名称：中国人民解放军总部发言人为英国军舰暴行发表的声明（1949 年 4 月 30 日）

年代：1949 年

质地：纸

尺寸：长 27.5 厘米　宽 21.0 厘米

来源：中央档案馆提供

在渡江战役发动之前，为了避免外国军舰的介入，中国共产党曾通知作战区域的所有外国船只应于 4 月 20 日之前离开中国。大多数舰船都按要求离开了，只有“紫石英”号等少数英国舰船没有撤走。4 月 20 日至 21 日，当人民解放军渡江作战的时候，侵入中国内河长江的“紫石英”号等 4 艘英国军舰先后驶向人民解放军防区，不顾警告强行溯江上驶，妨碍渡江，中英双方发生了军事冲突。英舰开炮打死打伤人民解放军 252 人。“紫石英”号也被人民解放军击伤被迫停于镇江附近江中，其他 3 艘英舰逃走。

对于“紫石英”号事件，中共中央和毛泽东根据事态发展采取了有理、有利、有节的斗争。4 月 21 日，毛泽东收到粟裕、张震致中共中央军委的电报，其中报告 4 月 20 日，有两艘外国军舰侵入扬州东南的三江营口岸第三野战军防区，一艘被击沉，一艘被击伤。就此，毛泽东为中央军委起草复粟裕、张震并告总前委刘伯承、张际春、李达电：“你们所说的外舰可能是国民党伪装的，亦可能是真的，不管真假，凡擅自进入战区妨碍我渡江作战的兵舰，均可轰击，并应一律当作国民党兵舰去对付”。4 月 22 日凌晨，毛泽东从英国驻北平总领事包士敦给朱德总司令的信中获悉侵入长江人民解放军防地的军舰均为英国军舰后，毛泽东一方面为中共中央起草致渡江部队总前委电，要求尽可能缓和局势，不要使事态进一步发展，指出：“英国人要求我军对于英舰两艘营救被击损之英舰（紫石英号）船员一事予以便利，我们意见在英舰不妨碍我军渡江作战的条件下，可予以营救之便利；对于英国人要求该二舰于营救事务完毕后，仍须开往南京护侨一事不能同意，应令该二英舰向下游开去。但如该二英舰不听劝告，仍开南京，只要不向我军开炮及不妨碍我军渡江，你们也不要攻击他们”。另一方面，毛泽东也做好最坏打算，于 4 月 23 日致电粟裕、张震，要求：“加强江阴方面的炮火封锁，一则使国民党军舰不能东逃，二则使可能再来之英舰不能西犯。如敢来犯，则打击之”。

鉴于英国、美国舰队已经由上海撤退到吴淞口外，4月28日，毛泽东再次致电总前委，要求采取措施进一步缓和局势，指出：“我方对英、美侨民（及一切外国侨民）及各国大使、公使、领事等外交人员，首先是美英外交人员，应着重教育部队予以保护。”在他看来，“紫石英”号事件是一个偶然事件，“因此我们除借此作宣传教育人民外，实际上我们亦不必扩大这件事”。在当时情况下，胜利渡江是主要任务，直接关系革命前途，中共中央和毛泽东对“紫石英”号事件采取克制态度是十分必要的，也是有利的。然而，“紫石英”号事件发生后，中共中央和毛泽东所采取的克制态度，并没有得到英国方面理解。英国政府仍然沿用以往的炮舰政策，试图通过军事威胁和外交施压来迫使中国共产党屈服。英国政府宣称“英国军舰有合法权利在长江行驶”，保守党领袖丘吉尔甚至主张派出航空母舰到中国海上“实行武力的报复”。对于英国政府的威胁和施压，4月30日，毛泽东亲自以中国人民解放军总部发言人的名义撰写《为英国军舰暴行发表的声明》给予严厉回击，指出：“中国的领土主权，中国人民必须保卫，绝对不允许外国政府来侵犯。”它表明，外国侵略者倚仗他们船坚炮利在中国领土上横行不法的时代已经一去不复返了。这个声明，不仅就英舰事件表明了中国共产党的原则立场和严正态度，表示出坚决反对帝国主义武装干涉的决心，使长期以来饱受帝国主义欺压的中国人民扬眉吐气，而且还提出了即将成立的新中国同各国建立外交关系的政策方针。5月20日上海战役期间，毛泽东再次发电明确指示：“黄浦江是中国内河，任何外国军舰不许进入，有敢进入并自由行动者，均得攻击之；有向我发炮者，必须还击，直至击沉击伤或驱逐出境为止。”5月28日，即上海解放次日，中央军委作出《预筹帝国主义武装干涉的对策和部署》，这是一份战略追击第二阶段到来后如何防止美军干涉的重要指示电，电报中以“歼灭国民党残余力量”“经济上自足自给”“部署充分兵力防止帝国主义协同国民党向我后方袭击和扰乱”三个方面的对策预筹备帝国主义武装干涉。

长江炮战事件发生后，中央军委指示三野派出谈判代表，与英方代表就“紫石英”号放行议题进行谈判交涉。6 月 23 日，毛泽东再次发电指示：“对紫石英号的方针，必须英方承认不得人民解放军同意擅自侵入中国内河是错误的这一点。”经多次谈判，英方仍拒不签署文件承认侵犯中国水域。在谈判进程中，“紫石英”号在长江中泡了 101 天，至 7 月 30 日夜，强行靠近中国客轮“江陵”号做掩护，向长江口逃逸。

（尤曼卿）

【电报原文】

中国人民解放军总部发言人为英国军舰暴行发表的声明

（一九四九年四月三十日）

我们斥责战争贩子丘吉尔的狂妄声明。四月二十六日，丘吉尔在英国下院，要求英国政府派两艘航空母舰去远东，“实行武力的报复”。丘吉尔先生，你“报复”什么？英国的军舰和国民党的军舰一道，闯入中国人民解放军的防区，并向人民解放军开炮，致使人民解放军的忠勇战士伤亡二百五十二人之多。英国人跑进中国境内做出这样大的犯罪行为，中国人民解放军有理由要求英国政府承认错误，并执行道歉和赔偿。难道你们今后应当做的不是这些，反而是开动军队到中国来向中国人民解放军进行“报复”吗？艾德礼首相的话也是错误的。他说英国有权开动军舰进入中国的长江。长江是中国的内河，你们英国人有什么权利将军舰开进来？没有这种权利。中国的领土主权，中国人民必须保卫，绝对不允许外国政府来侵犯。艾德礼说：人民解放军“准备让英舰紫石英号开往南京，但要有一个条件，就是该舰要协助人民解放军渡江”。艾德礼是在撒谎，人民解放军并没有允许紫石英号开往南京。人民解放军不希望任何外国武装力量帮助渡江，或做任何别的什么事情。相反，人民解放军要求英国、美国、法国在长江黄浦江和在中国其他各处的军舰、军用飞机、陆战队等项武装力量，迅速撤离中国的领水、领海、领土、领空，不要帮助中国人民的敌人打内战。中国人民革命军事委员会和人民政府直到现在还没有同任何外国政府建立外交关系。中国人民革命军事委员会和人民政府愿意保护从事正常业务的在华外国侨民。中国人民革命军事委员会和人民政府愿意考虑同各外国建立外交关系，这种关系必须建立在平等、互利、互相尊重主权和领土完整的基础上，首先是不能帮助国民党反动派。中国人民革命军事委员会和人民政府不愿意接受任何外国政府所给予的任何带威胁性的行动。外国政府如果愿意考虑同我们建立外交关系，它就必须断绝同国民党残余力量的关系，并且把它在中国的武装力量撤回去。艾德礼埋怨中国共产党因为没有同外国建立外交关系而不愿意同外国政府的旧外交人员（国民党承认的领事）发生关系，这种埋怨是没有理由的。过去数年内，美国、英国、加拿大等国政府是帮助国民党反对我们的，难道艾德礼先生也忘记了？被击沉不久的重庆号重巡洋舰是什么国家赠给国民党的，艾德礼先生难道也不知道吗？

出自《毛泽东选集》第四卷，人民出版社1991年版，第1460—1462页。

走向光明的“重庆”舰

名称：“重庆”号巡洋舰舰牌
年代：1949 年
质地：铜
尺寸：长 73 厘米　宽 51 厘米　高 3.5 厘米
来源：中国人民革命军事博物馆提供

在香山革命纪念馆《为新中国奠基——中共中央在香山》基本陈列展厅里陈列着一件特殊的文物——“重庆”号巡洋舰舰牌，铭牌为复制品，由两部分组成，用铜铸成，分别刻着遒劲的“重”“庆”二字。“重庆”号巡洋舰舰牌不仅还原了舰上全体官兵的英勇义举，还见证了那艘从上海吴淞口开出的“重庆”号巡洋舰，经过一路坎坷，摆脱了国民党统治，驶向解放区——葫芦岛的光辉历程。

“重庆”号巡洋舰原名 Aurora 号（“曙光女神”号），是二战后英国政府为赔偿在香港被日军击沉的 4 艘中国海军炮艇而赠送给国民党政府的。1948 年 5 月 19 日，在英国朴茨茅斯举行了隆重的军舰交接仪式，这艘巡洋舰被正式移交国民党政府，更名“重庆”号。经过 3 个月的航行，“重庆”号在 8 月抵达国内，准备参加内战。“重庆”号是国民党海军中的主力战舰，被视为“王牌”。1948 年 10 月 10 日，“重庆号”被推上内战的第一线，国民党政府将此舰当作阻止解放军南下渡江作战的江上武库。

“重庆”号巡洋舰是国民党海军中最大的轻型巡洋舰，由英国朴茨茅斯海军造船厂建造，属英国“林仙”级轻型巡洋舰的第四艘。舰体

“重庆”号巡洋舰。

总长 154.23 米，宽 15.55 米，排水量 5220 吨，总功率 64000 马力，最高航速 32.25 节。舰载武器包括双联装 152 毫米主炮塔 3 座，双联装 102 毫米甲板炮 4 座，四联装 40 毫米机关炮 3 座，双联装机关炮 3 座，单管 20 毫米机关炮 2 座以及三联装 533 毫米鱼雷发射管 2 座，另有深水炸弹、扫雷、雷达、通讯及信号等设备。

舰上服役的近 600 名官兵，都是 1946 年初冬前，抱着建设中国强大海军志愿、具有强烈爱国热情，前往英国受训两年后于 1948 年 8 月跟舰归来的爱国青年。他们对蒋介石撕毁和谈协议、挑起内战极度不满。在人民解放战争节节胜利的形势推动下，在中国共产党统战政策的感召下，通过潜伏在“重庆”号上的中共地下党员和进步官兵的秘密串联，相互联络，逐步形成两大秘密组织：一个是“重庆舰士兵解放委员会”（简称“解委会”），另一个是由其中 16 人组成的起义组织。

1949 年 2 月 17 日，“重庆”号从高昌庙启航开到吴淞口，突然抛锚停下，根据种种迹象判断，可能要逆长江而上，配合江阴海防第二舰队，阻止解放军渡江。如果军舰驶进长江，因江面狭窄掉头困难，又处于江阴和吴淞口两地炮火威胁之下，处境将会对起义十分不利。“解委会”当机立断，改变原来海上航行中起义的计划，决定在停泊中起义。2 月 25 日凌晨 1 时 30 分，在“解委会”的集体领导和组织下，爱国青年们发动了起义。王洛切断电话电源，洪进先关闭、控制了所有无线电台，毕重远和于家欣诱引上甲板哨兵和司令走廊的值更士兵至雷达室缴了械，并迅速打开枪架和弹柜的锁，武装了全体“解委会”成员。接着，“解委会”成员立即按照分工到达各自指定位置，行动组分舱逐段地拘禁了所有军官和上士，王颐桢马上通知另一起义组织的王继挺，由他叫醒其所在起义组织的人员一同参加了起义。“解委会”作了最坏的准备，分工陈鸿源、周正负责炸舰任务。陈鸿源将三四十发 4 英寸炮弹垒在弹药库走道上，引信露在外面，一旦起义失败，立即引爆弹药库，炸沉军舰，同归于尽。邓兆祥舰长考虑到“重庆”号的命运和舰上几百名官兵的生命安全，也毅然加入了起义的行列，亲自制定航线，下令开航，指挥航行。

2月25日凌晨5时45分，“重庆”号正式开航，顺利地驶出航道复杂的长江口，转向北上，以每小时24海里的速度快速驶向解放区烟台港。随后，“解委会”发布了《重庆军舰起义告全体同学书》和《重庆军舰起义告海员同志及技工同志书》。王颐桢通过舰上广播向全舰宣告军舰已经起义，动员全体舰员拥护起义，号召大家：“为了四万万人民的解放，为了促进幸福的新中国的迅速到来，为了下一代子孙的生存，我们必须反对四大家族，用他们交给我们的武器，把他们消灭掉！”2月26日清晨，“重庆”号经过25小时的持续航行，行程520海里，胜利到达山东解放区烟台港，受到了解放区军民的热烈欢迎。

“重庆”号的起义，粉碎了国民党调舰入江、阻止人民解放军渡江作战的企图。为此，蒋介石撤掉了国民党海军总司令桂永清的职务，

“重庆”号停泊在烟台港。

并于3月18、19两日，派出B-24型轰炸机对“重庆”号轮番轰炸，舰上官兵进行了英勇还击，“重庆”号舰体严重受伤，6名士兵壮烈牺牲，近20人受伤。中共中央立即作出保全“重庆”号的指示，拆除了舰上重要设备，3月20日，打开海底闸门自沉葫芦岛。

“重庆”号舰长邓兆祥。

3月24日，毛泽东、朱德给“重庆”号舰长邓兆祥和全体官兵发了慰勉电，热烈祝贺他们英勇起义，指出：“中国人民必须建设自己强大的国防，除了陆军，还必须建设自己的空军和海军，而你们就将是参加中国人民海军建设的先锋。”5月，中共中央决定以“重庆”号起义官兵为基础成立了新中国第一所人民海军学校——安东（今丹东）海军学校，邓兆祥任校长。

1951年5月16日，“重庆”号被整体打捞出水，1972年，中国人民解放军海军北海舰队某部工厂材料员张毅发现并保存了“重庆”号舰牌。船体在20世纪80年代曾作为天津海上救捞局的海上宿舍，80年代中期至90年代初期，船体被解体。1982年7月，海军北海舰队装备技术部所属单位，将两块沉重的舰牌，捐赠给中国人民革命军事博物馆。

英雄赤胆洒热血，奋勇起义奏凯歌。“重庆”号官兵毅然起义的英勇义举彪炳史册，这艘驰名中外的战舰虽已瓦解并湮灭于历史长河之中，但仍然会指引着世人不断回望那段震惊中外的“重庆”号官兵弃暗投明、献身祖国解放事业的光辉历史，亦是启发国防和军队建设需持续“补钙壮骨”，以此铸就保家卫国的钢铁长城。

（武龙女）

毛泽东、朱德电慰起义海军官兵

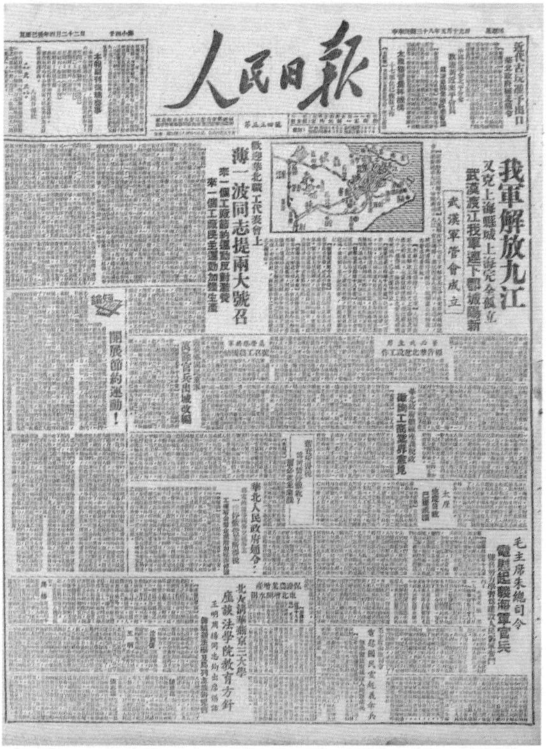

人民日報

我軍解放九江
又克上海縣城上海完全孤立
武漢渡江我軍進下鄂城陽新

武漢軍管會成立

歡迎華北職工代表會上
薄一波同志提兩大號召

華北人民政府頒令

北大清華燕京三大學
座談法學院教育方針

毛主席朱總司令
電慰起義海軍官兵

名称：1949 年 5 月 19 日《人民日报》
年代：1949 年
质地：纸
尺寸：长 54 厘米　宽 40 厘米
来源：香山革命纪念馆馆藏

三大战役胜利后，毛泽东在党的七届二中全会上，明确提出了解决残余国民党军的“天津方式”“北平方式”“绥远方式”。随着国共和谈的破裂，在人民解放军强大的军事威慑下，部分国民党爱国官兵断然选择脱离国民党反动统治集团，纷纷通电起义，加入人民解放军的行列，为解放全国人民而奋斗。

1949年4月23日下午，正当人民解放军百万大军以排山倒海之势渡过长江，向国民党政府所在的南京展开最后攻击之时，国民党海军海防第二舰队在司令林遵的率领下于南京东北笆斗山江面宣布起义，加入了人民解放军的行列。这一事件削弱了国民党海军的有生力量，粉碎了国民党当局妄图凭海空优势划江而治的幻想，同时为人民海军的诞生奠定了坚实基础。5月18日，毛泽东、朱德在给林遵等人的复电中指出:“庆祝你们在南京江面上的壮举。你们率领二十五艘舰艇，毅然脱离反动阵营，参加到中国人民解放军的大家庭来，这是值得全国人民热烈欢迎的行动。在巡洋舰重庆号于二月间起义并被国民党反动派于三月间炸毁以后，四月间又有你们的大规模起义，可见中国爱国人民建设自己的海军和海防的伟大意志，不是任何反动残余所能阻止的。希望你们团结一致，学习人民解放军的建军思想和工作制度，并继续学习海军技术，为中国人民海军的光明前途而奋斗！”8月，华东海军学校在南京成立，海防第二舰队起义官兵编为4个大队参加学习整训。

8月28日，毛泽东挥毫题词：我们一定要建设一支海军，这支海军要能保卫我们的海防，有效地防御帝国主义的可能的侵略。

9月15日，中央军委任命林遵为华东海军第一副司令员。10月1日，林遵作为中国人民政治协商会议第一届全体会议的代表参加了开国大典，他激动不已。几十年来，为了中华民族的独立，他苦苦奋斗。那天，梦想终成现实。他暗暗下定决心，在自己的工作岗位上，为站起来的中国人民、为独立了的中华民族，努力奋斗。

香山时期，由于人民解放军拥有绝对优势的军事力量，以及全国人民的大力支持，战争势如破竹，加上毛泽东所倡导的“和平方式”战争策略的影响，涌现了大量国民党地方政府起义、和平解放的事件。毛泽东亲自为国民党军起义官兵张轸部、吴奇伟等发去贺电，并对湖南、绥远、新疆、云南等地的和平解放进行指导。

（王园）

【电报原文】

林遵将军、邵仑舰长、李宝英舰长、吴建安舰长、张家宝舰长、宋继宏舰长、易元方舰长、郭秉衡舰长、韩廷枫舰长、陈务笃舰长、杜澄深队长、张汝槱队长和第二舰队的全体员兵们：

庆祝你们在南京江面上的壮举。你们率领二十五艘舰艇，毅然脱离反动阵营，参加到中国人民解放军的大家庭来，这是值得全国人民热烈欢迎的行动。在巡洋舰重庆号于二月间起义并被国民党反动派于三月间炸毁以后，四月间又有你们的大规模起义，可见中国爱国人民建设自己的海军和海防的伟大意志，不是任何反动残余所能阻止的。希望你们团结一致，学习人民解放军的建军思想和工作制度，并继续学习海军技术，为中国人民海军的光明前途而奋斗！

毛泽东　朱德

一九四九年五月十八日

出自中共中央文献研究室、中央档案馆编：《建党以来重要文献选编》（一九二一——一九四九），第二十六册，中央文献出版社 2011 年版，第 406 页。

向全国进军的部署

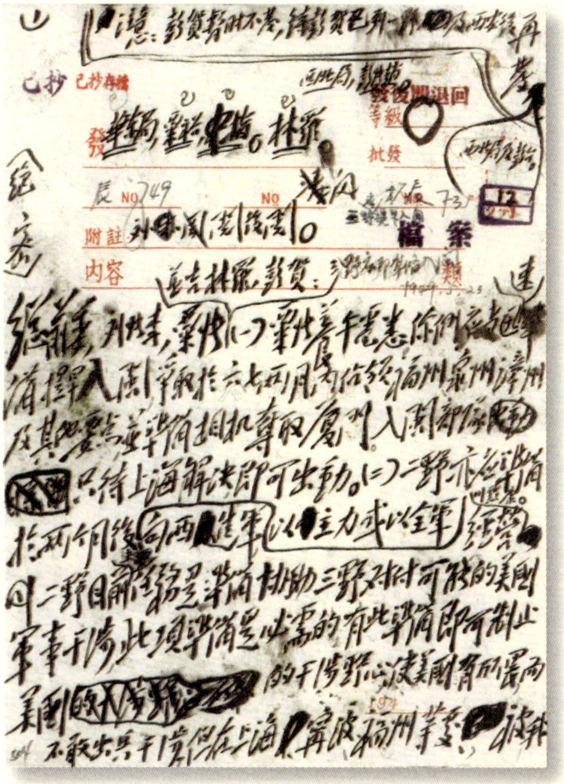

名称：中央军委关于对各野战军的进军部署问题致总前委刘（伯承）、张（际春）、李（达），粟（裕）、张（震），并告罗（荣桓），彭（德怀）、贺（龙）等电（1949 年 5 月 23 日）

年代：1949 年

质地：纸

尺寸：长 27.5 厘米　宽 21.0 厘米

来源：中央档案馆提供

1949 年 1 月，淮海战役与平津战役相继结束，国民党反动派的主要军事力量基本被消灭。鉴于以上情况，在毛泽东起草的《目前形势和党在一九四九年的任务》一文中，提出了“一九四九年夏、秋、冬三季，我们应当争取占领湘、鄂、赣、苏、皖、浙、闽、陕、甘 9 省的大部，其中有些省则是全部”的任务，其中包括四野解放湘、鄂、赣 3 省，二野和三野协力解放苏、浙、皖、闽 4 省，一野解放陕、甘 2 省。

中共中央之所以作出这样的部署，主要是考虑宁沪杭是美国在华利益最集中的地区，如果在解放该地区时美国进行武装干涉，则以二野、三野全力对付，并将四野与二野、三野摆在大体一致的纬度线上，以便增援策应。

1949 年 4 月 21 日，毛泽东主席和朱德总司令在香山发布《向全国进军的命令》，向人民解放军正式下达了渡江作战命令。渡江战役成为人民解放军向全国进军即战略追击阶段的第一步。随着上海战役接近

人民解放军举行渡江誓师大会。

尾声，英美等国驻军纷纷撤离上海，帝国主义军事干涉中国革命的可能性大为降低。

为此，中央军委于5月23日关于向全国进军的部署在香山向各野战军发出指示：第一野战军向西北进军，于年底前占领陕、甘、青三省，之后分兵两路，一路进军新疆，一路协助二野经营川康黔；第二野战军待帝国主义武装干涉的可能性减少后向西南进军；第三野战军占领上海后派主力一部向福建、浙江进军；第四野战军向中南进军，年底前占领两广。各野战军遵照中央军委的部署和毛泽东提出的作战方针，以"宜将剩勇追穷寇"的革命到底精神，迅速向西北、华东、中南、西南的国民党残敌展开了全方位、大规模的追击战。

根据中央军委的战略部署，为防止美蒋袭扰后方，杨成武第二十兵团于太原战役后开赴秦皇岛、天津地区布防，使山海关以西及平津地区的兵力达到或相当于6个军。四野第四十二军留于河南，担任平时剿匪有事增援华北的任务；杨得志第十九兵团于宁夏战役后留于西安、宝鸡地区，准备随时增援华北。三野除以1个军开山东、以第十兵团进军福建外，将所剩主力全部置于沪宁杭及其附近地区，准备对付美国可能的军事干涉。二野准备进军西南。一野、四野加速向西北、华南挺进。这样，解放军在1949年的任务由原来的解放9个省增加到解放16个省。

中央军委之所以在渡江战役接近尾声时决定加快向全国进军的步伐，主要是出于两点考虑：一是尽快攻占沿海地区和城市，使外国军事干涉丧失登陆条件；二是加速解放中国大陆，尽快消灭国民党残余力量，使外国的武装干涉丧失在中国大陆的借助力量。

（王园）

【电报原文】

总前委，刘张李，粟张，并告林罗，彭贺：

（一）粟张养午电悉。你们应当迅速准备提早入闽，争取于六、七两月内占领福州、泉州、漳州及其他要点，并准备相机夺取厦门。入闽部队只待上海解决，即可出动。

（二）二野亦应准备于两个月后以主力或以全军向西进军，经营川、黔、康。二野目前任务是准备协助三野对付可能的美国军事干涉，此项准备是必需的，有此准备即可制止美国的干涉野心，使美国有所畏而不敢出兵干涉。但在上海、宁波、福州等处被我占领，并最好由三野以一部兵力协助山东攻占青岛（假如上海占领后，青岛敌军尚未撤退）以后，美国出兵干涉的可能性就很少了，那时二野就可以西进了。

（三）四野现有两个军渡江，尚有六个军已至陇海、长江之间，约于六月上旬可渡江，另有四个军正由新乡、安阳地区出发，约六月中旬可以渡江。四野主力（六个军及两广纵队）于七月上旬或中旬可达湘乡、攸县之线，八月可达永州、郴州之线，九月休息，十月即可尾白崇禧退路向两广前进，十一月或十二月可能占领两广。一野（四个兵团三十五万人）年底以前可能占领兰州、宁夏、青海，年底或年初准备分兵两路：一路由彭率领位于西北，并于明春开始经营新疆；一路由贺率领经营川北，以便与二野协作解决贵州、四川、西康三省。

（四）如果上海、福州、青岛等地迅速顺利解决，美国出兵干涉的可能性业已消失，则二野应争取于年底或年底以前占领贵阳、重庆及长江上游一带，并打通长江水路。如果二野能于八月一日左右开动或更早一点开动，则上述任务是可能完成的。但此项任务在二野内部暂时不要下达，因为中央对此尚是一种拟议，最后决定要待上海、福州占领之后。

（五）胡宗南全军正向四川撤退，并有向昆明撤退消息，蒋介石、何应钦及桂系正在做建都重庆、割据西南的梦，而欲消灭胡军及川、康诸敌，非从南面进军断其退路不可。因此，除二野应准备经贵州入川之外，四野在消灭白崇禧占领广西之后，应以一部经百色入云南，请林、罗即令曾泽生军早日出动南下。该军是否已从热河出发，盼林、罗查告。

（六）你们意见如何，盼告。

军委

辰梗

出自《毛泽东文集》第五卷，人民出版社1996年版，第298—299页。

破译敌报巧部署

图片说明：参加渡江战役的人民解放军

渡江战役发起后，人民解放军势如破竹，乘胜追击。在人民解放军全方位攻势压迫下，国民党军防御体系已经彻底崩溃。由于敌军的败局基本已定，内部各种矛盾日益加深，国民党军各部均节节败退，作战消极，士气低落。加之，新编入的国民党军大都是在当地强制抓取的“壮丁”，或是多次被歼又拼凑而成的非建制部队，战斗力低下，战斗意志消沉。1949 年 4 月 23 日，南京解放。渡江战役总前委依据国民党军纷纷向浙赣线及杭州、上海溃退的情况，迅速调整了进攻部署。根据部署，人民解放军不顾疲劳，攻坚克难，合围歼灭镇江、南京、芜湖地区逃敌共 8 万余人。5 月 3 日，杭州解放。二野向浙赣铁路挺进，追歼逃敌，控制浙赣线。在追击作战中，残敌纷纷向福建、浙东逃窜。总前委根据战局的发展，令三野一部继续向浙东、浙南地区进军，解放浙江全省，并集中三野 8 个军的兵力攻取上海，歼灭该地之敌。5 月 12 日，人民解放军向上海外围之敌发起攻击。至 14 日，人民解放军先后攻占平湖、奉贤、南汇和松江、青浦等地。

1949 年 5 月 14 日，为了挽回战场上的颓败局势，国民党政府国防部部长何应钦下令，要求国民党军停止退却、准备抵抗。在我军截获的电文中可以看出，何应钦已察觉到国民党军在长江下游主动撤离，认为这种全面消极性转战，不严加改正，会对作战产生巨大影响。因此，何应钦下令:“特再晓谕各部队，注意振作士气，不断予匪攻击，求或主动。如有不遵命令，专以避战为能事者，应按连座法严惩予处，并取消其番号。”5 月 20 日，中央军委二局作战室截获了此封电报。25 日，毛泽东根据截获敌报中，何应钦要求溃退的国民党军“调整固守”，向人民解放军“转攻”等重要信息，准确判断战争形势发展，并迅速向各野战军作出指示:“查敌近日业已按此命令在某些地区停止退却，准备抵抗。此种情况对于我军聚歼敌军有生力量之要求，甚为有利。望各野战军注意集中兵力，妥为部署，力求聚歼当面匪军，而后追击前进，是为至要。”这是一封毛泽东在我军情报部门截获的敌情报告上，直接进行批示的电报，是香山时期毛泽东发布电报手稿中较为独特的一封。电报中有中央军委二局作战室向毛泽东汇报的谍报信息，毛泽东阅后直接在旁边作了批示，并以中央军委的名义转发给各野战军。

按照部署，5 月 26 日，三野攻占上海市区。27 日，上海解放。国民党军除汤恩伯部约 5 万人登舰逃跑外，其余 15 万人全部被歼。人民解放军共缴获各种炮 1300 余门，坦克、装甲车 110 余辆，汽车 1100 余辆，舰艇 11 艘及大批军需物资。

事实上，随着国民党部队在解放战争中的步步败退，加上蒋介石和李宗仁的矛盾更加表面化，虽然何应钦当时下令停止退却，准备抵抗，但他深知国民党大势已去，失败已成定局，自己也在 5 月 30 日辞去了行政院长兼国防部长职务。

6 月 2 日，上海崇明岛解放，渡江战役至此胜利结束。渡江战役，是一个大规模战略性战役。人民解放军一举突破了国民党军由陆海空军组成的长江防线，攻克了敌坚固设防的上海等重要城市，歼敌 11 个军部、46 个整师，共 43 万余人。人民解放军伤亡 6 万余人，解放了苏南、皖南、浙江广大地区和江西、湖北、福建 3 省部分地区，为人民解放军继续向福建及华南、西南地区进军奠定了胜利的基础。

兵家打仗讲的就是“知己知彼，百战不殆”。要打仗首先要对敌人的情况有所了解，所以毛泽东对情报工作非常重视。在战略追击阶段，隐蔽战线的情报工作发挥了重要作用，使人民解放军在解放城市的过程中保存了有生力量。毛泽东曾高度评价：“解放战争中的情报工作是最成功的。”这封截获的敌报，就是在战略决战中人民解放军进行情报工作的重要见证。

（王园）

向全党全军推荐的两篇重要文章

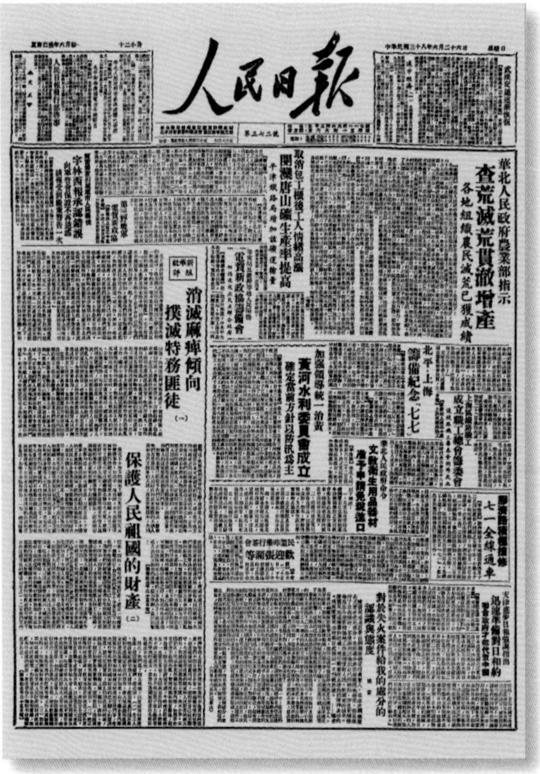

人民日報

華北人民政府農業部指示

查荒滅荒貫徹增產

各地組織農民滅荒已獲成績

取消包工櫃發工人情緒高漲

開灤唐山礦生產率提高

消滅麻痺傾向 撲滅特務匪徒（一）

保護人民祖國的財產（二）

黃河水利委員會成立

北平 上海 籌備紀念七七

七一全線通車

對於失火案件給我的處分的認識與態度

名称：1949 年 6 月 26 日《人民日报》
年代：1949 年
质地：纸
尺寸：长 26.3 厘米　宽 19.7 厘米
来源：香山革命纪念馆馆藏

毛泽东在新政协筹备会开幕典礼上指出:“中国民主联合政府一经成立,它的第一项重要任务将是肃清反动派的残余,镇压反动派的捣乱。”因为,帝国主义者及其走狗中国反动派对于他们在中国这块土地上的失败,是不会甘心的。他们还会要互相勾结在一起,用各种可能的方法,反对中国人民。

在城市中,国民党匪帮在溃逃或被歼以前,便在帝国主义者的指使和帮助之下,预先有计划地布置好了潜伏的特务活动。解放以后,特务匪徒们便施放谣言,侦刺情报,组织抢劫暗杀,扰乱社会治安;印制假钞,捣乱金融,歪曲人民政府的政策法令,挑拨劳资纠纷,阻碍生产的迅速恢复;他们用纵火、爆炸和其他暗害方法,破坏国家的工厂、矿山、仓库及其各种设备和物资。仅北平一地,1949 年 4 月 25 日电车厂发生失火事件,5 月 25 日又发生石景山钢铁厂化验室失火案,经过调查,一方面是由于特务分子有计划的破坏行为,另一方面是由于厂负责人麻痹大意的态度。在这种情况下,全国人民必须团结起来,坚决、彻底、干净、全部地粉碎帝国主义者及其走狗中国反动派的任何一项反对中国人民的阴谋计划。

为此,6 月 25 日,新华社发表《消灭麻痹倾向扑灭特务匪徒》和《保护人民祖国的财产》两篇短评,提出我们决不可因为胜利,而放松对于帝国主义分子及其走狗们的疯狂报复阴谋的警惕性。谁要是放松这一项警惕性,谁就将在政治上解除武装,而使自己处于被动的地位。短评号召共产党员、人民政府和民众团体的工作人员和各民主阶层的人民,要高度警觉起来,共同开展锄奸防特斗争,扑灭帝国主义走狗国民党特务匪徒的阴谋活动,保卫人民的祖国;提出必须在工人、职员和经济管理人员中,经常地进行关于重视和爱护国家财产的教育,使大家认识保护国家财产是每个人的神圣职责。在工厂企业内部开展反对浪费和破坏国家财产的思想斗争,坚决地打击那种对于国家财产漠不关心的错误态度。

新华社短评发出后，毛泽东于6月26日发出这封电报，提议各地开展学习，并希望他们“不要一看了事，而是要召开会议针对社论所指出的问题，检讨自己的工作，并做出简明决议，指示全党实行”。同时，毛泽东强调“这是一个极重要的问题，必须提起高度的警惕性并拿出具体解决的办法，千万不可采取轻忽态度”。

（杜意娜）

【电报原文】

各中央局，各中央分局，各前线委员会，并请转发各市委、各省委、各区党委，军队中的军师团委，地方上的地委、县委，各级政府部门、财济〔经〕部门、文教部门内的党组，职工会、青年团、青年联合会、妇女联合会内的党组以及宣传系统中（通讯社及报纸）的同志们：

我们向你们提议召开会议讨论下列两篇文章：（一）《消灭麻痹倾向扑灭特务匪徒》；（二）《保护人民祖国的财产》。这两篇文章是新华社于六月二十五日发表的社论，各地报纸谅必均已登载。希望你们不要一看了事，要召开会议针对社论所指出的问题，检讨自己的工作，并做出简明决议，指示全党实行。这是一个极重要的问题，必须提起高度的警惕性，并拿出具体解决的办法，千万不可采取轻忽态度，是为至盼。执行情况望告。

中央

六月二十六日

出自中央档案馆编：《中共中央文件选集》（一九四九），中共中央党校出版社1992年版，第341页。

“大迂回大包围”追歼桂系残敌

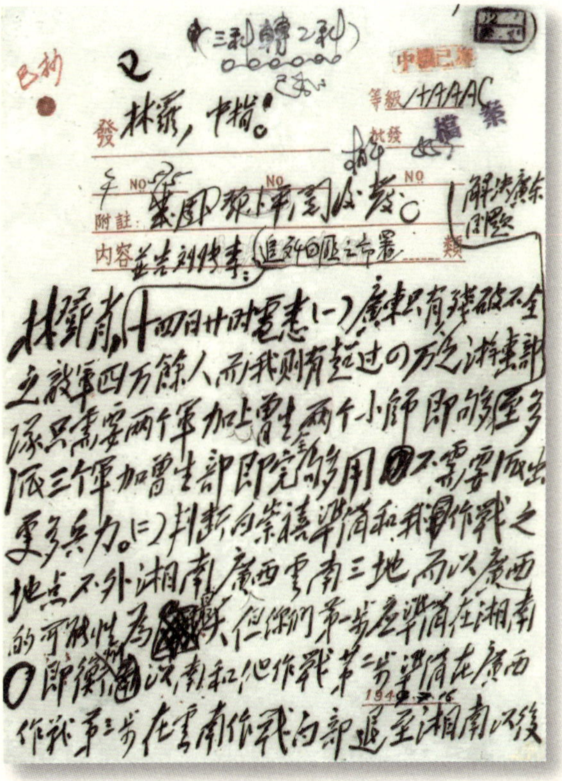

林鄧肖：十四日廿时電悉。（一）廣東只有殘破不全之敵軍四万餘人，而我則有超过四万之游擊部隊，只需要兩个軍加上曾生兩个小師即可够，至多派三个軍加曾生部即完全够用，不需要派出更多兵力。（二）判斷白崇禧準備和我作戰之地点不外湘南、廣西、雲南三地，而以廣西的可能性為大，但你們第一步應準備在湘南即衡州以南和他作戰，第二步準備在廣西作戰，第三步在雲南作戰。白部退至湘南以後

名称：中央军委关于应采远距离包围迂回方法追歼白崇禧部致邓（子恢）、肖（克），并告刘（伯承）、张（际春）、李（达）电（1949 年 7 月 16 日）
年代：1949 年
质地：纸
尺寸：长 27.5 厘米　宽 21.0 厘米
来源：中央档案馆提供

为解放中南广大地区，第四野战军和第二野战军的第四兵团（陈赓兵团）迅速向中南进军，实施消灭白崇禧集团和余汉谋部的作战，解放并经营豫、鄂、湘、赣、粤、桂6省。1949年7月16日，毛泽东以中央军委名义提出具体作战部署：以陈赓部3个军和四野5个军共8个军的兵力歼灭白崇禧集团，此8个军须以深入广西、云南全歼白匪为目的。

武汉和上海相继解放后，溃退到华南、西南的国民党军以白崇禧、胡宗南两集团的兵力最多，尚有一定的战斗力，是国民党残余势力中仅有的主力集团。但他们已成为惊弓之鸟，既想尽力避免与解放军作战，保住老本，又想盘踞一方，静观待变，东山再起。面对这样的敌人，如果猛打猛追，正面推进，或采取近距离包围迂回的方法，都有可能使敌人逃往境外，增加人民解放战争取得最后胜利的困难。

5月16日、17日，第四野战军相继解放汉口、武昌和汉阳，随后

人民解放军第四野战军一部挺进中南，追歼白崇禧部残敌。

进军湖南。7月6日，十三兵团发起宜沙战役，打开了南进湘西的大门，切断了宋希濂部和白崇禧部的联系。7月8日，解放军发起湘赣战役，解放湘赣广大地区。

宜沙、湘赣两战役，是第四野战军主力南下后第一次作战，之所以未达到预期的歼敌目的，最主要的原因就是对白崇禧集团力避与解放军决战的行动特点认识不足，因此采取了通常情况下的诱歼敌军和近距离迂回包围的部署，使敌得以迅速逃脱。7月16日，毛泽东根据桂系的作战特点，就歼灭白崇禧集团的作战方针致电第四野战军前委，指出："和白部作战方法，无论在茶陵、在衡州以南什么地方，在全州、桂林等地或在他处，均不要采取近距离包围迂回方法，而应采取远距离包围迂回方法，方能掌握主动，即完全不理白部的临时部署，而远远地超过他，占领他的后方，迫其最后不得不和我作战。"9月12日，毛泽东针对敌军准备在西南立足进行顽抗、不利时撤往国外的企图，指出："我对白崇禧及西南各敌均取大迂回动作，插至敌后，先完成包围，然后再回打之方针。"

大迂回大包围的作战方针的确立，有着重大意义：第一，可不为白崇禧灵活机动的战术所牵制，完全掌握战略的主动权。第二，可阻止白崇禧部西向云、贵与西南国民党军会合，迫使其不得不加速向广西撤退，便于将其在广西境内歼灭。第三，可加速对湖南、广西的占领，并保障第二野战军向西南进军。在毛泽东纵深包围、迂回歼敌军事策略的指导下，白崇禧部最终被歼灭于广西境内。毛泽东创造性地提出远距离包围迂回、尔后回打的战略追击方针和一系列新的作战指导原则，指导人民解放军胜利完成战略追击阶段的各项任务，极大地加快了革命胜利步伐。

（王园）

【电报原文】

林邓肖，并告刘张李：

十四日二十时电悉。（一）广东只有残破不全之敌军四万余人，而我则有超过四万人之游击部队，只需要两个军加上曾生两个小师即够解决广东问题，至多派三个军加曾生部即完全够用，不需要派出更多兵力。（二）判断白崇禧准备和我作战之地点不外湘南广西云南三地，而以广西的可能性为最大。但你们第一步应准备在湘南即衡州以南和他作战，第二步准备在广西作战，第三步在云南作战。白部退至湘南以后便只有十万人左右了。宋希濂程潜两部是退湘西、鄂西，不会往湘南。（三）和白部作战方法，无论在茶陵、在衡州以南什么地方，在全州、桂林等地或在他处，均不要采取近距离包围迂回方法，而应采远距离包围迂回方法，方能掌握主动，即完全不理白部的临时部署，而远远地超过他，占领他的后方，迫其最后不得不和我作战。因为白匪本钱小，极机灵，非万不得已决不会和我作战。因此你们应准备把白匪的十万人引至广西桂林、南宁、柳州等处而歼灭之，甚至还要准备追至昆明歼灭之。（四）歼灭白匪应规定我军的确实兵力，我们提议为八个军，以陈赓部三个军，四野五个军组成之。此八个军须以深入广西、云南全歼白匪为目的，不和其他兵力相混。陈赓之另一个军在湘南境内可以参加作战，但不入广西，准备由郴州直出贵阳，以占领贵州为目标。陈赓之三个军则于完成广西作战后出昆明，以占领并经营云南为目标，此点已和邓小平同志面谈决定（刘邓共五十万人，除陈赓现率之四个军外，其主力决于九月取道湘西、鄂西、黔北入川，十一月可到，十二月可占重庆一带。另由贺龙率十万人左右入成都，由刘邓贺等同志组成西南局，经营川、滇、黔、康四省。你们经营之范围确定为豫、鄂、湘、赣、粤、桂六省，但你们的五十军须准备去云南，如白匪主力退云南，则还须考虑加派一部入滇助战）。（五）陈赓四个军到达郴州之道路，请考虑全部走遂川、上犹、崇义，分数路前进，未知该区有几条汽车路否，如有适当道路，似以这样走为好。（六）专门担任经营江西的两个军，不应担任其他任务。专门担任经营广东之两个军，应取道江西、大庾岭前进，而不走湘南，因湘南敌我屯兵太多，粮食必感困难。（七）准备深入广西寻歼桂系之八个军（四野五个军，陈赓三个军）进到郴州地区后，如能利用湘桂铁路运粮接济，最好全部取道全州，直下桂林、南宁，以期迅速，否则四野五个军取道广州、肇庆西进，迂回广西南部，陈赓三个军则经全州南进。或者以陈赓三个军协同四野专任经营广东之两个军共五个军，走大庾岭出广州，但陈赓不担任广州工作，只经过一下即出广西南部，而以四野五个军（其中包括五十军）由全州出桂林。（八）曾生部应即速出动，走江西入广东。（九）以上是否适宜，请你们考虑提出意见。

军委

午铣

出自《毛泽东军事文集》，军事科学出版社、中央文献出版社 1993 年版，第 635—638 页。

殷殷关切战友情

图片说明：人民解放军为了解放全中国，
跋山涉水，长途远征

“我们的干部要关心每一个战士，一切革命队伍的人都要互相关心，互相爱护，互相帮助。”这是毛泽东在《为人民服务》演讲中的一句话，他一生也是如此践行的。

1949 年中共中央进驻北平香山后，毛泽东即便在忙于指挥解放全中国和筹建新中国的关键时期，他都不忘对革命同志和老友给予关怀，特别是对带病工作的战友们尤其关心，总是施以具体温暖的关爱和呵护。

从中国工农红军创立到新中国诞生，徐向前从军 20 余年，即使负伤和生病，他都没有离开过战场。解放战争中，他抱病从延安到了晋冀鲁豫军区，带病指挥部队作战，克临汾、扫晋中、战太原，在太原前线，终因肋膜炎严重复发，连续高烧不退，不得不休养治病。1949 年 4 月 25 日，毛泽东心系徐向前的病情和身体健康并致电:“中央决定徐向前同志必须继续休养，养病时期工作由周士第同志代理。病愈后工作及任职到时再定。”5 月 3 日，毛泽东又专门为中共中央起草了让徐向前“去海边适当地点作较长时期之休养”的电报。之后，徐向前偕夫人、孩子和几个警卫人员到青岛休养。

毛泽东关爱前线将士，对部队中的伤病情况非常挂念，多次通过电报询问野战军病员情况及解决办法。7 月 24 日，他发电指示:“目前天气极热，可令四野主力缓缓前进，每天走四五十里，走两天三天休息一天两天。”26 日发电:“盛暑行军病员大增，极为悬念。你们已改为旅次行军及三伏休整，当可使情况改善。”8 月 22 日发电:“入新疆部队至少休整一个月，必要时酌量增加休整时间，好作充分准备。”29 日发电:“野司转来四十三军病员情况的电报已阅悉，甚为怀念。未知其他各军是否也有相似的情形。你们是否已采取统一的办法克服这个困难，即是说是否需要推迟进军的时间，以便使部队多得休息，及是否需要普遍增加伙食费，使战士恢复体力，请将你们的意见电告。”

这些电报，寄托着毛泽东对战友们的深情厚谊，细微之处显高风，体现了毛泽东殷殷关切、情深意长的伟人情怀。

（尤曼卿）

集中全力攻占兰州

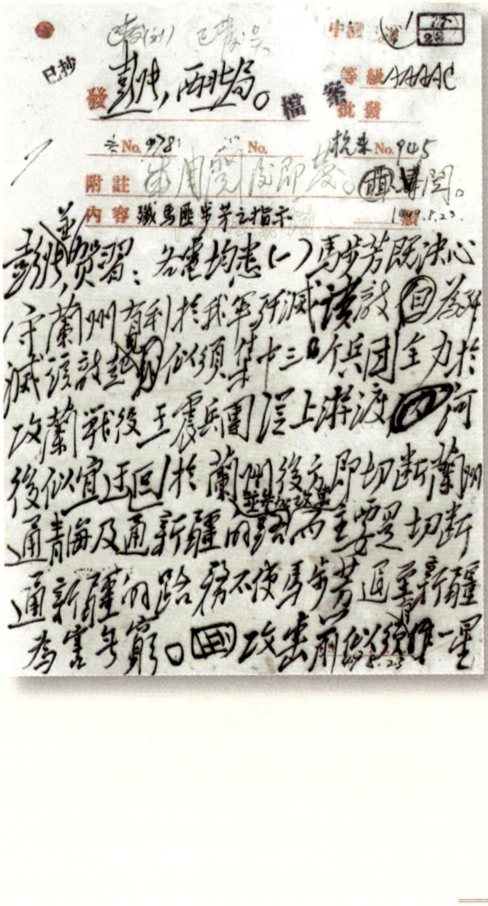

名称：中共中央关于须集中三个兵团全力于攻兰战役致彭（德怀）、张（宗逊），并贺（龙）、习（仲勋）电（1949 年 8 月 23 日）

年代：1949 年

质地：纸

尺寸：长 27.5 厘米　宽 21.0 厘米

来源：中央档案馆提供

毛泽东和党中央从解放战争的战略全局出发，关注西北战局的发展，太原解放后调华北十八、十九兵团编入第一野战军序列，西北战场上，我军兵力由15万人增加至40余万人。扶郿战役后，我军9天追击敌人1400余里，解放多座县城，直奔兰州。

兰州是国民党西北军政长官公署所在地，也是国民党反动统治在西北的政治、军事中心和重点防御区域。

1949年8月4日，在第一野战军向兰州进军途中，彭德怀、张宗逊下达了兰州战役作战预备命令。8月6日，中央军委批准这个命令。8月20日，第一野战军各军团分别到达集结地点。第一兵团直逼临夏担负进军西宁，切断青海马步芳部（以下简称“青马”）的逃路，阻止新疆援敌任务。第二、第十九兵团从东、西、南三面包围了兰州城。由于野战军见敌沿途不战而退，加上胡宗南、马鸿逵尚无援助青马的迹象，判断青马有弃守兰州可能。为防敌西逃，在没有充分准备的情况下，第一野战军于8月21日向兰州城发起攻击，激战一天，未能拿下一个阵地，攻城部队伤亡严重。

第一野战军初攻兰州受挫，一向主张不打无准备之仗的毛泽东接到报告后感到很吃惊，于8月23日电示彭德怀、张宗逊、贺龙、习仲勋。电文说：“马步芳既决心守兰州，有利于我军歼灭该敌。为歼灭该敌起见，似须集中三个兵团全力于攻兰战役。王震兵团从上游渡河后，似宜迂回于兰州后方，即切断兰州通青海及通新疆的路并参加攻击，而主要是切断通新疆的路，务不使马步芳退至新疆为害无穷。攻击前似须有一星期或更多时间使部队恢复疲劳，详细侦察敌情、地形和鼓动士气，作充分的战斗准备。并须准备一次打不开而用二次、三次攻击去歼灭马敌和攻占兰州。”

第一野战军根据毛泽东的指示，进行了阵地总结，针对总结的经验教训，向各部队发出了战术指示。彭德怀对这次初攻受挫也作了深刻的分析和检查。他对各兵团的领导说：“你们要告诉部队沉住气，总结经验教训，仔细研究敌人，扎扎实实地做好准备工作，待命向敌人发动总攻。”

根据毛泽东集中兵力歼灭“二马”的指示，第一野战军决心以一部兵力牵制马鸿逵、胡宗南部，集中优势兵力歼灭马步芳部于兰州，尔后再聚歼马鸿逵部。

8 月 24 日 21 时，在部队经过一定的准备后，彭德怀、张宗逊向毛泽东报告即将开始再攻兰州。报告说：“攻占兰州有六七成把握，故决定在 25 日晨开始攻击。”接着于 24 时，又向毛泽东报告了攻兰战况。8 月 25 日，人民解放军对兰州守敌发起攻击。

8 月 26 日 1 时，毛泽东根据战场形势的变化，做了多手准备，发电指示彭德怀、张宗逊：“（一）如你们二十五日攻兰得手，则局面起了变化。（二）如不得手，则作为侦察性质的作战，全军将因此种流了血的侦察战获得有益的教训，而确定了再战的胜利。（三）如二十五日不得手，则请照你们二十四日电的决心，确定先打援，后打城。如此，

兰州战役期间，人民解放军攻占黄河铁桥。

则须令对城防御之四个军或三个军构筑坚固防御阵地。并须预计打援及攻城两战所必需的充分的时间，估计至少要半个月，多则可能要一个月或更多时间。”

在彭德怀指挥下，经过指战员浴血奋战，兰州攻坚战役于8月26日胜利结束，歼敌2.7万余人，兰州宣告解放。兰州战役是人民解放军为解放全西北进行的一次战略大决战，也是解放战争史上一次成功的大规模城市攻坚战。毛泽东指挥兰州解放的电文是毛泽东军事思想和战争艺术的又一次杰作，通过阅读这些电文，可以感受到他“运筹帷幄之中，决胜千里之外”的伟大军事韬略。

（王园）

【电报原文】

彭张，并贺习：

各电均悉。（一）马步芳既决心守兰州，有利于我军歼灭该敌。为歼灭该敌起见，似须集中三个兵团全力于攻兰战役。王震兵团从上游渡河后，似宜迂回于兰州后方，即切断兰州通青海及通新疆的路并参加攻击，而主要是切断通新疆的路，务不使马步芳退至新疆，为害无穷。攻击前似须有一星期或更多时间使部队恢复疲劳，详细侦察敌情、地形和鼓动士气，作充分的战斗准备，并须准备一次打不开而用二次、三次攻击去歼灭马敌和攻占兰州。（二）同意在定西或兰州开一次西北局常委会，请你们计算时间，贺龙同志如能于九月十五日赶到北平参加政协（政协准备九月十日开幕，二十日闭幕，贺于十五日到，可参加会议的一半），即可偕仲勋一道去兰州附近开会，惟路上须带充分的护卫武装，并须保守机密为要。（三）贺来北平一次，不但参加政协，还有和邓小平商量入川任务及带张治中邓宝珊一道去西北之必要。（四）西北局须准备移至兰州，将来西北人民政府须建立在兰州。

中央

未梗

出自《毛泽东军事文集》，军事科学出版社、中央文献出版社 1993 年版，第 658—659 页。

义声昭著备受礼遇

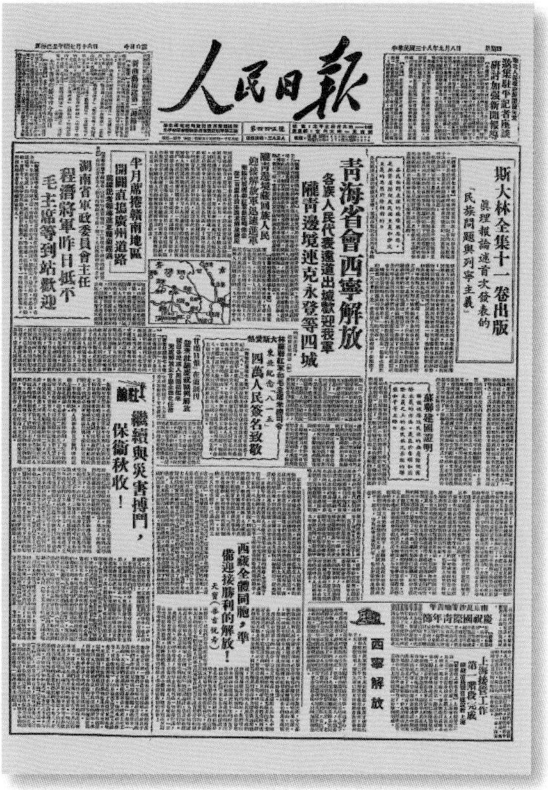

人民日報

青海省會西寧解放

各族人民代表遠道出城歡迎我軍

隴青邊境連克永登等四城

斯大林全集十一卷出版

真理報論述首次發表的「民族問題與列寧主義」

湖南省軍政委員會主任程潛將軍昨日抵平

毛主席等到站歡迎

半月席捲贛南地區

四萬人民簽名致敬

社論 繼續與災害搏鬥，保衛秋收！

西藏全體同胞，準備迎接勝利的解放！

西寧解放

名称：1949 年 9 月 8 日《人民日报》
年代：1949 年
质地：纸
尺寸：长 26.3 厘米　宽 19.7 厘米
来源：香山革命纪念馆馆藏

程潜早年曾追随孙中山投身民主革命，北伐战争时，他和林伯渠通力合作，并受到共产党的影响，后在蒋介石发动四一二反革命政变时保护了一批共产党员。1937 年七七事变后，他拥护国共第二次合作，投身抗日救国的民族解放战争。抗日战争胜利后，毛泽东赴重庆谈判时曾与程潜长谈，鼓励他走和平道路。在人民解放军取得节节胜利，蒋家王朝岌岌可危的情况下，中共中央认为，经过争取，程潜有可能站到人民方面来，并且开始周密部署。

在中共中央的指挥部署下，中共湖南地下党组织不断对程潜、陈明仁做工作，他们已经逐渐认清形势并深感只有走和平道路才顺乎民意，合乎潮流，和谈态度已趋明朗。

1949 年 6 月下旬，在各方人士的积极奔走争取下，程潜慎重地将致中共中央和毛泽东的《备忘录》书写在一幅绢帛上，请中共湖南省工委密送中共中央和毛泽东。程潜在信中表示，“近十余年，坚决反对蒋系独裁统治。去年返湘以后，便站在人民利益立场，坚决反对战争，力主和平”，“决定根据贵方公布合议 8 条 24 款之原则，谋取湖南局部和平，具体进行办法，极望双方指派军事代表，立即成立军事小组，俾能详细商决，并密切配合行动”，“一俟时机成熟，潜当即揭明主张，正式通电全国，号召省内外军民一致拥护以 8 条 24 款为基础之和平，打击蒋、白残余反动势力”。

7 月 4 日，收到程潜密信后，中央军委关于极力争取程潜用和平方法解决湖南问题致电邓子恢、王首道、萧劲光等人，在信中表示“我们认为程潜态度是好的，应极力争取程潜用和平方法解决湖南问题”，“程潜所提军事小组、联合机构及保留其军队和干部加以编整教育等三项要求，原则上均可照准，并迅即成立军事小组，商定具体办法。我军行动在即，此事进行要快”，并就程潜和平起义后的工作安排做了预想，“如程潜发表声明反美、反蒋、反桂，似应予以率部起义之待遇，使程潜能起影响南方各省之作用。我们亦可考虑予程潜以高级名义，例如南方招抚使之类，俟南方各省平定，程潜则来中央政府担任工作。程潜是孙中山的老干部，在国民党内地位甚高，近年治湘措施表示进步，若得程潜真心站在我们方面，将有很大利益”。当天，毛泽东又以个人名义致电程潜，高度赞扬程潜和平起义的义举，表示“只要先生决心站在人民方面，反美反蒋反桂，先生权宜处置，敝方均能谅解。诸事待理，借重之处尚多。”

8 月 4 日，在中共中央的争取和各界的共同努力下，由程潜与陈明仁领衔、37 位国民党军政要员联署的起义通电郑重宣布正式脱离广州政府。加入中共领导之人民民主政权，共同为建立新民主主义之中国而奋斗。

8 月 5 日，人民解放军进驻长沙，湖南宣告和平解放。8 月 16 日，毛泽东致电程潜，高度赞扬其率部和平起义的义举：“诸公率三湘健儿，脱离反动阵营，参加人民革命，义声昭著，全国欢迎，南望湘云，谨致祝贺。”

8 月 30 日，毛泽东再次致电程潜，邀请他出席在北平召开的中国人民政治协商会议。9 月 7 日，程潜乘坐火车抵达北平前门火车站。毛泽东、朱德、周恩来、林伯渠等亲自到车站迎接。程潜到达北平后，毛泽东对他礼遇有加，尊重地称呼他为“老上司”，并且多次与他会谈，共商军机及建国大计。9 月 21 日，中国人民政治协商会议第一届全体会议在中南海怀仁堂隆重开幕，这是程潜第一次参加这种全国性的人民盛会。在会上，他被选为第一届全国政协委员。10 月 1 日，程潜登上天安门城楼，与中共中央和国家领导人一起，共庆开国大典，见证了新中国的伟大开端。

程潜在决心站到人民方面后，自始至终受到党中央和毛泽东的殷切关怀和优厚待遇，曾任中央人民政府委员、中国人民革命军事委员会副主席、国防委员会副主席、湖南省省长、全国政协常委、民革中央副主席等领导职务，他十分感激共产党和毛泽东对他的礼遇和深厚恩情。

（石碧兰）

人民的胜利

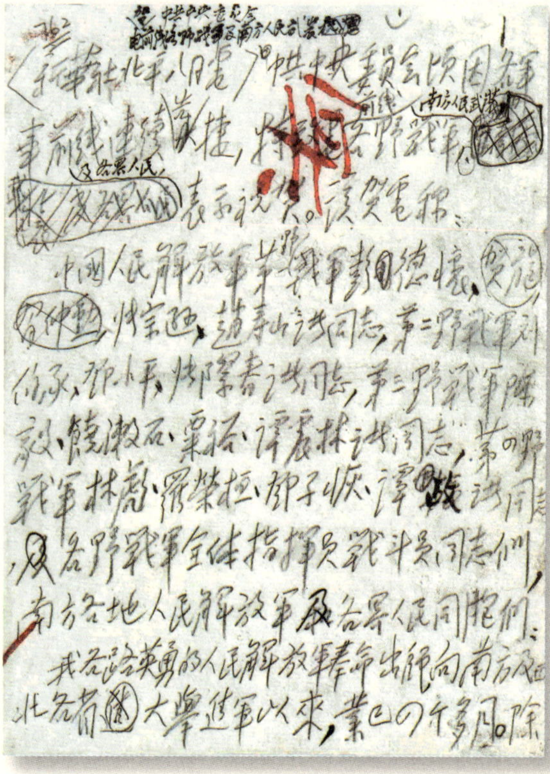

中国人民解放军第一野战军彭德怀、贺龙、习仲勋、张宗逊、赵寿山诸同志，第二野战军刘伯承、邓小平、张际春诸同志，第三野战军陈毅、饶漱石、粟裕、谭震林诸同志，第四野战军林彪、罗荣桓、邓子恢、谭政诸同志，及各野战军全体指挥员战斗员同志们，南方各地人民解放军及各界人民同胞们：

我各路英勇的人民解放军奉命出师向南方及西北各省大举进军以来，业已四个多月。除

名称：中国共产党中央委员会致各前线军民祝捷电（1949 年 9 月 8 日）

年代：1949 年

质地：纸

尺寸：长 27.5 厘米 宽 21.0 厘米

来源：中央档案馆提供

这封电报是毛泽东以新华社电讯形式写成并发出的贺电，也是发送范围很广的一封电报，还曾刊载于 1949 年 9 月 9 日的《人民日报》。在毛泽东的电报手稿中，电报抬头一般都是简称，如“彭、张、赵”，而这封祝捷电中人名都是全称，并且是以“中国共产党中央委员会”的名义发出，足以证明这封电报的严肃性，具有政治宣言的意义。

1949 年 4 月国共和谈破裂后，毛泽东和朱德发布了“向全国进军的命令”，命令中国人民解放军“奋勇前进，坚决、彻底、干净、全部地歼灭中国境内一切敢于抵抗的国民党反动派，解放全国人民，保卫中国领土主权的独立和完整”。按照中央军委确定的向全国进军的部署，四个野战军开始分别向东南、中南、西北、西南胜利大进军。

第一野战军向西北进军，先后发起扶郿战役、陇东追击战和兰州、宁夏、河西战役，给胡宗南集团以沉重打击，迫使其退守秦岭，并歼灭国民党西北军政长官马步芳和副长官马鸿逵所部；第二野战军向西南进军，在第一野战军一部的配合下，歼灭由秦岭退入四川的胡宗南集团主力及西南地区的国民党军队；第三野战军向闽、浙进军，负责经营鲁、苏、皖、浙、闽等省，同时准备解放台湾；第四野战军向中南进军，为歼灭白崇禧部，一路从武汉向湖南及两广地区进行追击。经过 4 个多月的进军作战，人民解放军先后解放了华北全境，华东大陆和西北、中南大部分地区，即将取得全国解放战争的伟大胜利。

随着战争的节节胜利，中国人民政治协商会议召开在即，中华人民共和国即将成立。1949 年 9 月 8 日，为了进一步鼓舞全国军民的士气，毛泽东以中国共产党中央委员会名义发出了这封祝捷电，向前线各野战军、南方人民武装及各界人民表示祝贺。在电报中，毛泽东首先总结了向全国进军 4 个月来取得的辉煌战绩，“我各路英勇的人民解放军奉命出师，向南方及西北各省大举进军以来，业已四个多月。”同时，毛泽东还号召全体人民解放军，“尚望你们继续努力，为完成新的军事政治任务，为消灭残余敌军，解放全国人民而奋斗。”

电报抬头专门提到的南方人民武装，是配合人民解放军进军中南的一支重要力量。因为中南地区地貌复杂、天气恶劣，军阀长期盘踞，加上民族众多、社会情况复杂等问题，给人民解放军进军带来了很多困难。但是由于这里自土地革命时期就是我党我军创建的革命根据地，到解放战争时期，人民游击武装发展壮大起来，尤其是琼崖纵队、粤赣湘边纵队、粤桂边纵队、粤中纵队、闽粤赣边纵队、桂滇黔边纵队等，总人数就达到了 10 万余人，他们在江南进行游击战争，牵制了大量国民党军，使之无法加入解放战争的主战场，为解放战争的胜利作出了巨大贡献。

在电文中，毛泽东指出："人民解放军军行所至，全体人民同胞及各界民主人士表示热烈欢迎，给予人民解放军以极大的帮助。其中，有甘肃和青海的回民同胞，和汉人同胞一样，表示热烈地欢迎和帮助人民解放军。"解放战争的胜利，离不开人民群众的全力支援。当一野部队到达青海循化时，由于黄河渡口被逃跑的敌人破坏，前进受阻。为帮助人民解放军顺利渡河，当地少数民族群众夜以继日地扎木排，绑牛、羊皮筏，修补破烂船只。人民解放军在当地广大民族群众的帮助下，经过 3 天的搜集和抢修船只，寻找水手，最终胜利渡过黄河。

正如 1949 年毛泽东为《中国人民解放战争三年战绩》一书的题词，这是"人民的胜利"。人民解放军在全国解放战争中取得的伟大胜利，是同全国人民特别是解放区人民的全力支援分不开的。在人民解放军进行渡江战役时，大批的民众和江边的船工都争先恐后地帮助解放军渡江。解放军渡江时所使用的船只，大部分来自后方老百姓的支援，许多老百姓是从山东胶东和江苏苏北等地一路推着小车，跟随人民解放军来到长江边上，他们不仅给解放军亲手缝衣做鞋，还为解放军造出了大量帆船。在解放军官兵进行水上练兵运动时，可以用作训练的木船非常有限，于是当地老百姓把自家的木盆、洗澡盆甚至门板都拿出来，供战士们使用。

为了支援前线，广大人民群众高度发扬参战积极性和生产积极性，节衣缩食，集合人力、物力、财力，全力以赴积极支前，为战争的胜利作出了巨大贡献。可以说没有人民的支援，就没有这场战争的胜利。党中央的这份祝捷贺电，不仅充分肯定了解放军指战员的英勇牺牲精神，也充分肯定了人民群众是解放战争胜利最深厚的伟力。

（王园）

【电报原文】

〈新华社北平八日电〉中共中央委员会顷因各军事前线连续告捷，特致电前线各野战军，南方人民武装及各界人民，表示祝贺。该贺电称：

中国人民解放军第一野战军彭德怀、张宗逊、赵寿山诸同志，第二野战军刘伯承、邓小平、张际春诸同志，第三野战军陈毅、饶漱石、粟裕、谭震林诸同志，第四野战军林彪、罗荣桓、邓子恢、谭政诸同志，各野战军全体指挥员战斗员同志们，南方各地人民解放军及各界人民同胞们：

我各路英勇的人民解放军奉命出师，向南方及西北各省大举进军以来，业已四个多月。除完成第一步计划，解放江苏、安徽、浙江各全省，江西的东北部及北部，湖北及陕西的大部，山西及豫北的残余敌占区，山东的青岛地区，共消灭数十万敌军，解放数千万人民以外，又复继续前进，解放甘肃及青海的大部，湖北的一部，湖南的中部、北部，江西全省，福建的大部，渤海的长山列岛，包括长沙、福州、兰州、西宁四个省城及赣州、常德、宜昌、天水诸重镇在内，消灭了大批敌军，解放了广大人民。在此期间，程潜将军及陈明仁将军率部起义，站在人民方面，给了国民党反动派以重大打击，有力地配合了人民解放军的进军。我广东、福建、广西、云南诸省的人民解放军在各该省的胜利发展，极大地威胁着国民党反动派的后方。我各路人民解放军军行所至，全体人民同胞及各界民主人士表示热烈欢迎，给予人民解放军以极大的帮助。其中，有甘肃和青海的回民同胞，和汉人同胞一样，表示热烈地欢迎和帮助人民解放军。我军全体指挥员战斗员长途远征，冒着酷热的气候，以无比的英勇和自我牺牲精神，为解放全国人民、统一全国领土的伟大的神圣的志愿所鼓舞，以短促的时间，完成了巨大的任务。中国共产党中央委员会特表示热烈的祝贺和深切的慰问。尚望你们继续努力，为完成新的军事政治任务，为消灭残余敌军，解放全国人民而奋斗。

中国共产党中央委员会

一九四九年九月八日

出自中央档案馆编:《中共中央文件选集》(一九四九)，中共中央党校出版社 1992 年版，第 449 页。

第四篇

新中国筹建

第四部分
新中国筹建
随着中国人民解放战争走向最后胜利，召开中国人民政治协商会议、建立新中国成为举世瞩目的大事。在香山期间，中共中央和毛泽东等领导人广邀各民主党派、无党派民主人士共商建国大计，起草讨论和通过具有临时宪法性质的《中国人民政治协商会议共同纲领》，筹备召开中国人民政治协商会议，确定新中国国体、政体和新中国政治、经济、文化、外交、国防等方面的重大方针政策，组建中央人民政府，筹备举行开国大典。
Part IV
Setting the Stage for the Founding of New China
第一单元
Unit I
筹备新政协
Preparing for the Establishment of the CPPCC
在中国人民解放战争迅速取得胜利的形势下，召开新政治协商会议和成立民主联合政府的条件已经成熟。北平和平解放后，各民主党派代表和无党派民主人士先后到达北平，参加新政治协商会议的筹备工作，与中国共产党共商建国大计。1949年9月17日，新政治协商会议改称中国人民政治协商会议。9月21日至30日，中国人民政治协商会议第一届全体会议在北平召开，通过具有临时宪法性质的《中国人民政治协商会议共同纲领》，标志着中国共产党领导的多党合作和政治协商制度的确立。
广邀群贤
Leading Public Figures
人民日報
人民日報

第四篇　新中国筹建

随着解放战争走向最后胜利，召开中国人民政治协商会议、成立新中国成为举世瞩目的大事。在香山期间，中共中央和毛泽东等领导人广邀各民主党派、无党派民主人士共商建国大计，起草讨论并通过具有临时宪法性质的《中国人民政治协商会议共同纲领》，筹备召开中国人民政治协商会议，确定新中国国体、政体和新中国政治、经济、文化、外交、国防等各方面的重大方针政策，组建中央人民政府，筹备举行开国大典。

新民主主义革命，不是任何别的革命，“这个革命不能由任何别的阶级和任何别的政党充当领导者，只能和必须由无产阶级和中国共产党充当领导者”。1948 年 4 月 30 日，中共中央发布纪念“五一”劳动节口号，明确提出“各民主党派、各人民团体、各社会贤达迅速召开政治协商会议，讨论并实现召集人民代表大会，成立民主联合政府”的主张。中共中央发布的“五一”号召，吹响了协商建国的集结号，得到了各民主党派和社会各界的热烈响应，认为“五一”号召“适合人民时势之要求”。在中共中央运筹和部署下，从 1948 年 9 月到 1949 年 9 月，中共香港分局先后分 20 余批次秘密运送 1000 多人北上解放区。百川汇流，人心归向，这为新政协的召开做了人事上的准备。

1949 年 1 月 22 日，李济深、沈钧儒等民主党派的领导人和著名的无党派人士 55 人联合发表《联合声明》，恳切表示“愿在中共领导下，献其绵薄，共策进行，以期中国人民民主革命之迅速成功，独立、自由、和平、幸福的新中国之早日实现”。这个政治声明表明，中国各民主党派和无党派民主人士自愿地接受了中国共产党的领导，决心走人民革命的道路，拥护建立人民民主的新中国。

与此同时，1948年底至1949年初，在中国共产党的领导下，中华全国总工会、中华全国学生联合会、中华全国民主妇女联合会、中国新民主主义青年团、中华全国文学艺术界联合会等各种全国性的人民团体也先后恢复和建立起来，为即将召开的新政治协商会议做了重要组织准备。

1949年6月15日至19日，新政治协商会议筹备会第一次会议召开。参加会议的有中国共产党和各民主党派、各人民团体、各界民主人士、国内少数民族和海外华侨共计23个单位的134人。毛泽东指出这个筹备会的任务就是：“完成各项必要的准备工作，迅速召开新的政治协商会议，成立民主联合政府，以便领导全国人民，以最快的速度肃清国民党反动派的残余力量，统一全中国，有系统地和有步骤地在全国范围内进行政治的、经济的、文化的和国防的建设工作。”

1949年6月30日，在中国共产党成立28周年之际，毛泽东发表《论人民民主专政》。他把马克思列宁主义关于无产阶级专政的理论和国家学说与中国实际相结合，深刻论述了人民民主专政的思想，阐明了即将建立的新中国的性质、各阶级在政权中的地位以及这个政权的基本任务和国内外政策。他明确指出：“总结我们的经验，集中到一点，就是工人阶级（经过共产党）领导的以工农联盟为基础的人民民主专政。这个专政必须和国际革命力量团结一致。这就是我们的公式，这就是我们的主要经验，这就是我们的主要纲领。”党的七届二中全会的决议和毛泽东的《论人民民主专政》，在理论上和政策上为《中国人民政治协商会议共同纲领》奠定了基础。

在近3个月紧张工作的基础上，9月17日，新政协筹备会召开第二次全体会议。会议原则通过了各小组分头起草的政协组织法草案、共同纲领草案、政府组织法草案等，作为正式向即将召开的政协第一届全体会议提出的议案。会议决定将“新政治协商会议”改称为“中国人民政治协商会议”。

1949 年 9 月 21 日，中国人民政治协商会议第一届全体会议在北平中南海怀仁堂隆重召开。参加这次会议的有中国共产党、各民主党派、无党派人士、各人民团体、人民解放军、各地区、各民族以及国外华侨代表、特别邀请人士共计 662 人。这次会议的召开，标志着中国的新型政党制度——中国共产党领导的多党合作和政治协商制度的确立。毛泽东在开幕词中庄严宣告:“我们有一个共同的感觉，这就是我们的工作将写在人类的历史上，它将表明：占人类总数四分之一的中国人从此站立起来了。”特邀代表宋庆龄发言说:“这是一个历史的跃进，一个建设的巨力，一个新中国的诞生！我们达到今天的历史地位，是由于中国共产党的领导。这是唯一拥有人民大众力量的政党。”中国民主同盟主席张澜指出:“用政治协商的方式，建立人民自己的政权，组织人民自己的政府，这不止是中国历史上一件光荣的大事，这是世界人类历史上值得永久纪念的一个光荣的日期。”

9 月 27 日，会议一致通过四项决议案：北平为中华人民共和国首都，将北平改名为北京；采用公元纪年；以《义勇军进行曲》为代国歌；国旗为五星红旗，象征全国人民在共产党的领导下的大团结。

指导各地人民政权建设。新中国成立前夕，在中共中央和毛泽东的指导下，获得解放的地区迅速对旧的基层政权进行彻底改造，建立军事管制委员会，选举地方各级人民政府。国家政权组织有效地深入城乡基层，是新中国政权建设的一个特点，是中国社会政治结构的一次重大变革。

制定新中国经济建设方针。新中国成立前夕，中共中央和毛泽东根据面临的经济形势和社会发展需要，制定了“公私兼顾，劳资两利，城乡互助，内外交流”的“四面八方”经济政策，成为国民经济恢复时期党的工作指导方针，对恢复和发展生产起到重大作用。

谋划新中国科教文化事业。为适应建设新中国的需要，中国共产党革故鼎新，制定一系列科教文化政策，以马克思主义为指导对旧文化进行改造，着力保护文化设施。废除旧的文化教育制度，确立新的人民教育体制，即民族的、科学的、大众的新民主主义文化教育制度，关心和爱护知识分子，有力促进了新中国科教文化事业的发展。

确立新中国外交方针。中国革命的胜利，推翻了帝国主义的压迫，新中国以独立自主的崭新面貌屹立于世界东方。中央人民政府不承认国民党政府同有关国家建立的旧的外交关系，奉行“另起炉灶”“打扫干净屋子再请客”和“一边倒”的外交方针，结束了百余年来旧中国的屈辱外交，开启了新中国外交的崭新局面。

筹划新中国国防和军队建设。在中国革命胜利前夜，毛泽东提出：“我们将不但有一个强大的陆军，而且有一个强大的空军和一个强大的海军。”为建设一支强大的人民军队，抵御帝国主义侵略，保卫国家主权、领土完整和人民安全，中国共产党提出国防和军队建设的指导方针，创建人民海军和空军，加强特种兵建设和院校教育，中国人民解放军开启了建设现代化、正规化革命军队的新时期。

1949 年 10 月 1 日下午 2 时，中央人民政府在中南海勤政殿正式成立，宣布中华人民共和国中央人民政府为代表全国人民的唯一合法政府。下午 3 时，中华人民共和国中央人民政府成立典礼在北京天安门广场隆重举行。天安门城楼红旗招展，8 个大红灯笼分外红艳。在隆隆的开国礼炮声中，毛泽东向全世界庄严宣告：“中华人民共和国中央人民政府今天成立了！”伴随着雄壮的《义勇军进行曲》，鲜艳的五星红旗冉冉升起，中国人民解放军受阅部队迈着坚定的步伐接受检阅。夜晚，人民群众举行游行欢庆新中国成立。中华民族的发展从此开启了新的历史纪元。

（都斌）

毛泽东亲自修改的“五一口号”

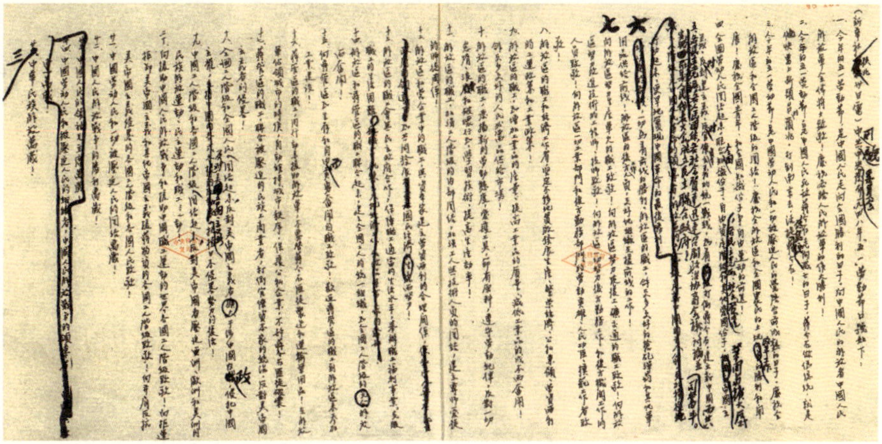

名称：毛泽东修改的新华社新闻稿：中国共产党中央委员会发布一九四八年“五一”劳动节口号

年代：1948 年

质地：纸

尺寸：长 59.4 厘米 宽 27 厘米

来源：中央档案馆提供

毛泽东修改的“五一口号”手迹，长59.4厘米，宽27厘米，材质为纸质，口号初稿由硬笔书写，后经毛泽东用笔修改审定。文件原稿名称为“中共中央发布一九四八年‘五一’劳动节口号”，后经修改，确定为“中国共产党中央委员会发布一九四八年‘五一’劳动节口号”。经统计，毛泽东共作27处修改。字斟句酌，皆具深意。从毛泽东修改的痕迹，可以看出他对“五一口号”的重视程度非同一般。

1948年“五一”劳动节前夕，中共中央组织起草“五一”劳动节口号文件，拟通过新华社发布政治主张。“五一口号”初稿共25条，毛泽东对其作了重大修改，可谓是口号的点睛之笔，蕴含着中国共产党的建国思想、饱含着中国共产党人的初心使命。

经过最大修改的第五条，正式发出了召开政治协商会议、召集人民代表大会、成立民主联合政府的号召。毛泽东删除了第五条中“工人阶级是中国人民革命的领导者，解放区的工人阶级是新中国的主人翁，更加积极地行动起来，更早地实现中国革命的最后胜利”，重新起草了：“各民主党派、各人民团体、各社会贤达迅速召开政治协商会议，讨论并实现召集人民代表大会，成立民主联合政府！”这一修改，高度概括了中共中央的建国方略，正式向国内外宣告要筹备新政协、成立新政权，自此开启了筹建新中国的精彩华章。

其中值得一提的还有对最后三条的修改，与第五条修改交相呼应，彰显了中国共产党人的胸襟和品格。毛泽东删除了第二十三条“中国人民的领袖毛泽东万岁”和第二十四条“中国劳动人民和被压迫人民的缔造者，中国人民解放战争的领导者中国共产党万岁”，改第二十五条“中华民族解放万岁”为第二十三条。这充分反映了以毛泽东为代表的中国共产党人天下为公的精神境界和人民至上的家国情怀。

1948年4月30日至5月7日，中共中央在河北城南庄召开了中央前委和中央工委会合以后的第一次书记处扩大会议，史称“城南庄会议”。出席会议的有毛泽东、朱德、刘少奇、周恩来、任弼时等。会议

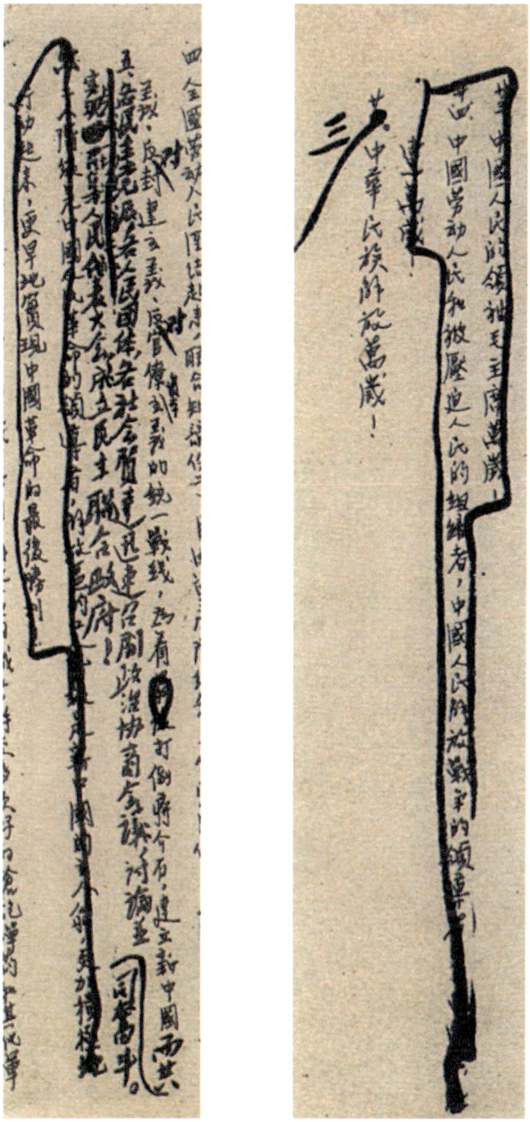

毛泽东删改的初稿第五条（左图），对最后三条的修改（右图）。

对经毛泽东修改后的“中国共产党中央委员会发布一九四八年‘五一’劳动节口号”进行了热烈讨论。经会议研究，决定以中共中央名义发布“五一口号”。至此，具有重大意义和深远影响的“五一口号”正式诞生。

中国共产党发布的纪念“五一”劳动节口号得到了民主党派、无党派民主人士的热烈响应，他们发表宣言、通电，并接受邀请，历经千辛万苦奔赴解放区，与中国共产党共商建国大计。这是中国统一战线和多党合作发展史上一件具有里程碑意义的事件，标志着各民主党派和无党派人士开始走上新民主主义、社会主义的道路，标志着中国的民主政治和政党制度建设开启了崭新的篇章。

（陈宇蛟）

各界妇女大团结的盛会

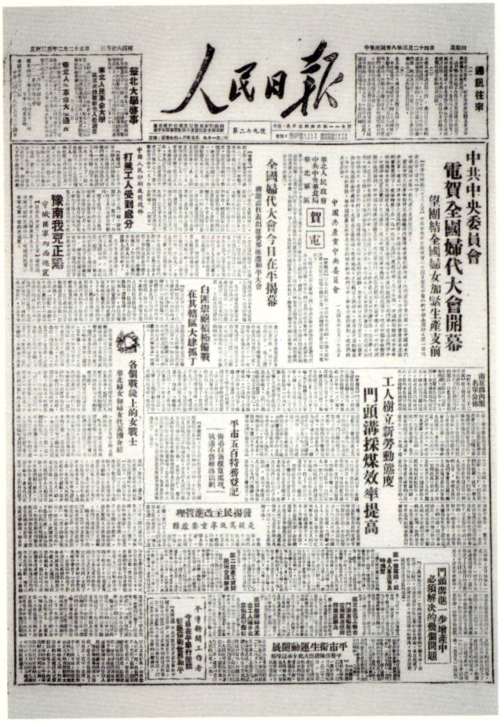
人民日報

中共中央委員會電賀全國婦代大會開幕

望團結全國婦女加緊生產支前

全國婦代大會今日在平揭幕

工人樹立新勞動態度 門頭溝採煤效率提高

豫南我克正陽

各個戰綫上的女戰士

平市五百特務登記

平市衛生運動展開

华北大學啓事

名称：1949 年 3 月 24 日《人民日报》
年代：1949 年
质地：纸
尺寸：长 54 厘米　宽 40 厘米
来源：香山革命纪念馆馆藏

1949 年 3 月 24 日，对亿万中国妇女来说是一个值得永远铭记的日子。经过近 30 年的浴血奋战，在中国共产党的领导下，包括妇女在内的人民大众，推翻国民党统治，结束了积贫积弱的旧时代，人民当家作主的新时代即将到来。在革命即将取得全国胜利的前夜，中国妇女第一次全国代表大会隆重开幕。

就在前一天的 3 月 23 日，中共中央为中国妇女第一次全国代表大会致贺电。电文指出在北平举行的第一届中国妇女代表大会是一件具有伟大意义的事，并肯定了 1919 年以来中国妇女在革命中的贡献，认为中国妇女是中国人民革命战线有力的组成部分，同时还对中国妇女在革命胜利后在新中国建设事业中的表现寄予厚望。

中国妇女第一次全国代表大会的召开是在中国共产党领导下，各界妇女团结一致、共同奋斗的结果。1948 年 9 月，中共中央在西柏坡召开政治局会议，在这次会议上，解放区妇女工作会议与会代表一致赞同召开全国妇女代表大会。

1949 年 1 月 12 日，全国民主妇女联合会筹委会正式成立。推选蔡畅为筹委会主任，邓颖超、李德全为副主任（当时蔡畅还在东北解放区，由邓颖超代理主任），张琴秋任秘书长。为了使各地了解和研究中国妇女运动，筹委会编写了《妇运丛书》10 册，包括《马克思、恩格斯、列宁、斯大林论妇女解放》《中国解放区妇女运动文献》《中国解放区农村妇女翻身运动素描》《中国解放区农村妇女生产运动》《中国解放区妇女参战运动》《新社会的新女工》《中国解放区的儿童》《中国解放区的南丁格尔们》《国民党统治区民主妇女运动》《国际民主妇女运动文献》。

大会召开前夕，各解放区普遍举行了县、省级妇女代表大会或代表会议，各地的会议均根据 1948 年 12 月颁布的《中国共产党中央委员会关于目前解放区妇女工作的决定》的精神，着重研究总结了城市妇女工作，讨论了如何贯彻《决定》，并通过民主选举，选出了出席全国妇女代表大会的代表。与此同时，各地还成立了地方性的民主妇女联合会（或筹委会）。国统区妇女也在异常困难的条件下，通过各种方法，民主选举了出席全国妇女代表大会的代表，并绕道前来参加会议。

1949 年 3 月 24 日至 4 月 3 日，中国妇女第一次全国代表大会在北平中南海怀仁堂隆重召开。大会开幕时，到会正式代表 411 人，候补代表 21 人，列席旁听者 160 余人。代表包括东北、华北、西北、华东、中原 5 个解放区、国统区、边疆各省和海外的女工、农妇、女战士、女知识分子、职业妇女、各民主党派和各种不同宗教信仰的民主妇女及久经革命考验的专职妇女工作者等。毛泽东为大会题词："为增加生产，为争取民主权利而奋斗。"

大会通过了《中国妇女运动当前的方向与任务》的报告，肯定了中国妇女在抗日战争和解放战争中的伟大作用，总结了新民主主义革命时期妇女运动的经验，指出妇女运动的总任务是"把反对帝国主义、封建主义、官僚资本主义的斗争进行到底，建设统一的人民民主共和国"，"发动组织城乡妇女参加适合于经济建设的各种生产事业"。在妇

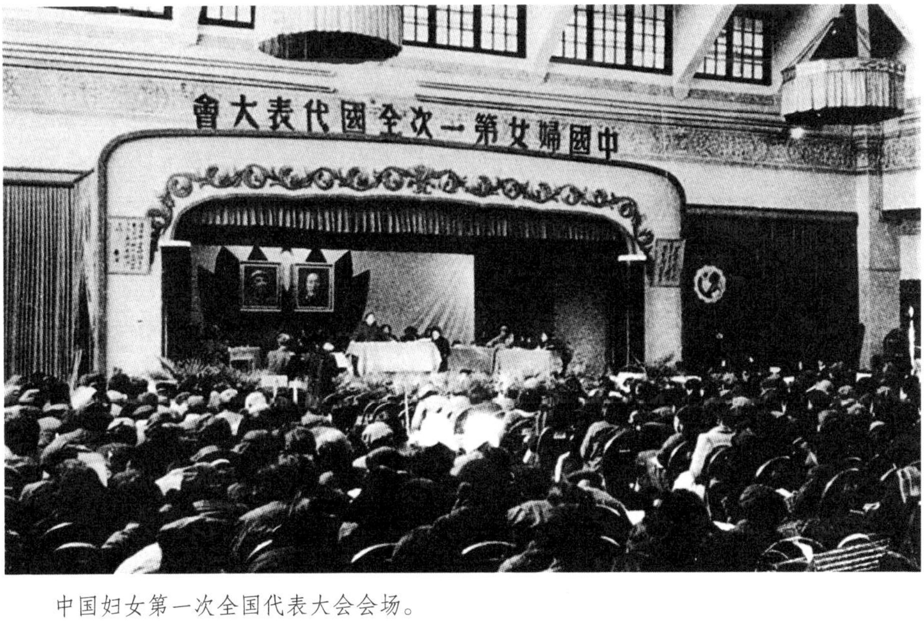

中国妇女第一次全国代表大会会场。

女工作具体任务方面，中国妇女一大指出，城市妇女工作的任务是发动和组织妇女参加适合于城市经济建设的各种生产事业，农村妇女工作要动员和组织妇女参加生产，同时注意保护妇女特殊利益。

在中国妇女第一次全国代表大会上，中华全国妇女联合会正式成立，标志着全国统一的妇女群众组织的建立。大会制定并通过了《中华全国民主妇女联合会章程》，规定民主妇联组织的宗旨为废除对妇女的一切封建传统习俗，保护妇女权益及儿童福利，积极组织妇女参加各种建设事业，实现男女平等和妇女解放。在组织形式上，《章程》规定全国妇女代表大会是全国民主妇联的最高权力机关，全国城乡的地方性妇女组织则以妇女代表会议为主要形式，是全国民主妇联的基层组织。《章程》规定各省（市）或地区的民主妇女联合会，或其他民主妇女团体经申请、批准后可成为团体会员，团体会员享有选举权和被选举权，并对妇联组织的政策、决议享有讨论、批评及建议的权利。

中国妇女第一次全国代表大会的召开和中华全国民主妇女联合会的成立，是中国妇女自五四运动以来参加反对帝国主义、封建主义和官僚资本主义斗争的胜利成果，标志着各族各界妇女在中国共产党的领导下实现了前所未有的大团结，使中国妇女运动在党的领导下建立在更加广泛的群众基础之上，朝着组织化、群众化方向发展，具有划时代的意义。由此，中国妇女运动在党的领导下开始进行中国特色社会主义妇女发展道路的探索。

（温晓丽）

革命伴侣的红色家书

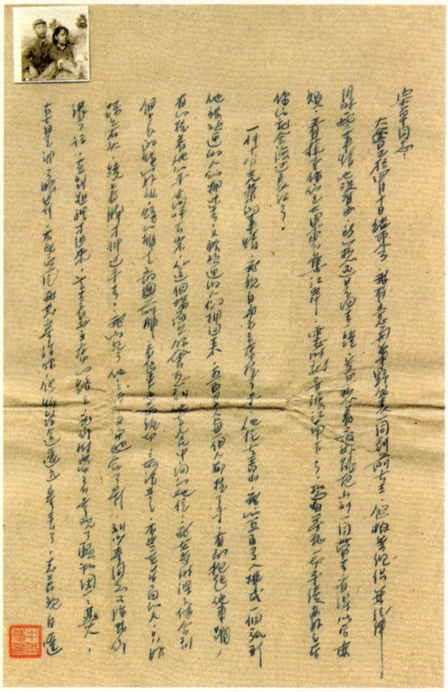

名称：1949 年 4 月 11 日牛玉华写给丈夫刘宗卓的信
年代：1949 年
质地：纸
尺寸：长 23.5 厘米　宽 16.2 厘米
来源：香山革命纪念馆馆藏

香山革命纪念馆珍藏了一封红色家书，它是 1949 年 4 月 11 日牛玉华写给正在长江北岸准备渡江的丈夫刘宗卓的信，信中记述了牛玉华在北京香山得到毛主席的亲切接见并与之握手的难忘时刻，反映了革命胜利前夕中国共产党领导中国人民解放全中国、筹建新中国的重要历史。2020 年 10 月，刘宗卓、牛玉华之子刘力群先生将这封书信捐赠给香山革命纪念馆。

牛玉华是山东安丘人，1936 年加入中华民族解放先锋队，1939 年加入中国共产党。战争年代先后在《沂蒙导报》《鲁中日报》等媒体任记者、编辑部主任等职。1949 年 3 月作为华东妇女代表团成员及随团记者参加第一届全国妇女代表大会。新中国成立后，任职于新华日报社、人民文学出版社、中宣部出版局等单位。

刘宗卓是湖南湘潭人，1938 年 10 月入延安抗大学习并参军，同年 11 月加入中国共产党，曾参加淮海战役、渡江战役等。新中国成立后，曾任红旗杂志社副总编辑、解放军报社社长。

牛玉华在这封信中写道：

宗卓同志：

大会已于四月十日结束了，我有意与华野代表一同到前方去，但怕无组织无纪律，同时一些事情也没有办，所以想还是回去一趟，并且想着最好能把小刘一同带去，省得以后麻烦。看样子你们已大军云集江岸，霎时就要渡江南下了，恐怕等我一切手续办好之后你们就会渡过长江了。

一件十分光荣的事情，我亲自与毛主席握了手。他住在香山，我们五百多人排成一个弧形，他被欢迎的人们拥过去，又被欢迎的人们拥回来。五百多人，每一个人都握了手，有的抱起他来跳，有的握住他的手高呼万岁，从这个场面上你会想到他在人民中间的地位，我在当时深深体会到个子长的矮的好处，矮的排在最前排，看起来也最亲切，最清楚，那些在后面的人，只好踩上石头，翘着脚才伸过手去。

我们见了他之后，又与他合了影，刘少奇同志又给我们讲了话，直到夜里才回来。在去看毛主席的路上，我们附带着参观了颐和园、燕大，真是开了眼界，有些照片我想寄给你，但怕路途遥远寄丢了，想着亲自送到你手里，请你安静的等着吧。

这次我们除了在思想上得到极大的收获之外，生活上也实在太享受了，但是毛主席告诉我们，这不是因为我们的功劳，也不是共产党的奢华，而是因为我们是群众的代表，是代表主人向勤务员指教的，因此，国家这样珍贵我们，我们到处被奉为上宾，大会又赠我们很多东西：本子、罐头、布匹、手巾、肥皂，无所不有，我想转赠给你一部分，作为纪念，也因为怕丢了不敢寄，想着亲自送到你的手里。

……

1949 年 4 月 11 日于天津

信中提到的这次大会，就是于 1949 年 3 月 24 日至 4 月 3 日在北平召开的中国妇女第一次全国代表大会。会上宣布全国妇女统一的群众性组织——中华全国民主妇女联合会正式成立。中国妇女第一次全国代表大会，是中国妇女有史以来第一次全国规模的盛大会议，到会代表 500 余人，她们来自解放区、国统区、边疆各省和海外各地，包括各民主党派和各种不同宗教信仰的民主妇女和少数民族妇女。当时，牛玉华作为华东妇女代表团成员参加了此次大会。会议结束后，1949 年 4 月 4 日，毛泽东在香山接见了大会代表，牛玉华受到了毛主席的亲切接见并与毛主席握手。此时，牛玉华内心十分激动，心潮澎湃，希望将这重要的历史时刻与在前线作战的丈夫刘宗卓一同分享。这封信是牛玉华在会议结束随代表团返程到达天津后给正在长江北岸集结的丈夫刘宗卓（时任第三野战军三十五军政治部宣传部副部长）写的一封信，记述了这一难忘的历史时刻。牛玉华在这封信中写道：“一件十分光荣的事情，我亲自与毛主席握了手”，“五百多人，每一个人都握了手，有的抱起他来跳，有的握住他的手高呼万岁，从这个场面上你会想到他在人民中间的地位”，信中体现了她当时的激动与喜悦之情，也反映了在中国革命即将取得全面胜利前夕，召开中国妇女第一次全国代表大会的重要史实。

此外，信中还写道:“看样子你们已大军云集江岸，霎时就要渡江南下了，恐怕等我一切手续办好之后你们就会渡过长江了。”反映了当时人民解放军正集结长江北岸，积极准备渡江战役，打过长江去，解放全中国。这体现了牛玉华对人民解放军取得渡江战役胜利充满了信心。

这是解放战争时期，一对革命伴侣间的普通书信，如今，通过这封家书，我们可以了解牛玉华、刘宗卓夫妇的革命事迹，可以重温中共中央在香山的光辉历史，更能感受革命先辈为解放全中国、建立新中国英勇奋斗的伟大精神。

（桂星星）

各界代表会议中彰显的优良党风

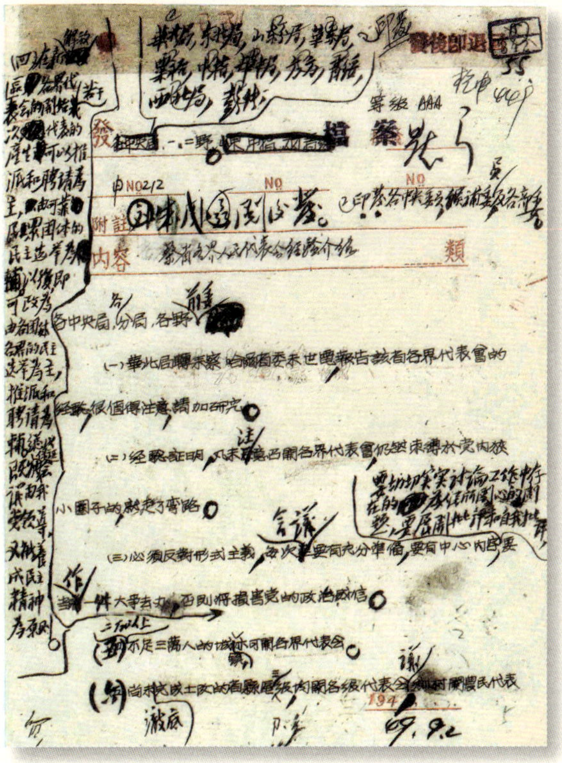

名称：中共中央关于转发察哈尔省各界代表会议的报告给各中央局，各分局，各野前委的指示（1949 年 9 月 4 日）
年代：1949 年
质地：纸
尺寸：长 27.5 厘米　宽 21.0 厘米
来源：中央档案馆提供

在香山期间，中国共产党心系人民，指示各地召开各界人民代表会议。各界人民代表会议是党和政权领导机关联系群众最好的组织形式，充满了人民民主的精神与作风，能够密切联系人民群众，聆听人民心声，全面而妥善地照顾各阶层人民的利益，忠实代表人民的意志。各界人民代表会议的广泛召开，使我们党的决议和主张获得了广大人民的拥护，为建立一个人民当家作主的新中国奠定了深厚的群众基础。在各地积极响应中共中央号召召开各界代表会议的过程中，一些地区出现形式主义等问题，中共中央高度重视并及时纠正，确保各界代表会议顺利召开，彰显了中国共产党优良的作风建设。

1949 年 9 月 2 日，华北局转来察哈尔省委 8 月 31 日关于各界代表会议的报告，这个报告中详细说明了察哈尔省各界代表会议的召开情况。察哈尔省各界代表会议顺利召开并且“每次开会，除报告和检讨工作外，均有不少议案，分别采纳和解释，多数代表称职”，同时提出了察哈尔省召开各界代表会议中存在的问题，“主要缺点是形式主义。由于认识不足，准备不足，每次开会，照例报告检讨，缺乏中心内容，民主讨论不够，也影响到决议的贯澈。”

9 月 4 日，根据察哈尔省的报告，中共中央给各中央局，各分局，各野前委的指示中要求:“必须反对形式主义，每次会议要有充分准备，要有中心内容，要切切实实讨论工作中存在的为人民所关心的问题，要展开批评和自我批评，要当作一件大事去办，否则将损害党的政治威信。”中共中央认为，召开各界代表会议，是要议大事、商大事的，不能为了开会而开会，必须带着问题意识，着眼解决问题，把会议开实，把会议用好，体现了中国共产党人优良的工作作风和党风。根据目前一些地区的各界代表会议已经比较成熟的现状，中共中央在电报中提出:“在新解放区各界代表会的开始若干次代表的产生可以推派和聘请为主，由可靠民众团体的民主选举为辅。以后，即可改为由各团体各界的民主选举为主，推派和聘请为辅。总以既能保证会议由我党领导，又能养成民主精神为原则。”这种精神与中国共产党和各民主党派、无党派民主人士和人民团体协商建国中体现出的民主精神一脉相承，展现了中国共产党优良的民主作风。

各界代表会议是人民民主统一战线的组织形式，“是整个社会大变革中富有象征性的一个缩影，它把民主从过去少数人的权利，变成多数人享受的权利”，从而实现了真正的民主。各界代表会议对实现中国的民主政治有重要意义，受到了党中央的高度重视。同时，党中央对各地代表会议中出现的问题及时纠正，体现了中国共产党人始终高度重视和加强党的领导和作风建设。在香山期间，中国共产党人不忘初心，牢记毛泽东同志“两个务必”和进京“赶考”告诫，通过正风肃纪、从严治党，扎实推进干部队伍建设，为赢得解放战争的胜利，为建立新中国奠定了重要的政治、思想和组织基础。

（石碧兰）

【电报原文】

各中央局，各分局，各野前委：

（一）华北局转来察哈尔省委未世电，报告该省各界代表会的经验，很值得注意，请加研究。

（二）经验证明，凡未注意召开各界代表会，仍然束缚于党内狭小圈子的，就走了弯路。

（三）必须反对形式主义，每次会议要有充分准备，要有中心内容，要切切实实讨论工作中存在的为人民所关心的问题，要展开批评和自我批评，要当作一件大事去办，否则将损害党的政治威信。

（四）在新解放区各界代表会的开始若干次代表的产生可以推派和聘请为主，由可靠民众团体的民主选举为辅。以后，即可改为由各团体各界的民主选举为主，推派和聘请为辅。总以既能保证会议由我党领导，又能养成民主精神为原则。

（五）二万以上不足三万人的城镇，亦可开各界代表会。

（六）尚未澈底完成土改的省、县、区三级，均开各级［界］代表会议，乡村开农民代表会议，而以县的各界代表会为中心。

（七）已完成土改的省、县、区、乡四级，均开人民代表大会，但在开始若干次，亦可开各界代表会议，以为过渡。

（八）无论是各界代表会议或人民代表大会，党员均不要太多，以能保证通过决议为原则。大体上，党员及可靠左翼分子，略为超过二分之一即够，以便吸收大批中间分子及少数不反动的右翼分子，争取他们向我们靠拢。

（九）会议之前由党委（市委、县委等）召集代表中的党员开会一次，决定方针。能开党的代表大会或代表会议则更好，但不要每次都如此。

（十）此电请转发各市，各县，各军师。

中央

九月四日

附：

华北局转来察哈尔省委八月三十一日关于各界代表会议的报告

（1949年9月2日）

（一）察省较大城市的人口张家口十七万，大同十二万，宣化五万四千，其他县城均不足三万。

（二）张家口，去年十二月解放初期，未注意开各界代表会，使工作走了弯路。四月，各界代表会成立，到八月为止，已开会四次。大同，五月初解放，即按中央指示和接受张市经验，六月开第一次会，至今已开三次。宣化未注意开代表会，仍用老方式，即用党内扩大的干部会议去传达和布置工作。

（三）这种各界代表会议，对于联系城市各界人民，宣传和贯澈党的政策，启发工人、职员及其他各界人民的积极性，共同建设城市，均起了相当作用。每次开会，除报告和检讨工作外，均有不少议案，分别采纳和解释，多数代表称职。

（四）主要缺点是形式主义。由于认识不足，准备不足，每次开会，照例报告检讨，缺乏中心内容，民主讨论不够，也影响到决议的贯澈。

（五）根据中央指示，决定如下：

1. 张家口、大同的代表会，在现有基础上，提高一步。例如各界代表，开始时期，多用推派聘请，改为以各团体各界的民主选举为主，聘请推派为辅。会议内容，作到更有中心和连续性，并注意更多的集思广益，发扬民主，提高大家积极性，切实组织决议的传达和贯澈，保证按月开会。

2. 宣化立即着手建立，并已布置于九月初开会。

3. 察省有若干工商业人口在二万左右的城镇，如浑源（近三万人），逐鹿、阳高、张北、多伦、柴沟堡等六处，亦拟建立此各界代表会议，以推动城镇建设工作。

4. 各县，即按不同的群众基础分别建立人民代表会（应为人民代表大会——华北局注），与各界代表会，并决定秋冬工作，经过它去传达和布置。区村两级，亦建立人民代表会，或农民代表会（未完成土改地区，村可暂设农民代表会，区应召开人民代表会——华北局注），去进行生产工作或土改工作。

华北局

申冬

出自中央档案馆编:《中共中央文件选集》(一九四九)，中共中央党校出版社 1992 年版，第 441 页。

“别了，司徒雷登”

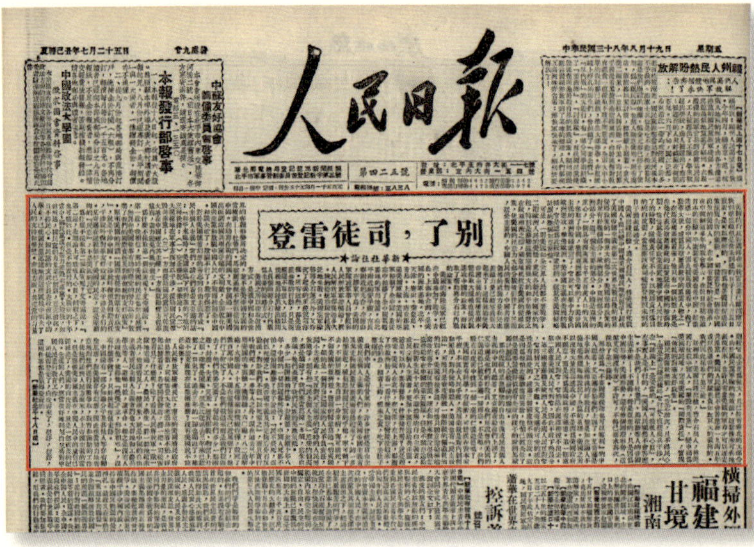
人民日報

本報發行部啓事

别了，司徒雷登

新華社社論

图片说明：1949 年 8 月 19 日，《人民日报》发表的新华社社论：《别了，司徒雷登》

1949 年 4 月 22 日，中国人民解放军胜利渡过长江，4 月 23 日南京解放。当时，一些国家的大使已经跟随国民党政府迁往广州，而美国驻华大使司徒雷登却坚持留在南京。司徒雷登 1876 年出生于杭州，父母均为美国在华传教士，他曾任燕京大学校长，1946 年 7 月出任美国驻华大使。司徒雷登是地道的“中国通”，在中美政界、文化界具有广泛的社会关系和影响力。司徒雷登之所以要留在南京，一个重要原因是他想试探同中共建立联系，乃至美国同即将成立的新中国建立外交关系的可能性。

5 月初，司徒雷登与他的私人顾问傅泾波曾多次同南京市军管会外事处处长黄华秘密接触，以试探了解即将建立的新中国的对美政策。黄华是燕京大学学生，与司徒雷登以师生名义进行交流。对于司徒雷登的这一动向，中共南京市委和华东局及时报告中共中央。5 月 10 日，毛泽东复电明确指出，“黄华可以与司徒雷登见面，以侦察美国政府之意向为目的”；“见面时多听司徒雷登讲话，少说自己意见”。关于是否同美国建立外交关系，毛泽东强调：“如果美国政府愿意考虑和我方建立外交关系的话，美国政府就应当停止一切援助国民党的行动并断绝和国民党反动残余力量的联系，而不是笼统地要求美国做更多有益于中国人民的事。”对于交往过程中应该注意的一些细节，毛泽东提醒说，“与司徒雷登谈话应申明是非正式的，因为双方尚未建立外交关系”“在谈话之前，市委应与黄华一起商量一次”；“谈话时如果司徒雷登态度是友善的，黄华亦应取适当的友善态度，但不要表示过分热情，应取庄重而和气的态度。”6 月 3 日，毛泽东就司徒雷登返美一事发电指出：“黄华与司徒会面时，可向司徒指出，我方久已宣告不承认国民党反动政府有代表中国人民的资格。”

根据中央要求，黄华同司徒雷登、傅泾波进行了初步接触。6 月 8 日，傅泾波向黄华提出要求说：“司徒雷登有意在返回美国前到北平见周恩来。”6 月 9 日，中共南京市委立即将此情况电告中共中央。6 月

14日，周恩来以中共中央名义电告南京市委说：“司徒雷登及傅泾波如再要求来北平，可同意其‘在返美前至燕京大学一行’”。至于是否与周恩来见面，“待其到北平后再定”。

6月30日，司徒雷登将去北平的计划致电报告美国国务卿艾奇逊，以征求意见。然而，美国政府却指示他“在任何情况下都不得访问北平”，要求他必须于7月25日之前返回华盛顿，中途不得停留。在这种情境之下，司徒雷登离开了中国。这意味着中美之间建立外交关系的可能已经不存在。

面对美、英等国家的封锁和敌视，在新中国成立前夕，毛泽东、周恩来等中共领导人在谈到外交政策时，反复强调要坚持独立自主，反对外国干涉。毛泽东说：“中国必须独立，中国必须解放，中国的事情必须由中国人民自己作主，自己来处理，不容许任何帝国主义国家再有一丝一毫的干涉。”只要英、美等国家能够与国民党政府断绝外交关系，不再帮助蒋介石国民党政府打内战，那么新中国中央政府是可以和他们建立外交关系的。1949年4月28日，毛泽东在致总前委，粟裕、张震等人的电报中指出：“我们认为如果美国（及英国）能断绝和国民党的关系，我们可以考虑和他们建立外交关系的问题。”但是，美、英并没打算同国民党政府断交，而且还在外交、军事、经济等方面积极支持国民党政府。在这种情况下，毛泽东逐渐提出“一边倒”外交方针。8月2日，鉴于拉拢新中国的企图成为泡影，司徒雷登不得不黯然离开中国。

（尤曼卿）

世界拥护和平大会上的中国声音

名称：中华人民共和国邮电部为纪念第一届世界保卫和平大会发行的《保卫世界和平》纪念邮票

年代：1950 年

质地：纸

尺寸：长 3.65 厘米　宽 2.6 厘米

来源：香山革命纪念馆馆藏

第二次世界大战后，全世界人民都更加珍视世界的和平稳定，但是以美国为首的帝国主义阵营推行杜鲁门主义及马歇尔计划，策动缔结《北大西洋公约》等军事联盟条约，严重威胁世界和平。对此，以苏联为首的社会主义阵营开展了声势浩大的保卫世界和平运动，对帝国主义阴谋破坏和平的行径进行了针锋相对的斗争。

为团结一切要求裁减军备、争取国际安全、民族独立、禁止原子武器以及缓和国际紧张局势人士共同保卫世界和平，1949 年 2 月世界文化工作者保卫和平大会国际联络委员会、国际民主妇女联合会及一些文化界、政治界的重要人士要求召开世界拥护和平大会（又称“世界保卫和平大会”），邀请世界各国的民主团体和爱好和平的人士参加。中国共产党获知这一消息后高度重视，随即组织民主人士和社会贤达推选代表，组成中国代表团参加会议。3 月 24 日，来自中华全国总工会、中华全国民主妇女联合会、中国学术工作者协会、中国科学工作者协会等单位的近 40 位代表组成了世界拥护和平大会中国代表团，郭沫若为团长，刘宁一、马寅初为副团长，钱俊瑞为秘书长。27 日，周恩来在北京饭店会见代表团全体成员时说：“此行参加的是一个反对战争、争取和平的大会。因此，在会议期间要以我们的斗争经验告诉各国人民，帝国主义制造的战争危险是可以克服的；在中国，只有推翻国民党的反动统治，根除它的战争政策，才能真正实现彻底和平。这样，将是中国人民对世界和平的一大贡献。”3 月 29 日，中国代表团乘坐专列从北平出发。4 月 11 日到莫斯科，17 日抵达布拉格。

1949 年 4 月 20 日至 25 日，第一届世界拥护和平大会在法国首都巴黎和捷克斯洛伐克首都布拉格同时举行，来自 72 个国家、10 个国际团体的 2000 余名代表参加了这次大会。中国代表团的参会壮大了保卫世界和平运动的声势，增强了和平阵营的力量。在大会上，中国代表团向全世界表达了中国人民反对侵略战争、争取民主和平的愿望，并表示中国人民愿意联合全世界一切民主和平力量，为反对战争、克服新的战争危险而斗争。

4月23日，南京解放的消息传到会场，中国代表团成员与各国代表握手、拥抱。画家徐悲鸿当时也在现场见证了这一场面，并创作了《在世界和平大会听到南京解放的消息》这一画作。

会后，中国代表团成员在布拉格参观访问数日，于5月初抵达莫斯科，10日从莫斯科乘坐火车回国。5月18日，毛泽东向归国的中国代表团复电："先生等致力国际和平民主事业载誉归来，极为欣慰。请在沈阳稍候，俟马寅老等到后同车返平，俾北平人民得作盛大欢迎，以壮世界和平阵容，并慰贤劳。"5月25日，欢迎世界拥护和平大会中国代表团归来大会在北平天安门广场隆重举行。

10月2日新中国成立的第二天，也是世界保卫和平大会确定的第一个"国际和平斗争日"，中国保卫世界和平大会在北京召开，来自全国的1000余名代表参加了会议。中央人民政府委员会副主席朱德指出："中国保卫世界和平大会的召集，表示中国人民决心组织起来，为保卫世界和平而奋斗。"

（尤曼卿）

诚邀群贤商国是

图片说明：1949 年 6 月 24 日，张澜、罗隆基等人从上海抵达北平。图为在上海虹桥疗养院期间的张澜、罗隆基

1948年，在解放战争取得节节胜利，中国革命进入新高潮的形势下，中共中央于4月30日发布纪念“五一”劳动节口号，郑重提出：“各民主党派、各人民团体、各社会贤达迅速召开政治协商会议，讨论并实现召集人民代表大会，成立民主联合政府。”这一号召迅速得到了各民主党派和民主人士的热烈响应。

1949年1月31日，北平和平解放，中共中央决定将新的政治协商会议召开地点改为北平，中共中央也筹划迁平。在北平即将成为全国政治中心的重要时刻，中国共产党诚邀各界人士齐聚北平，共同致力筹备新政协。当时，中国民主同盟主席张澜因年老体弱住在上海虹桥疗养院，接到邀请后本打算前往北平，但国民党军警包围了虹桥疗养院，将其和民盟副主席罗隆基一同软禁。后经周恩来亲自安排营救，张澜、罗隆基于5月26日脱离险境。

二人脱险后的次日，上海解放。张澜、罗隆基、史良发表联合声明：“中国共产党所领导而中国各民主党派所共同参加的人民革命，这是中国全体人民整个民族彻底翻身、彻底解放的革命。我们要切实遵行毛泽东先生所倡导的新民主主义。”

6月1日，毛泽东、朱德、周恩来、董必武复电张澜：“先生及罗先生准备来平，极表欢迎。”24日，张澜、罗隆基、史良抵达北平。

毛泽东得知张澜已到，马上安排次日去看望这位老朋友。这次拜访，毛泽东觉得应该穿件像样的衣服以示尊重。他吩咐卫士长李银桥说：“张澜先生为中国人民的解放事业做了不少贡献，在民主人士当中享有很高的威望，我们要尊重老先生，你帮我找件好些的衣服换换。”

李银桥在毛泽东所有的衣服中翻了又翻，选了又选，竟挑不出一件不破或者没有补丁的衣服。李银桥只好向毛泽东报告：“主席，咱们真是穷秀才进京赶考了，一件好衣服都没有。现做衣服也来不及了，要不去借一件？”

“不要借了，补丁不要紧，整齐干净就行。张老先生是贤达之士，不会怪我们的。”就这样，毛泽东穿着补丁衣服来到北京饭店看望张澜。老朋友相见，格外亲切。张澜感慨地说：“共产党真有本领，取得了如此伟大的胜利。”毛泽东笑着说：“我们共产党人，其实也无过人的本领，我们只不过做到了谦虚、谨慎、勤劳、节俭，全心全意为人民服务，全国人民拥护我们，这才办成了一些事情。”

张澜深有感触地说：“主席讲的前八个字，是中国人的传统美德，少数人能够做到，但要做到这后一句话就很难啦！恐怕这也是历来为政者的病根之所在吧？”毛泽东表示认同。他又详细地询问了张澜的生活起居等，并就召开政治协商会议的事情征询了他的意见。

此外，毛泽东还致电邀请宋庆龄、阿合买提江·哈斯木、程潜、陈明仁等人士到北平参加新政协，共商国是，共同见证新中国的诞生。

香山议国计，政协商国是。回望 70 多年前的历史，我们依然能感受到协商的力量；观照当下，我们亦能体会到多党合作的优良传统、风雨同舟的精神力量的延续，这为新时代中国特色社会主义提供了磅礴的奋斗伟力。

（杜意娜）

正式揭开筹建新中国的大幕

人民日報

準備召開新政協會議成立民主聯合政府

新政協籌備會在平成立

首屆全會通過籌備會組織條例和參加新政協各單位及其代表名額，並選出籌備會常委會。

全會充分顯示和諧團結氣氛實事求是精神

毛主席等七人在新的政治協商會議籌備會上的講詞

(一)毛主席講詞：

(二)朱總司令講詞：

(三)李濟深先生講詞：

(六)沈鈞儒先生講詞：

常委會首次會

常務委員及其正副主任正副秘書長名單

通過兩項臨時動議

人民銀行上海分行決定通匯地區

名称：1949 年 6 月 20 日《人民日报》
年代：1949 年
质地：纸
尺寸：长 54 厘米　宽 40 厘米
来源：香山革命纪念馆馆藏

1949年6月15日至19日，新政协筹备会第一次全体会议召开，揭开了协商筹建新中国的大幕，新中国的建立程序正式启动。

新政协筹备会开幕会由中共中央政治局委员、中央书记处书记、中央军委副主席周恩来担任临时主席。周恩来庄严宣布："新的政治协商会议筹备会开幕！"翻开中国历史上崭新一页的大会正式开幕。

中共中央主席毛泽东首先代表中国共产党发表讲话。他指出：筹备会的任务是"完成各项必要的准备工作，迅速召开新的政治协商会议，成立民主联合政府"，并且豪情万丈地说："中国人民将会看见，中国的命运一经操在人民自己的手里，中国就将如太阳升起在东方那样，以自己的辉煌的光焰普照大地，迅速地涤荡反动政府留下来的污泥浊水，治好战争的创伤，建立起一个崭新的强盛的名副其实的人民共和国。"

在开幕会上，中国人民解放军总司令朱德、民革中央主席李济深、民盟中央常委沈钧儒、无党派人士代表郭沫若等也先后发表讲话，响应毛泽东的号召，表明建立新政权的决心，并对完成筹备工作任务提出建议。各代表在开幕会上的发言表明：在中国共产党的领导下，各民主党派、各界人士众志成城，勠力同心，一定能够不辱使命，完成筹备会各项任务，为正式会议及新中国的建立奠定制度基础。

在第一次筹备会上，会议讨论并通过了《新政协筹备会组织条例》，通过了新政协筹备会常务委员的名单。为了迅速完成召开新政协及建立民主联合政府的各项必要准备，筹备会决定在常委会领导下设立6个小组，分别拟定参加新政治协商会议之单位及其代表人数、起草《中国人民政治协商会议组织法（草案）》、起草《中国人民政治协商会议共同纲领（草案）》、起草《中华人民共和国中央人民政府组织法（草案）》、起草《中国人民政治协商会议第一届全体会议宣言》、拟订国旗国徽国歌方案。筹备会成立大会闭幕后，一切筹备工作继续由常委会和上述小组分别承担。筹备工作的重心放在三个方面：拟定各种文件；推动并促成全国社会科学、自然科学、教育、新闻等人民团体的筹建，协助全国文学艺术工作者联合会成立；根据筹备会首次全体会议所通过的《关于参加新政治协商会议的单位及其代表名额的规定》，协商各单位的代表名单。

新政协筹备会的召开，在新中国创建史上留下了浓重一笔，这表明新中国的创建正式开始，真正民主团结的人民革命统一战线发展壮大，中国革命最后的胜利必将属于人民。

（石碧兰）

两封无比挚诚的邀请信

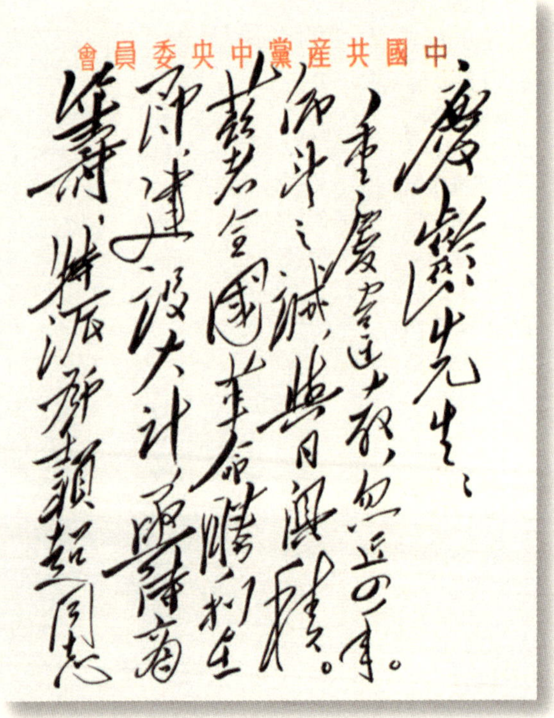
中國共產黨中央委員會

庆龄先生：

重庆违教，忽近四年。仰望之诚，与日俱积。兹者全国革命胜利在即，建设大计，亟待商筹，特派邓颖超同志

名称：毛泽东邀请宋庆龄北上的亲笔信件（1949年6月19日）

年代：1949年

质地：纸

尺寸：长32.5厘米　宽23厘米

来源：中央档案馆提供

1949 年 6 月 19 日，毛泽东亲笔给宋庆龄写了一封信。这封信篇幅不长，原文这样写道：

庆龄先生：重庆违教，忽近四年。仰望之诚，与日俱积。兹者全国革命胜利在即，建设大计，亟待商筹，特派邓颖超同志趋前致候，专诚欢迎先生北上。敬希命驾莅平，以便就近请教，至祈勿却为盼！专此，敬颂，大安！毛泽东，一九四九年六月十九日。

在毛泽东看来，协商建国有一个人是必不可少的，这个人就是宋庆龄，所以就在第一次新政协筹备会闭幕的当天，毛泽东提笔写了这封信，邀请宋庆龄前来北平，共同商筹建国大计。

早在 1949 年 1 月，毛泽东和周恩来在西柏坡就密电邀请宋庆龄北上，参与新中国的筹建工作。收到电报后，宋庆龄回信表示感谢，并希望解放上海以后，在沪相见。此时上海已经解放，新政协筹备工作也已经着手开展，邀请宋庆龄北上的时机确已成熟。

中共中央派出邓颖超作为代表，专程赴上海迎接宋庆龄。在出发前，周恩来也写给了宋庆龄一封亲笔信，原文如下：

庆龄先生：沪滨告别，瞬近三年。每当蒋贼肆虐之际，辄以先生安全为念。今幸解放迅速，先生从此永脱险境，诚人民之大喜，私心

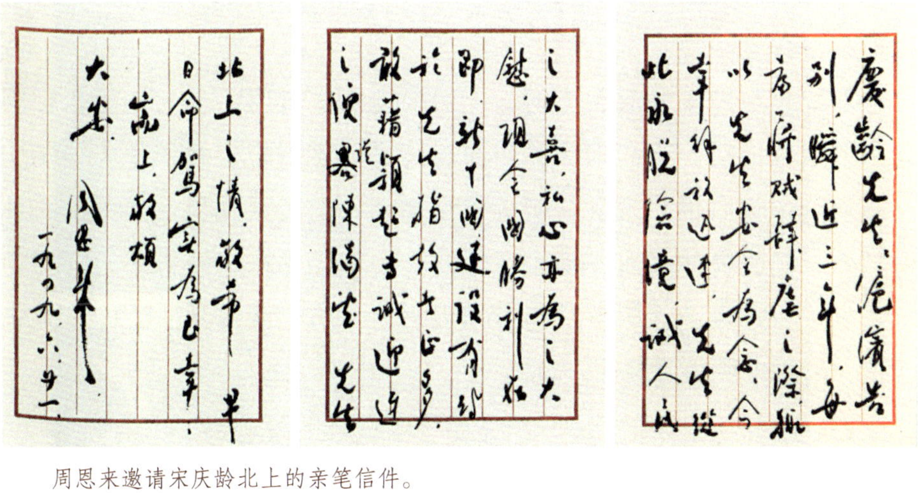

周恩来邀请宋庆龄北上的亲笔信件。

亦为之大慰。现全国胜利在即，新中国建设有待于先生指教者正多，敢藉颖超专诚迎迓之便，谨（略）陈渴望先生北上之情。敬希早日命驾，实为至幸。专上。敬颂，大安。周恩来，一九四九.六.二十一。

仔细研究这两封书信，都有发人深思的特殊之处。毛泽东的书法自成一体，大气磅礴。平日工作中，他写的文字材料通常会反复推敲，字里行间不时有勾勾画画之处。而这封写给宋庆龄的信，连一个错字、一个墨点都没有，显然是经过了认真的誊抄，可谓行草的上乘之作，就算作为书法欣赏也是极具观感。而周恩来做事历来以严谨著称，对身边的每一个人都格外尊重，注意细节。他手书的信件大多整齐干净，力求规矩。而在给宋庆龄的这封信里，却改了一个字。信中“略陈渴望先生北上之情”的“略”字被改成了“谨”字。一字之差，意味深长。更为特别的是，修改后的信件没有重抄，字体与其他也有很大差异，仔细观之才知是毛泽东的修改。可以想见，当时周恩来写完这封信后，是送交给毛泽东审阅过的。毛泽东看后，认为“略陈”不够恭敬，便动笔将其改成了“谨陈”。

这两封不同寻常的信，体现了共产党人对宋庆龄先生的极大尊重和亟盼其北上的心情，这种情感在“字斟句酌”中自然流露出来。这些细节反映了毛泽东、周恩来等共产党人对宋庆龄先生北上的渴望之情。

邓颖超与廖梦醒赶赴上海，一起前往宋宅拜望，呈上毛泽东和周恩来的亲笔信后，又向宋庆龄当面表达了同志们盼望她亲赴北平参加新政协的迫切心情。宋庆龄听罢很是高兴，但又很犹豫，毕竟她的身份特殊，同时身体又有不适。在中共中央和毛泽东、周恩来的密切关注指导下，邓颖超、廖梦醒经过积极努力，历时两个月的陪伴与诚挚邀请，最终宋庆龄同意北上。

在赶赴北平的火车上，宋庆龄留下了这样的笔迹：

当田野在火车的窗外飞掠而过，当沿途的城市和乡村飞驰过去，当我看到在每一个表示进步的例子中，我看到中国迅速复兴建设的另一个希望。

1949 年 8 月 28 日下午 4 时，当宋庆龄乘坐的专列在邓颖超和廖梦醒的陪同下到达北平前门火车站时，毛泽东、朱德、周恩来、林伯渠、董必武、何香凝等 50 余人，已经站在月台上迎候了，充分体现出党和国家领导人对宋庆龄的尊重和关注。

1949 年 9 月 21 日，在中南海怀仁堂中国人民政治协商会议第一届全体会议隆重开幕，出席开幕式的各党派团体代表共 662 人，都在签名簿上签了名。宋庆龄是特邀人士的首席代表，据工作人员回忆，按规定代表签名一律用毛笔，但是为了尊重宋庆龄的习惯，他们特意准备了一只钢笔。宋庆龄在开幕式上发表了热情洋溢的讲话，充分肯定了中国共产党的伟大历史功绩，她说："我们达到今天的历史地位，是由于中国共产党的领导。"在会议上，宋庆龄当选为中华人民共和国中央人民政府副主席。

1949 年 8 月 28 日，宋庆龄由上海抵达北平。

1949年10月1日，中华人民共和国开国大典在北京天安门隆重举行，宋庆龄与毛泽东、朱德、刘少奇、周恩来等党和国家领导人来到天安门城楼上，一起迎来了新中国诞生的伟大时刻，当时的她禁不住激动得泪眼朦胧。在她的回忆录中，她这样写道："这是一个多么动人的景象，一片跳跃欢呼的红色的海洋，这是万音合唱，使人永远不能遗忘，我们具有历史性的政府诞生了。孙中山要是活着一定也是个社会主义者。"

新中国成立后，宋庆龄始终和人民群众联系在一起。她不辞辛苦去全国各地视察，深入工厂、农村、部队和少数民族地区，关心人民群众的生活，和人民心连心，将自己的后半生全部投入了为新中国奋斗的事业之中。

（陈宇蛟）

《论人民民主专政》诞生记

名称：1949 年毛泽东著《论人民民主专政》（多种版本）

年代：1949 年

质地：纸

尺寸：长 19 厘米　宽 13 厘米

来源：香山革命纪念馆馆藏

总结我们的经验，集中到一点，就是工人阶级（经过共产党）领导的以工农联盟为基础的人民民主专政。这个专政必须和国际革命力量团结一致。这就是我们的公式，这就是我们的主要经验，这就是我们的主要纲领。

——毛泽东《论人民民主专政》（1949 年 6 月 30 日）

中共中央驻香山时期，是中国革命从胜利走向胜利的时期，是毛泽东一生中工作繁忙、思想活跃、意气风发的时期之一。这一时期，毛泽东作为理论家、思想家、战略家的全面才能，淋漓尽致地展现在世人面前。

1949 年 4 月下旬南京解放后，全国革命形势的发展迅猛推进。军事斗争取得基本胜利，政治上人心所归，全国各族人民衷心拥护中国共产党的领导，经济上“四面八方”政策已经明晰，外交上向苏联和人民民主国家“一边倒”政策逐渐形成。6 月中旬，新政治协商会议筹备会结束后，毛泽东加紧筹建新中国的步伐。半个月后，历经沧桑的中国共产党将迎来 28 岁生日。与此同时，在组织、筹备新政治协商会议，成立中央人民政府过程中，党内外还有不少人对即将成立的新中国的国家性质、各个阶级在国家中的地位、作用，国家的政治制度和经济、外交政策以及发展前途等一些重大问题，是不清楚或不完全清楚的。需要在理论上作出回答，以便解决党内外一些人的思想问题。这样重要的时刻，毛泽东开始酝酿撰写一篇纪念文章，总结党成立以来的历史经验，从理论上阐明新国家的构想，系统宣传党和国家的内外政策。

6 月 24 日，毛泽东写信给他的秘书、新任新华社社长胡乔木，部署撰写纪念“七一”论文，纪念中国共产党成立 28 周年。胡乔木把这项工作交给时任新华社国内新闻编辑部副主任廖盖隆，廖盖隆很快写了一篇纪念中国共产党诞辰 28 周年的文章，胡乔木看后送交毛泽东审阅。因作者当时不了解筹备政协过程中的一些全局情况，特别是不了解当时有必要集中阐述人民民主专政问题，写不出这方面的内容。在这种情况下，毛泽东亲自动手，写出一篇 8000 字的文章，题为《论人民民主专政——纪念中国共产党二十八年》的文章，亲笔署名“毛泽东”，于 1949 年 6 月 30 日由新华社发表。7 月 1 日，《人民日报》《光明日报》头版全文转载。

《论人民民主专政》是 1949 年毛泽东发表的唯一一篇署名文章。文章以人类进步的远景和共产党人的价值追求开篇，总结了中国共产党成立以来领导民主革命的基本经验，回答了全国人民普遍关心的一系列问题，阐述了人民民主专政的基本思想，论证了中国革命胜利以后建立的新国家，是以工人阶级为领导、以工农联盟为基础的人民民主专政的共和国，而不是资产阶级专政的共和国。文章深刻指出:“对人民内部的民主方面和对反动派的专政方面，互相结合起来，就是人民民主专政”，“人民民主专政的基础是工人阶级、农民阶级和城市小资产阶级的联盟，而主要是工人和农民的联盟”，“工人阶级（经过共产党）领导的、以工农联盟为基础的人民民主专政——这就是我们的公式，这就是我们的主要经验，这就是我们的主要纲领。”关于外交方针，毛泽东强调要向以苏联为首的社会主义国家“一边倒”，联合社会主义国家及国际革命力量，反对帝国主义，在平等、互利和互相尊重领土主权的基础上与一切国家建立外交关系。关于中国革命前进的方向，毛泽东指出，使中国稳步地由农业国过渡到工业国，由新民主主义社会过渡到社会主义社会和共产主义社会，消灭阶级和实现大同。文章关于人民民主专政的系统思想，创造性发展了马克思列宁主义国家学说，《论人民民主专政》与《在中国共产党第七届中央委员会第二次全体会议上的报告》，共同构成建立新中国的两块基石，成为中国人民政治协商会议第一届全体会议通过的《共同纲领》的理论和政策基础。

当天 20 点 45 分起，北平新华广播电台播送了毛泽东《论人民民主专政》一文。中央人民广播电台英播部的工作人员连夜译成英文，经周恩来签批，于7月2日通过外宣渠道向全世界播发。这篇文章传到世界各地，被译成多国语言，在各国共产党人中也广为传颂，对世界无产阶级革命运动及国际共产主义阵营产生了持久、深远的影响。

（桂星星）

文化艺术界的胜利大会师

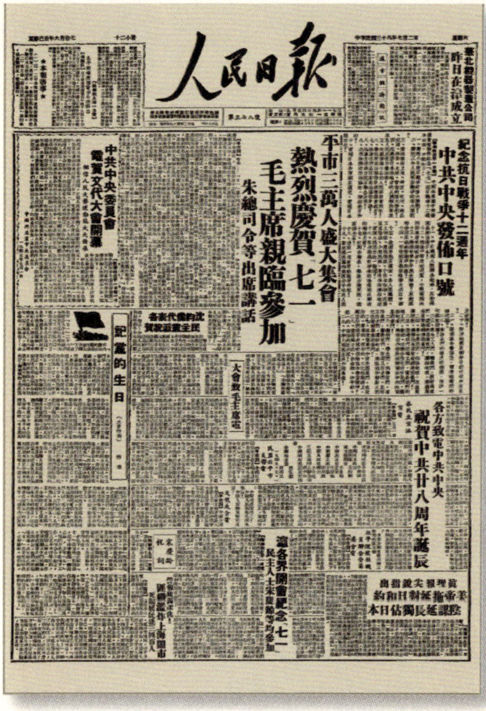
人民日報

東北郵電器材製造公司昨日在瀋成立

紀念抗日戰爭十二週年 中共中央發佈口號

平市三萬人盛大集會 熱烈慶賀「七一」 毛主席親臨參加 朱總司令等出席講話

中共中央委員會電賀文代大會開幕

沈鈞儒代表各民主黨派致賀

記黨的生日

大會致毛主席電

各方致電中共中央 祝賀中共廿八周年誕辰

滬各界開會紀念「七一」 民主人士宋慶齡等均參加

名称：1949 年 7 月 2 日《人民日报》
年代：1949 年
质地：纸
尺寸：长 26.3 厘米　宽 19.7 厘米
来源：香山革命纪念馆馆藏

毛泽东曾经说过:“新的政治力量，新的经济力量，新的文化力量，都是中国的革命力量，它们是反对旧政治旧经济旧文化的。”中国共产党始终重视文艺在中国革命中起到的宣传革命思想、鼓舞革命士气的作用，将文艺作为整个革命机器的组成部分，作为团结人民、教育人民、打击敌人、消灭敌人的有力武器。早在大革命失败后，中国共产党就积极组织文化界统一战线，在文艺界掀起左翼文化运动，密切文艺与革命的关系，推动文学艺术朝着与大众结合的方向发展。解放战争即将全面胜利之时，文艺界人士作为中国共产党邀请协商建国的重要政治力量，受到中共中央的重视。1949 年 7 月 1 日，在中华全国文学艺术工作者代表大会即将召开之时，中共中央祝贺大会召开的电报具有重要意义。

1949 年 2 月 15 日，中共中央就发出《关于召开文协筹备会的通知》,《通知》指出:“由华北解放区文协和全国文协联名发起，并大致拟定参加此项会议的人数（不要多）及主要的人选，望各解放区文协准备届时派代表到北平参加会议，在尚未成立文协的解放区届时可采取某种会议的形式，产生代表。”全国文协是抗日战争时期中国共产党领导的文艺界统一战线组织，分会遍布全国各地，会员大多数为国统区的革命文艺工作者和进步文艺人士，如郭沫若、茅盾、叶圣陶、田汉、洪深、胡风等人。该《通知》还提到了“各解放区文协”和“新的全国文协”,“各解放区文协”是指华北、东北、西北、华东、华中 5 大解放区已经成立或尚在成立中的文艺界协会。其中，华北文协聚集了大批从解放区和国统区汇聚而来的文艺界人士。由此可见，中共中央诚邀一切可以团结的文艺界人士参加第一次全国文艺工作者代表大会的筹备，有利于扩大文艺界统一战线。

3 月 5 日，华北局宣传部部长周扬致电中共中央及中共中央宣传部部长陆定一，提出由华北文协及原全国文协在北平的理事举行联席会议，产生筹备委员会，并拟出了筹备委员会名单，茅盾为主任，周扬、沙可夫为副主任。3 月 9 日，中共中央复电周扬，要其“与党外人士从长计议，再行商定，务使各方均感满意，以利团结”。同日，周扬再次致电中共中央，表示上次电报发出后又与郭沫若、茅盾、田汉、洪深等人进行了磋商，他根据商议情况重拟了一份由19人组成的筹委会名单，并提出了召开第一次全国文学艺术工作者代表大会的初步方案。3月16日，中共中央再次复电周扬，提出筹备委员会正副主任人选“以郭、茅、周扬三人担任为宜”。郭沫若来自香港，茅盾来自国统区，周扬来自解放区，这样的安排使文代会更有代表性。中共中央多次致电周扬安排文代会事宜，努力促成文艺界统一战线的形成。

5月13日，周恩来约请周扬、茅盾、萨空了等文代会党组成员和文艺界、新闻界知名人士座谈。在谈到举办第一次文代会的方针和主旨时，周恩来指出：“这次文代会是会师大会、团结大会，团结的面要宽，越宽越好。不只解放区和大后方的进步文艺工作者要团结，对过去不问政治的文艺工作者要团结，甚至对反对过我们的文艺工作者，只要现在不反共，也要团结。总方针是：凡是愿意留下来的、爱国的、愿意为新中国工作的文艺工作者，我们都要团结、争取。这只是一个‘闻道有先后’的问题。”当时周恩来忙于筹备新政协，但是百忙之中还在时刻关注着文代会的进展情况，对文艺工作非常重视。

6月30日，中国共产党召开了文代会党员代表会议，周扬在会上作报告，他向参会的全体党员代表提出两个要求：一是在团结问题上要求党员继续做工作；二是要坚持毛泽东文艺方向的宣传教育。文代会党员代表会明确规定了党员代表必须遵守的政治纪律，加强党对文代会的领导。

7月1日，中共中央委员会向即将召开的文代会发去贺电，贺电中表示，“人民革命的胜利和人民政权的建立，给人民的文化教育和人民的文学艺术开辟了发展的道路”，并且对文艺工作者提出要求，“我们相信，经过你们这次大会，全中国一切爱国的文艺工作者，必能进一步团结起来，进一步联系人民群众，广泛地发展为人民服务的文艺工作，使人民的文艺运动大大发展起来，藉以配合人民的其他文化工作和人民的教育工作，藉以配合人民的经济建设工作”。在文代会即将召开之际，中共中央的贺电具有重要意义，明确提出了新中国文艺工作为人民服务的宗旨，为即将召开的大会指明了方向。

7月2日至19日，中华全国文学艺术工作者代表大会在经过精心的筹备之后召开。朱德代表中共中央和人民解放军总部向大会表示祝贺。7月6日，毛泽东、周恩来到会。毛泽东在会上说：“你们开的这样的大会是很好的大会，是革命需要的大会，是全国人民所希望的大会。因为你们都是人民所需要的人，你们是人民的文学家、人民的艺术家或者是人民的文学艺术工作的组织者。你们对于革命有好处，对于人民有好处。因为人民需要你们，我们就有理由欢迎你们，再讲一声，我们欢迎你们。”周恩来作政治报告指出：这次文艺界代表大会的团聚，“是在新民主主义旗帜下，在毛泽东同志新文艺方向之下的胜利的大团结、大会师”。同时强调文艺工作者“首先去熟悉工农兵，因为工农兵是人民的主体，而工农兵又是今天在场的绝大多数所不熟悉的或不完全熟悉的”。他还指出：“文艺工作者是精神劳动者，广义地说来也是工人阶级的一员。”以毛泽东为代表的中共中央领导人在文代会上的讲话，与中共中央预祝文代会召开的电报保持一致，再次明确了新中国文学艺术为工农大众服务的要求。

大会宣告中华全国文学艺术界联合会成立，通过中华全国文学艺术界联合会章程，选举郭沫若、丁玲、茅盾、周扬等87人组成文联全国委员会。委员会推选郭沫若任文联主席，茅盾、周扬任副主席。这次大会标志着长期被国民党政府隔绝的解放区和国民党统治区文学艺术界人士实现胜利会师，是中国共产党在协商建国过程中对文艺界的团结和组织。

（石碧兰）

见证中共代表团访苏的一件牛皮箱

名称：刘少奇赴苏联时使用的牛皮箱
年代：20 世纪 40 至 50 年代
质地：皮革
尺寸：长 65 厘米　宽 39 厘米　高 26 厘米
来源：香山革命纪念馆馆藏

1949年3月13日，毛泽东在中共七届二中全会上的总结就提出："没有国际援助，任何国家的革命都不可能取得胜利……中国革命也是一样……没有各国无产阶级，首先是苏联的援助，巩固是不可能的……中苏关系是密切的兄弟关系，我们和苏联应该站在一条战线上，是盟友。"5月3日，毛泽东致电斯大林："现在我们有两大任务：军事任务与经济任务。解决军事任务，即最后消灭敌人，我们能够完成，因为我们有经验和有必需的力量。但解决第二个任务——并不比第一个任务次要，为前途着眼比第一个任务更重要——很需要你们的帮助。不解决这一经济建设的任务，我们便不能巩固革命的果实，便不能完成革命。因此，请您满足我们的请求派遣苏联专家给我们。"

6月21日，为了建立中苏两党方面的直接联系，通报中国革命发展的新形势，争取苏联对我国革命与建设的支持与帮助，刘少奇率中共代表团从北平出发，秘密访问苏联。代表团成员有王稼祥等人，随行人员有邓力群、师哲、戈宝权等。6月26日，中共代表团抵达莫斯科。为使中苏两党会谈有目的、有计划地进行，也为了使苏共对中国的情况有全面、系统、正确的了解，代表团向斯大林提交了一份会谈的书面报告，主要内容包括中国目前的形势、新的政治协商会议与中央政府、外交问题及中苏关系等问题。

在中共代表团访苏期间，与苏联方面达成了诸多共识。6月30日，毛泽东发表《论人民民主专政》一文，宣布新中国将向社会主义"一边倒"，文中说："我们在国际上是属于以苏联为首的反帝国主义战线一方面的，真正的友谊的援助只能向这一方面去找，而不能向帝国主义战线一方面去找。"

7月2日，中共代表团在给朱德、周恩来等的电报中说："斯大林要柯瓦廖夫（又译柯瓦略夫、柯瓦洛夫。当时是来华帮助工作的苏联专家组负责人）告诉我们，苏联方面不久会提出中国向苏联借款条约的具体条文，所借款项均须折成机器物品，并希望我们提出货单。我们回答：因为我们经济机关不健全，缺乏专家，故无法提出全部货单，某些急需的机器是可以提出的；借款是用在恢复钢铁、煤炭、电力、铁路、机器制造及购买扫雷艇、飞机等，用在恢复东北重工业，及河北、山西、山东工业。因此，请中央即示下列各项：借款在地域上的使用大概比例，借款用在恢复哪几项工业及大概比例，急需的机器物品名称及数量。”电报中还提到，斯大林表示，“由苏中两方组织共同委员会，来把借款及定货等问题具体化。我们表示同意。”

7月4日，中共中央关于同意苏中两方组织共同委员会致电刘少奇等人：“我们完全同意苏中两方组织共同委员会来把借款及定货等问题具体化”，并提出希望“将共同委员会设在中国”和“如AC同意先派人来华组织共同委员会，请柯兄最好先带铁路、电力、钢铁煤矿、煤油矿、军事等专家同来”等事项。

刘少奇和代表团在莫斯科与苏共会谈期间，还参观了一些工厂，如轴承厂、精密仪器厂、刃具量具厂、汽车制造厂等。他们了解了苏联工厂的设备、生产和工人的工作、生活及培训等情况，还与企业领导座谈党、政与工会3方面的职权职责、工作范围及如何相互协调整合、保证企业生产任务完成等问题。此外，刘少奇还访问了全苏计划委员会、国家财经委员会、国家银行、财政部、对外贸易部、化工部等单位，了解他们的工作情况与管理经验。

7月25日，毛泽东去电表示：同意在莫斯科建立一所中国大学，苏联方面考虑到在首都设立一所中国人的大学过于招摇，苏方提出把学校设在哈萨克斯坦的阿尔马达（即阿拉木图市）。8月7日，刘少奇和王稼祥建议把这所大学改设在北平，请苏联派教授来中国讲课，毛泽东复电同意这个建议。由苏联派出专家协助中方建立的这所学校就是后来以华北大学为基础创办的中国人民大学。1950年10月3日，中华人民共和国第一所新型正规大学——中国人民大学隆重举行了开学典礼。

1949 年 8 月 14 日，刘少奇从莫斯科乘火车回国。回国后，他立即向毛泽东和中央政治局详细汇报了苏联之行的情况。

刘少奇率领的中共代表团赴苏联，成功地完成了党中央交付的重大使命，为中华人民共和国的成立和新中国成立初期经济建设的顺利发展，作出了贡献。

（尤曼卿）

人民当家作主的北平各界代表会议

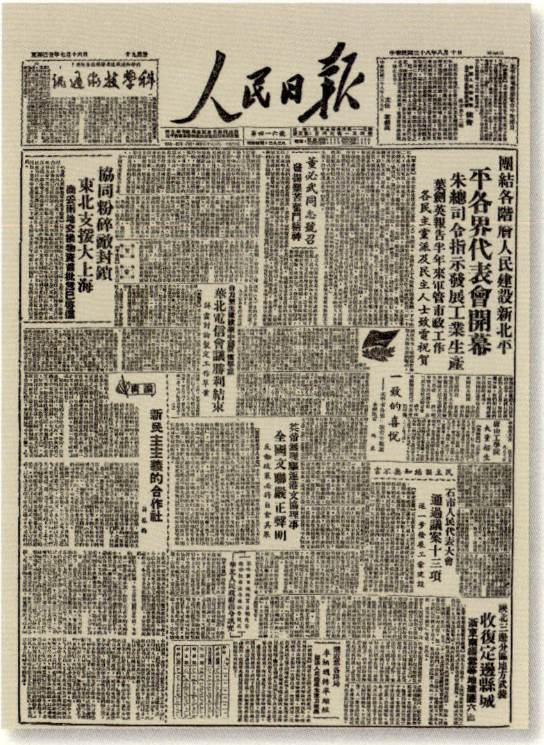

人民日報

團結各階層人民建設新北平

平各界代表會開幕

朱總司令指示發展工業生產

葉劍英報告半年來軍管市政工作

各民主黨派及民主人士致電祝賀

協同粉碎敵封鎖

東北支援大上海

董必武同志號召

華北電信會議勝利結束

一致的喜悅

新民主主義的合作社

全國文聯嚴正聲明

石市人民代表大會

通過議案十三項

收復定邊縣城

名称：1949 年 8 月 10 日《人民日报》
年代：1949 年
质地：纸
尺寸：长 26.3 厘米　宽 19.7 厘米
来源：香山革命纪念馆馆藏

1949年8月9日至14日，北平市第一届各界代表会议在中山公园中山堂举行，著名社会学家费孝通参加了这次会议。他曾这样说过："这6天课里学到的抵过了过去6年，甚至30多年。30多年来我所追求的梦想的，在这6天里得到了。这是什么呢？是民主。"

实际上，寻找这种新的民主形式经历了一番艰难的探索。中共中央和毛泽东通过总结城市工作的经验教训，认为在中国新生的政权组织既不能照搬苏联的苏维埃政权形式，也不能照搬西方国家的议会制形式，而是通过普选实行人民代表大会制，并通过代表大会选出政府领导人，制定各项施政条例。但在刚刚接管的新解放城市，因群众尚未充分发动起来，工作尚无基础，不能召开名副其实的人民代表会议或人民代表大会，只能召开协商性质的、主要对群众起联系作用的各界代表会议，然后待时机成熟再实行普选，实行人民代表大会制。

1948年11月30日，中共中央发布《关于新解放城市中组织各界代表会的指示》，对各界代表会议的基本职责、会议制度、机构设置以及各界代表会议代表的产生办法等问题作了详细说明，明确指出各界代表会议是党和政权的领导机关联系群众的最好组织形式，是军管会及临时市政府传达政策、联系群众的协议机关，是向人民代表大会过渡的半政权性组织形式。一般一至两个月召开一次会议，集中解决重大问题。代表们由各工厂、学校、机关、部队和革命团体推选，经军管会和人民政府审查后加以聘请。

北平市第一届各界代表会议就是在这种背景下召开的。会议召开前，北平市委专门向中央和华北局作了关于召开市各界代表会议和党的代表会议的报告，对会议的会期、拟讨论的几个问题及代表产生办法等进行了汇报。毛泽东认为北平的做法值得推广，将其批转各地予以参考。同时，中共中央极力敦促各地召开各界代表会，要求在新解放的城市迅速召开各界代表会，特别是要求3万人口以上的城市，在解放两个月至迟三个月后，即应召开各界代表会议。

毛泽东对北平市召开第一届各界人民代表会议高度重视，8月13日，他出席会议并讲话："一俟条件成熟，现在方式的各界人民代表会议即可执行人民代表大会的职权，成为全市的最高权力机关，选举市政府。"

北平市第一届各界代表会议解决了新中国成立前夕北平应采取什么样的组织形式保证人民当家作主的问题。正如《北平市各界代表会议宣言》所说："这次会议是成功的。它充满了新的人民民主的精神与作风，这和资本主义国家陈旧的虚伪的民主迥然不同。我们深刻体验到中国共产党对人民事业的无限忠诚和在人民内部，即在工人阶级、农民阶级、小资产阶级和民族资产阶级这四个阶级朋友间的团结精神，知无不言，言无不尽，像一家人一样。"

（杜意娜）

“骏骨未凋”故友情

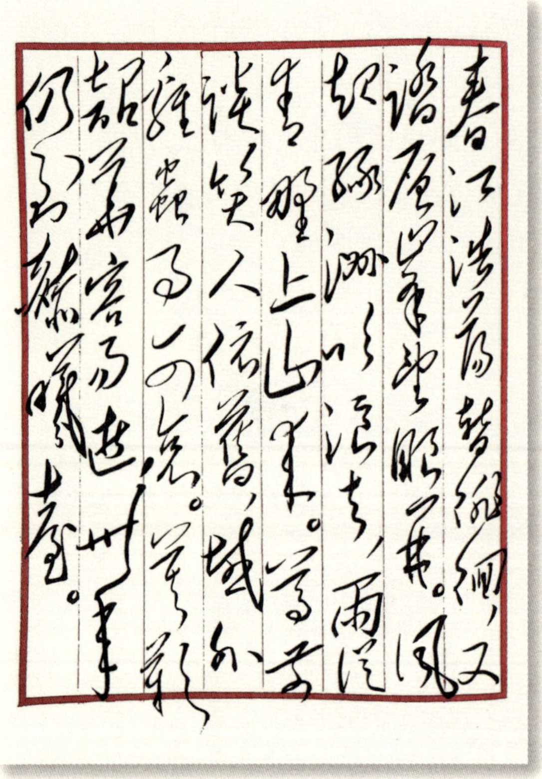

春江浩荡暂徘徊，又踏层峰望眼开。风起绿洲吹浪去，雨从青野上山来。尊前谈笑人依旧，域外鸡虫事可哀。莫叹韶华容易逝，卅年仍到赫曦台。

图片说明：1955 年 10 月，毛泽东给周世钊的回信《七律 · 和周世钊先生》

长沙和平解放后，在北平香山的毛泽东收到老友周世钊从湖南发来的电报。周世钊率湖南省立第一师范学校全校员工和校友会向毛泽东致敬，报告学校接管情况。1949 年 8 月 11 日，毛泽东回复两个电报。一个发给校友会，希望校友会“努力进修，为人民的文教工作服务”。另一个专程回复周世钊：“虞电诵悉，极感盛意。目前革命尚未成功，前途困难尚多，希望先生团结全校师生加紧学习，参加人民革命事业，是所切盼。”电文内容言简意赅，表达了毛泽东对周世钊这位老友的深深情谊。

周世钊与毛泽东同窗五载，是毛泽东交往最多、无话不谈的老同学，也是毛泽东诗词唱和时间最长的一位诗友。1913 年，周世钊考入湖南省立第四师范（1914 年并入湖南省立第一师范），与毛泽东成为同班同学，直至 1918 年毕业。在校期间，他们还同时担任学生会干部，毛泽东为学生会总务（主席）兼教育研究部部长，周世钊为文学部部长。1918 年夏，毛泽东发起新民学会，周世钊积极加入、支持协助毛泽东从事革命活动。毕业后，周世钊到长沙修业小学担任国文教员。1919 年毛泽东应周世钊之邀，任修业小学高小部历史教员，与周世钊住房只隔一层木墙。严冬季节，毛泽东感到寒冷难受时，就卷着被子到周世钊床上共睡。在修业小学期间，毛泽东创办了《湘江评论》，领导了长沙的五四运动，周世钊作为助手参加了这些活动。他们做着完全相同的梦，要改造中国与世界，打倒列强、打倒军阀。后来，两人走上不同的人生道路。毛泽东领导中国人民进行革命解放事业。周世钊一直留在湖南，致力于人才培养和国民教育事业。虽然不再并肩战斗，但心意是相通的。周世钊无时不关心着毛泽东的安危。1945 年 8 月，周世钊得知毛泽东为争取和平建国奔赴重庆时，立即写信慰问，可惜这封信毛泽东未能收到。

1949 年 9 月 28 日，毛泽东又收到周世钊的来信。信中周世钊坦诚自己担任一师校长的担忧，“虽很想奋发精神，为文教事业尽一点力，但终恐事与愿违，不易收到很好的结果”。10 月 15 日，毛泽东回信周世钊，内容丰富生动又深深怀旧：“迭接电示，又得九月二十八日长书，勤勤恳恳，如见故人。延安曾接大示，寄重庆的信则未收到。”怀旧之余，更有殷殷期望和鼓励，“兄过去虽未参加革命斗争，教书就是有益于人民的。城南学社诸友来电亦已收到，请兄转告他们，感谢他们的好意。兄为一师校长，深庆得人，可见骏骨未凋，尚有生气。”同时，毛泽东又提出了诗词方面的要求，“倘有可能，尊著旧诗尚祈抄寄若干，多多益善。”对毛泽东称赞他“骏骨未凋”，周世钊深受鼓舞，总是乐呵呵地对人说：“毛润芝称我‘骏骨未凋，尚有生气’。”两人由此开始了新中国成立后的频繁交往与诗词唱和。

1950 年毛泽东邀周世钊赴京参加国庆观礼。10 月 5 日，两人相聚中南海。自 1927 年长沙一别，20 余载再相逢，人依旧，情愈浓。他们分属两地，但往来交流很多。毛泽东到湖南考察调研，都会约见周世钊；周世钊来北京开会或学习，毛泽东也总会抽出时间与老友见面。在交往过程中，毛泽东非常喜欢周世钊为人襟怀坦荡、正直无私，敢于讲真话。周世钊积极参加新中国建设，在湖南教书育人，后来担任湖南省教育厅副厅长、湖南省副省长。他们的友谊跨越了整整 63 个春秋。

（尤曼卿）

第一面五星红旗的由来

名称：曾联松设计的中华人民共和国国旗图案
年代：1949 年
质地：纸
尺寸：长 45 厘米　宽 29.8 厘米
来源：香山革命纪念馆馆藏

在香山革命纪念馆基本陈列里展示着一件特殊的藏品，它是曾联松设计的中华人民共和国国旗图案稿件，纸质图稿有部分红漆已脱落，纸张已磨损并有些许折裂痕，斑驳的藏品将我们带回五星红旗诞生的峥嵘历史。

1949 年 6 月 15 日，新政协筹备会第一次全体会议召开。会后，根据工作安排，筹备会下设 6 个小组，其中第六小组负责拟定国旗、国歌、国徽方案，由马叙伦任组长。之后第六小组起草拟定《征求国旗国徽图案及国歌词谱启事》，提出国旗设计应当以红色为主、体现国家的政权特征。征稿启事经毛泽东、周恩来修改审定后，于 7 月 13 日至 26 日期间在《人民日报》等各大报纸连续刊载。其中 7 月 13 日《人民日报》的征稿启事提出了国旗设计须注意的地方："国旗，应注意：(甲）中国特征（如地理、民族、历史、文化等)；(乙）政权特征（工人阶级领导的以工农联盟为基础的人民民主专政)；(丙）形式为长方形，长阔三与二之比，以庄严简洁为主；(丁）色彩以红色为主，可用其他配色。"征稿启事发布后在全国人民和海外华侨中产生了热烈反响。

海内外中华儿女抱着对新中国的热切期盼，踊跃投稿，精心绘制出一幅又一幅各具特色的国旗图案。设计者们来自各行各业，有高级干部、将军、著名艺术家、知名学者，有普通军人、工人、农民、学生，甚至连朱德总司令也在日理万机之中送来自己设计的作品。

当时在上海工作的曾联松，看到新政协筹备会在报上刊登的征求国旗方案的启事后，欣喜不已，内心无比激动，决心用实际行动为即将诞生的新中国作出自己的一份贡献。曾联松，1917 年 12 月 17 日出生于浙江瑞安一个普通知识分子家庭，童年时代在瑞安县小学读书。少年时代酷爱书画，写得一手好字。1936 年考入中央大学（今南京大学）经济系，1938 年 5 月加入中国共产党。1947 年，曾联松来到上海，在由地下党组织领导的"现代经济通讯社"任秘书工作。新中国成立后，任上海市合作总社调研科科长，是一名长期从事计划、财务工作的普通经济工作者。

之后的时间里，曾联松每天都在画图案、拼画面，构思国旗图案内容，经过反复构思与精心制作，终于设计出五星红旗的方案。他在设计中，以大五角星象征伟大的中国共产党，以四颗小星的角尖对准大星的中心点，以表示围绕中心而团结。并在稿件中表达了他的构思设想："原设计中五颗星的关系是这样的：大星位于左边（正立），四颗小星位于右边环绕大星，每颗小星均有一个角尖正对大星的中心，以表达广大人民心向党之意，似众星之拱北辰，犹鱼水之相融洽。"

在短短的两个月里，全国应征的国旗方案多达3000余幅。第六小组的组员和专家们经过反复审阅，多次认真讨论，一致认同这一类国旗图案，即红旗上排列五角星，或红旗中加五角星和一两条代表黄河、长江的黄杠的相关稿件。周恩来指示，把选出的几十幅图案按类型编成一册，将每幅图案编号但不写作者姓名分别送给各位代表审阅、研讨。于是，第六小组精心挑选出38幅国旗图案，赶印成册，发到每一位代表手上。

曾联松设计的五星红旗方案在审查组评选时对其作了部分修改，抽掉了大五角星中的镰刀斧头，从而使图案显得更加美丽简洁，编号为"复"字第32号，这件稿件也备受大家的关注和欣赏。大家认为这个构思极为巧妙，动静结合，寓意丰富，且旗面庄严漂亮，制作简便，有新中国政权的重要特征，象征中国共产党领导下的四大阶级（即：工人阶级、农民阶级、小资产阶级、民族资产阶级）的大联合与大团结。

9月23日，全体代表分成11组讨论国旗、国徽、国歌等方案，但意见很不一致。代表们开始比较倾向复字第32号，但觉得四个阶级的提法不妥；同时又对左上方一颗大五角星、中间加一黄杠的一类国旗图案认为不太合适，其中有的人说，国旗上画横杠，象征南北分家，不能体现祖国的统一。

当晚，周恩来询问第六小组秘书彭光涵：“你接触了那么多国旗图案，到底哪个图案代表意见比较一致？”彭光涵想了想，回答说，“一颗大五角星加一条黄杠的图案赞成意见较多，但反对的意见也不少，而且态度十分坚决，即使勉强通过了，以后意见依然会很大。目前大家比较欣赏复字第32号这个五星红旗图案，但是有人不赞成用四个五角星代表四个阶级。总的来看，五星红旗的图案比较好，容易通过。”在认真听取各方面的意见后，周恩来指示把五星红旗的图案制作成一面旗子，并向毛主席汇报。

9月25日晚，毛泽东在中南海丰泽园召开国旗国徽国歌纪年国都协商座谈会。毛泽东先就画有黄杠的国旗图案谈了自己的看法，说道：“过去我们脑子里老想在国旗上画上中国特点，因此画上一条，以代表黄河。其实许多国家国旗也不一定有什么该国家特点。苏联之斧头镰刀也不一定代表苏联的特征，别国同样有斧头镰刀。英美德之国旗也没有什么该国特点。”在听取和归纳了各方面意见后，他指着五星旗问大家：“这个怎么样？”大家都说好。但也有人提出异议：“四颗星代表四个阶级，假如将来进入社会主义，没有后面两个阶级了，国旗不是又要改吗？”毛主席很敏捷地回答说，“把说明改一改好不好？不提四颗小五角星代表四个阶级，只提五颗星的相互关系。”他又说：“我们这个图案表现我们革命人民的大团结。现在要大团结，将来也要大团结。因此现在也好，将来也好，又是团结又是革命。”毛主席讲完后大家鼓掌表示完全赞同。其中，在座的陈嘉庚说道：“我从东北回来就很关心国旗问题。我完全赞同毛主席所讲的第32号图案。”梁思成说：“我觉得第32号图案很好，而且与军旗也不相差很大。多星代表人民大团结，红代表革命，表示革命人民大团结。”其他人一致发言赞同第32号图为国旗图样，并一致鼓掌通过。

9月27日晚上9时许，政协第一届全体会议以大多数赞成表决通过了关于国旗的决议案:“通过中华人民共和国的国旗为五星红旗，象征中国革命人民大团结。”决议案由大会执行主席周恩来宣布后，全场响起热烈的掌声，庄严美丽的中华人民共和国国旗从此诞生!

（桂星星）

协商建国的伟大见证

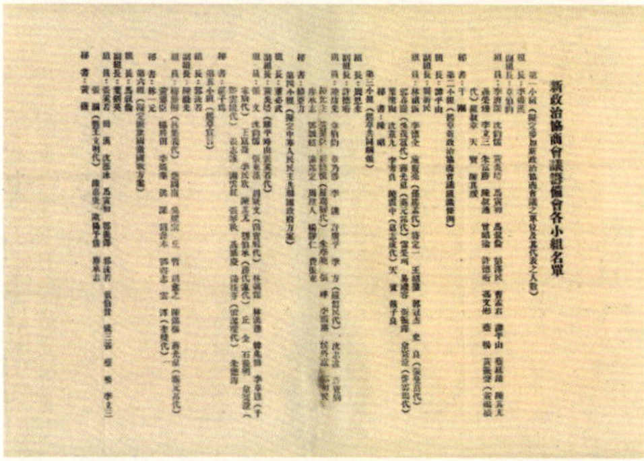
新政治協商會議籌備會各小組名單

名称：陈铭枢保存的新政协筹备会等系列珍贵档案
年代：1949 年
质地：纸
尺寸：长 37.5 厘米　宽 26 厘米
来源：香山革命纪念馆馆藏

在香山革命纪念馆基本陈列里，展示了爱国名将、民革创始人之一陈铭枢保存的有关新政协筹备会等系列珍贵档案。其中，这份泛黄的《1949 年 6 月新政治协商会议筹备会各小组名单》直观记录了在新政协筹备会期间各小组的具体职责与组成人员，是我国协商民主、共筹建国不朽的历史见证。

陈铭枢（1889—1965），字真如，广东合浦曲樟（今属广西）客家人，民主革命家、北伐将领，曾任民国政府军事委员、广东省政府主席、代理行政院院长等，是中国近现代史上著名的爱国将领和民主人士。1948 年 1 月，陈铭枢在香港与李济深等建立中国国民党革命委员会，团结各派民主人士，反对蒋介石独裁、内战政策，以宁沪为中心对国民党军政人员实施策反工作，配合中国共产党领导的人民解放战争。1949 年 5 月 27 日，上海解放，在上海从事秘密策反工作的陈铭枢终于从反对国民党反动统治的地下斗争中走向新的政治生活。他由衷地拥护中国共产党，满怀期望地准备参加新中国的建设。

1949 年 6 月 18 日，陈铭枢响应中共号召，作为三民主义同志联合会代表赴北平参加了新政治协商会议筹备会第一次全体会议。会上，周恩来作了《新政协筹备组织条例（草案）》的报告。会议一致通过《新政协筹备会组织条例》，选出筹备会常务委员 21 人，常委会又推选毛泽东为主任，周恩来、李济深、沈钧儒、郭沫若、陈叔通为副主任。在常务委员会下设 6 个小组，分头开展工作。其中，第一小组的任务是拟定参加新政治协商会议（后定名为中国人民政治协商会议）的单位及各单位的代表名额；第二小组的任务是起草新政治协商会议组织条例（后定名为《中国人民政治协商会议组织法》）；第三小组的任务是起草新政治协商会议共同纲领（后定名为《中国人民政治协商会议共同纲领》）；第四小组的任务是草拟中华人民民主共和国政府方案（后定名为《中华人民共和国中央人民政府组织法》）；第五小组的任务是起草新政治协商会议的大会宣言（后定名为《中国人民政治协商会议第一届全体会议宣言》)；第六小组的任务是拟定国旗、国徽和国歌方案。新政协筹备会的组织及筹备工作，充分体现出中国共产党同各民主党派、人民团体在筹备建国这项伟大事业中的亲密合作，是一次广泛而深刻的协商民主的伟大实践。

1949 年 9 月，中国人民政治协商会议第一届全体会议开幕，陈铭枢出席会议并发言。他表示：“愿意承继孙中山先生的革命传统，与各民主党派在中国共产党和毛主席的领导之下，从事新中国的建设工作。”新中国成立后，陈铭枢历任中央人民政府委员、中南行政委员会副主席、全国人民代表大会常务委员会委员、中国人民政治协商会议全国委员会常务委员、国民党革命委员会中央常务委员等职。他积极参加国家政治生活和爱国统一战线活动，参与国家大政方针的协商和讨论，以极大热情投入到国家建设事业当中，为新中国成立和社会主义建设作出了重要贡献，被誉为“中国共产党的诤友”。

陈铭枢怀着对新中国无限的热爱和期待，将记录了新政治协商会议筹备会、中国人民政治协商会议第一届全体会议以及开国大典等历史细节的档案都珍重地保存了起来。这批档案被编为两册，共计 97 件(套)。其中还包括：1949 年 9 月 20 日《中国人民政治协商会议共同纲领（草案)》及 1949 年 9 月 29 日《中国人民政治协商会议共同纲领(草案)》等反映政协第一次会议的系列档案；1949 年 9 月中国人民政治协商会议筹备会编印《国旗图案参考资料》等反映制定国旗、国徽、国歌的系列档案；1949 年 10 月 1 日庆祝中华人民共和国中央人民政府成立典礼程序等反映开国大典的系列珍贵档案。这一系列珍贵档案作为中华人民共和国成立的历史见证，其数量之多，保存之完整，实属罕见。不仅是极其珍贵的文物，也是极具研究价值的宝贵史料。

2019 年，在香山革命纪念馆筹备建馆时，陈铭枢之女陈佛新女士代表全家将这批珍贵档案无偿捐赠给香山革命纪念馆。

（徐畅）

一部“包罗万象的天书”

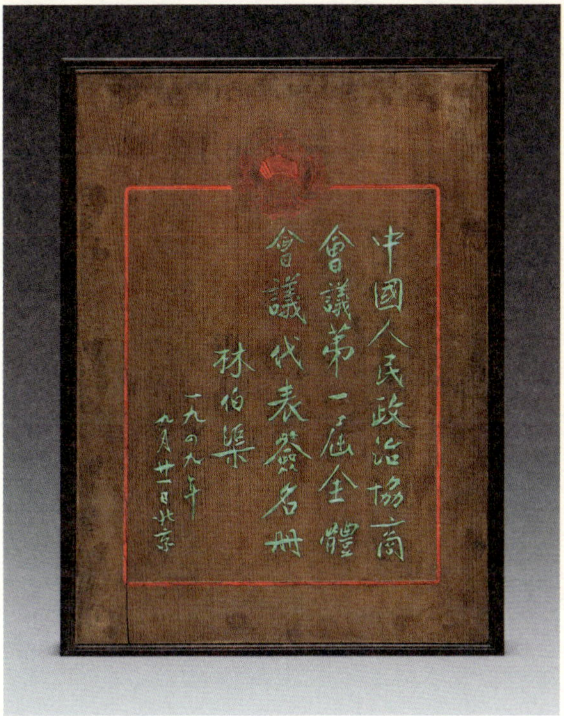

名称：《政协第一届全体会议代表签名册》
年代：1949 年
质地：木、纸
尺寸：长 43 厘米　宽 32.5 厘米　高 3.5 厘米
来源：中国国家博物馆提供

这本木板封面签名册长 43 厘米、宽 32.5 厘米、高 3.5 厘米，上方镌刻政协会徽，下方竖行书写“中国人民政治协商会议第一届全体会议代表签名册”，“林伯渠”“一九四九年九月廿一日北京”字样，该签名册由中国国家博物馆复制而来。签名册是中国人民政治协商会议第一届全体会议期间，参会代表的出席记录，内含 82 页，附 644 位代表的珍贵签名，记载了政协第一届全体会议代表参会的盛况，再现了全国人民的大团结。

1949 年 9 月 21 日，中国人民政治协商会议第一届全体会议在北平隆重开幕，毛泽东在会上致开幕词并指出:“现在的中国人民政治协商会议是在全新的基础上召开的，它具有代表全国人民的性质，它获得了全国人民的信任和拥护。”这次会议意在建立起中国共产党领导的人民民主统一战线，建立起有助于最终形成适合新中国国体和政体的一种全新的民主制度，相较于 1946 年 1 月在国共重庆谈判基础上召开的政治协商会议，这次会议的参加者几乎包括了所有民主党派民主人士代表，包含了工人阶级、农民阶级、城市小资产阶级、民族资产阶级和一切爱国民主人士，因此它更具广泛性、民主性和代表性。

“五一”口号发布后，中共中央随即邀请并号召民主党派、无党派民主人士提早进入解放区，筹备新政协事宜。在中共中央和周恩来的指挥下，包括沈钧儒、谭平山、蔡廷锴、章伯钧、郭沫若、马叙伦、李济深、茅盾、马寅初在内的各民主党派领导人、工商业家、文艺界知名人士以及起义的国民党军政要员陆续从国统区、香港和海外进入华北、东北解放区，后转到哈尔滨。平津战役结束后，他们陆续到达北平，在中国共产党的领导下，筹备召开新政治协商会议。

1949 年 6 月 15 日至 19 日，新政治协商会议筹备会第一次全体会议在北平召开，成立了以毛泽东为主任的新政治协商会议筹备会常务委员会。随即开始了庞大的会议筹备工作，除拟定筹建新中国的基本议案外，筹备会还要确定一份翔实而周全的参会代表名单。

早在 1948 年 11 月，共产党人就开始酝酿参与新政协的代表人数和范围了，当时原计划在哈尔滨举行一个规模较小的政治协商会议，由于时机不成熟，这一计划暂且搁置了。时隔半年之久，人民革命战争取得巨大胜利，国内许多中心城市获得解放，全国性人民团体相继建立，当初拟定的人数和单位已不适应形势发展的变化。在新政协召开之际，制定一份周全的参会代表名单，显得愈发重要。

筹备会常务委员会决定由李维汉担任组长，带领第一小组，拟定参加新政协的各界代表单位和名单。商议该名单，颇费周折。根据新政协筹备会第一次全体会议通过的《关于参加新政治协商会议的单位及其代表名额的规定》，第一小组成员基本确定了一份由各民主党派、各人民团体、人民解放军、少数民族、海外华侨和宗教界等各界代表组成的参会名单。历时 3 个月之久，新政治协商会议筹备会先后召开了 8 次会议，经与毛泽东、周恩来等领导人反复讨论、深刻研究，才最终确定了一份由中国共产党、各人民团体、人民解放军、各地区、各少数民族、海外华侨、宗教界人士等 45 个单位及特邀人士，共 662 名代表组成的参会名单，其中正式代表 510 人，候补代表 77 人，特邀请代表 75 人。这一宏大的阵容，具有相当广泛的代表性，可谓一部“包罗万象的天书”，这也更好地印证了毛泽东在新政协筹备会中强调的“开国之事，要更好的团结人”的思想。

会议开幕前夕，中南海勤政殿、怀仁堂一派喜气洋洋，欢声笑语，殿内的长桌上摆放着印有政协会徽的签名纸。1949 年 9 月 15 日上午 9 时至下午 4 时，各单位代表陆续来此报到，他们纷纷在签名册上签字，参加中国人民政治协商会议第一届全体会议。签到时间一直持续至大会的最后一日，而后形成了这本多达 82 页的珍贵签名簿。

签名纸为竖版，上附政协会徽，按会议规定，代表签名需用毛笔，首席代表需在首行书写单位名称，并在第二行签名。报到当天，陈云是第一个报到的，他在第一页第三行签名，随之而来的林伯渠、李维汉、邓稼祥等人也在这一页上签了名。9月17日下午，首席代表毛泽东在勤政殿报到，当时为了记者拍摄时好看，议事科副科长迟先达命分管中国共产党代表报到工作的孙小礼特地为其准备了一张未用过的签到纸。毛泽东沿着签到纸第三行的竖道把纸折叠起来，盖上已经签满的第三行。当时代表们签名一律用毛笔书写，特邀人士宋庆龄是在怀仁堂报到的，为了尊重她的习惯，特地准备了一支钢笔，从签名册中可以看出，当时只有她一人用的钢笔，也没有在第一行写单位名称。中国人民救国会首席代表李章达，因病未能参会，签名册的第二行特地为他空了一个签名的位置。中国国民党革命委员会代表杨杰将军在北上参会途中，不幸在香港遇害，也未能在此签名。签名册中仅有两位用少数民族文字签名的代表，他们是特邀代表维吾尔族赛福鼎·艾则孜和乌兹别克族阿里木江·哈肯巴也夫（均属新疆），他们写的是维吾尔文；中国人民解放军总部的张学思（张学良之弟），在东北解放区单位也签了名。许德珩为潘菽（当时尚在国外未列为代表的九三学社发起人之一）代签了名，这是代表之中唯一一例为非代表签名的情况。有些代表当天有事或尚未及时到达北平，是在会议召开期间补签的。历时8天，大会最终形成了一份644位代表组成的珍贵签名记录，签名总额与初定名单相差18人，其中15人因故缺席，3人缺额。为纪念此次会议开幕盛况，特地按单位顺序装裱成册。

正如毛泽东所言，这是一次大团结的会议。《政协第一届全体会议代表签名册》作为中国人民政治协商会议第一届全体会议胜利召开的重要见证，详尽地记录了全体代表出席政协会议的盛况，承载了中国共产党与各界爱国人士“协商国是”的光辉历程。

（王梦妮）

爱国统一战线的见证“图”

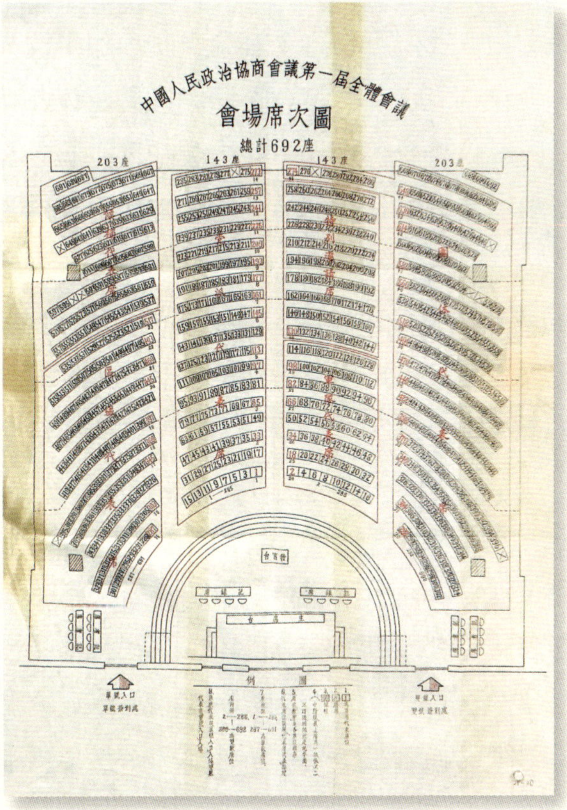

名称：中国人民政治协商会议第一届全体会议秘书处制《中国人民政治协商会议第一届全体会议会场席次图》

年代：1949 年

质地：纸

尺寸：长 54 厘米　宽 37 厘米

来源：香山革命纪念馆馆藏

香山革命纪念馆珍藏着一件《中国人民政治协商会议第一届全体会议会场席次图》，席次图的纸张已磨损泛黄，并有穿孔和折痕；席次图下方是发言台，席次图从右往左，第一列是团体代表席、第二列是特别邀请席和军队代表席、第三列是党派代表席、第四列是区域代表席和候补代表席，毛泽东当时就坐在党派代表席面朝发言台的第1号位置。通过这件珍贵的文物，我们可以直观看到当时参加中国人民政治协商会议第一届全体会议的党派、区域、军队、人民团体、特别邀请等代表的分布席次，同时也将我们带入中共中央在香山同各民主党派、民主人士共同筹备中国人民政治协商会议、筹建新中国的光辉历史。

1949年6月15日，新政协筹备会第一次全体会议在北平召开。根据筹备会分组安排，拟定参加新政治协商会议的单位及各单位的代表名额的工作由第一小组负责，组长为李维汉，副组长是章伯钧。6月17日，新政协筹备会第一小组召开成立会，并根据中共与各民主党派和各民主人士的协商情况，初步拟定参加新政协的单位及代表名额，提请新政协筹备会全体会议通过。6月18日，新政协筹备会常务委员会召开第二次会议，通过第一小组提出的参加单位及代表名额。6月19日，新政协筹备会第一次全体会议继续举行，到会126人，周恩来任执行主席。会议听取了李维汉代表第一小组所作《关于参加新政治协商会议的单位及其代表名额的规定（草案）》的说明，全体一致通过。根据规定，参加新政协的单位及代表名额为:（甲）党派代表14个单位，142人：中共16人，民革16人，民盟16人，民建12人，民进8人，农工党10人，救国会10人，民联10人，民促8人，致公党6人，九三学社5人，台盟5人，无党派民主人士10人，新民主主义青年团10人;（乙）区域代表9个单位，102人：西北、华北、华东、东北、华中解放区各15人，华南解放区8人，内蒙古自治区、北平天津两直属市各6人，待解放区民主人士7人;（丙）军队代表6个单位，

60 人：人民解放军总部（包含直属兵团及海空军）12 人，人民解放军第一、第二、第三、第四野战军各 10 人，华南人民解放军 8 人；(丁) 团体代表 16 个单位，206 人：全国总工会 16 人，各解放区农民团体 16 人，全国妇联 15 人，全国青联 12 人，全国学联 9 人，全国工商界 15 人，上海各人民团体 9 人，全国文联 15 人，全国科学会议筹备会 15 人，全国教育界 15 人，全国社会科学工作者 15 人，全国新闻工作者协会筹备会 12 人，自由职业界 10 人，国内少数民族 10 人，海外华侨 15 人，宗教界 7 人。以上共 510 人。另设一个特别邀请单位，其代表名额与人选，由新政协筹备会常务委员会商定。后来，经过 3 个月的充分讨论协商，一直到 9 月 20 日，中国人民政治协商会议第一届全体会议召开前一天，新政协筹备会常委会第八次会议，才最后通过参加中国人民政治协商会议第一届全体会议的单位及代表名单，分为党派代表、区域代表、军队代表、团体代表、特邀代表 5 大类 46 个单位，正式代表 510 人、候补代表 77 人、特别邀请代表 75 人，共计 662 位代表。

1949 年 9 月 21 日，中国人民政治协商会议第一届全体会议在北平中南海怀仁堂开幕。中国共产党中央委员会主席毛泽东在开幕词中庄严宣告："现在的中国人民政治协商会议是在完全新的基础之上召开的，它具有代表全国人民的性质，它获得全国人民的信任和拥护。因此，中国人民政治协商会议宣布自己执行全国人民代表大会的职权。"并强调，"我们有一个共同的感觉，这就是我们的工作将写在人类的历史上，它将表明：占人类总数四分之一的中国人从此站立起来了……我们的民族将从此列入爱好和平自由的世界各民族的大家庭，以勇敢而勤劳的姿态工作着，创造自己的文明和幸福，同时也促进世界的和平和自由。我们的民族将再也不是一个被人侮辱的民族了，我们已经站起来了。我们的革命已经获得全世界广大人民的同情和欢呼，我们的朋友遍于全世界。"

如今，透过这张《中国人民政治协商会议第一届全体会议会场席次图》，我们仿佛可以感受当时大会的盛况以及在场每一位代表为新中国即将诞生而洋溢的喜悦心情。这件珍贵文物，让我们更加深入了解参加中国人民政治协商会议第一届全体会议的各单位及代表组成情况及筹备这次会议的重要历史，并能更加清晰地感受到中国人民政治协商会议是具有广泛代表性的爱国统一战线组织，而这张席次图即是爱国统一战线的见证“图”。

（桂星星）

第一套统一的人民币

名称：中国人民银行印制的第一套人民币
年代：1949 年
质地：纸
尺寸：长 13.2 厘米　宽 6.8 厘米
来源：香山革命纪念馆馆藏

1948年，随着人民解放战争的顺利进行，分散的各解放区迅速连成一片，为适应形势的发展，急需一种统一的货币替代原来种类庞杂、折算不便的各解放区货币。

1948年12月1日，经华北人民政府、山东省政府和陕甘宁、晋绥边区人民政府会商决定，以华北银行为基础，合并北海银行和西北农民银行，在河北省石家庄市成立中国人民银行，当天开始发行统一的人民币。为了配合第一套人民币发行，《人民日报（华北版）》于12月7日在头版发表了《庆祝中国人民银行成立》的社论。社论说："我们解放区的货币正在配合着战争的胜利，迅速扩张它的流通范围，并把蒋币驱逐到它的坟墓里去。"

第一套人民币票面上取消了英文，正面所印的年号用"中华民国三十七年"，背面使用公元纪年"1948"。人民币上的"中国人民银行"六字由当时的华北人民政府主席董必武题写。第一套人民币的设计者按照抗日战争和解放战争中根据地发行的货币，把毛泽东像设计在新货币上。董必武致电中央请示。毛泽东得知后不同意，以中央名义致电董必武说，新币应"反映解放区工农业生产的图景，正面和背面，除必要的阿拉伯字码外，一律用中文，不用英文"。因此，第一套人民币在图样题材上，选择工业、农业、商业、纺织、交通、运输、工厂和矿山等当时经济建设和人民生活的图案，包括"水牛图""打场图""帆船图""马饮水图""蒙古包"等，生动展现出当时人民的生活，以及在共产党的领导下，全国各族人民齐心协力、艰苦奋斗、自力更生创建新中国的如火如荼的激情岁月。

第一套人民币是交给各解放区印钞厂印刷的，各地印钞厂所采用的版式有所差别，最终第一套人民币实际上采用了7种印刷技术，产生62个版别。当时发行的，有12种券别（1元、5元、10元、20元、50元、100元、200元、500元、1000元、5000元、10000元和50000元券），这12种券别又分为62种版别，其中，1元券2种；5元券4种；

10 元券 4 种；20 元券 7 种；50 元券 7 种；100 元券 10 种；200 元券 5 种；500 元券 6 种；1000 元券 6 种；5000 元券 5 种；10000 元券 4 种；50000 元券 2 种。这 62 种版别的人民币不仅版式有差别，在印刷技术、纸张、油墨、防伪等各方面都有差别。为了用最快的速度进行钞票的印制、发行，以满足解放战争的需要，当时只得采取应急措施，老厂新厂一齐上，新旧设备一齐用，工艺上采用了石印、凸印、凹印、胶印、凸凹合印、凸胶合印、胶凹套印等 7 种印刷技术，纸张、油墨等主要原料也都是就地取材，钞票的质量参差不齐。

由于当时各解放区的环境和全国解放初期条件的限制，第一套人民币的设计思想还不够统一，图案既有反映工、农业生产的劳动场面，也有反映交通运输的情景，还有的反映北京等地名胜古迹等，主题思想不突出、不明确。钞票种类多，面额大小差别大。随着新中国建设事业全面展开，第一套人民币由于自身存在不足，已经不能适应社会发展需要。1955 年 4 月 1 日，随着第二套人民币的发行，第一套人民币停止流通。

第一套人民币是在中国共产党领导的中国人民解放战争胜利进军的形势下，由人民政府所属国家银行印制发行的唯一的法定货币。“人民”两字说明这个钞票的性质，它是全国性的、全国人民的。第一套人民币为解放战争的最后胜利，为新中国的经济稳定，起到了不可替代的历史作用。

（石碧兰）

学习苏联财政金融政策的读本

名称：封面有朱德签名的《苏联新经济政策时期的财政金融政策》
年代：1949 年
质地：纸
尺寸：长 17.8 厘米　宽 13.3 厘米
来源：香山革命纪念馆馆藏

这本《苏联新经济政策时期的财政金融政策》非常特殊，曾是朱德阅读并保存下来的，封面上还留有朱德的亲笔签名。2020 年 12 月 1 日，朱德之孙朱和平先生将这本书捐赠给了香山革命纪念馆。

中共中央进驻香山后，党和国家的工作重心逐渐从军事斗争转向经济建设，但中共中央非常缺乏经济建设方面的工作经验。针对当时的经济发展，毛泽东曾在七届二中全会上指出："中国经济现状还处于落后状态。"当时中国人民的生产力较为低弱，虽然在解放战争时期，各大城市陆续解放，出现了从官僚资产阶级手上接收的社会主义性质的国营经济，但资本主义的和小商品生产的私营经济依然占据数量上的优势。

在会上，毛泽东分析了中国的经济形势，他说中国的工业只占 10%，剩下的 90% 是农业和手工业。关于中国如何进行工业化，毛泽东表示必须学习苏联："苏联共产党就是我们的最好的先生，我们必须向他们学习。"不同于其他资本主义国家，苏联的经济发展是从发展重工业开始的。对于中国这样一个落后的农业国家来说，这种以发展工业的方式来促进经济增长同样适用。

以苏联为学习榜样，中共中央在香山时期组织发行了一批关于学习苏联经济政策的中国人民银行经济丛书，例如《苏联银行国有史论》《苏联对外贸易》《社会主义经济节约的方法》等。这些书籍包含了苏联经济政策的方方面面，正适合有关领导干部阅读学习。

1949 年中国人民银行总行出版的《苏联新经济政策时期的财政金融政策》是其中的一本重要文献。作者是查济柯和著名经济学家吴清友。吴清友原名毓梅，在北平俄文法政专科学校读书，后因结识李大钊，被其介绍在苏联莫斯科中山大学学习政治经济。他悉心研究苏联的经济，参与撰写过《苏联计划经济》《苏联国民经济》等著作。

这部重要文献出版时，中国革命基本上已完成全国胜利，新民主主义的经济建设，即将成为中国人民第一迫切的历史任务。这本书的扉页上，阐述了中国新民主主义经济建设的首要的中心任务，是要在社会主义性的国营经济的领导和积极影响之下，把一个落后的农业国逐渐转变为一个先进的工业国。全面地开展土地改革，逐步建立新民主主义经济，向苏联学习。毛泽东指出：“我们面前的工作是很艰苦的，我们的经验是很不够的。因此，必须善于学习。”

编者在书中写道：

要想快速完成这样一种艰巨伟大的任务，主要的当然要根据自力更生的原则，来最大限度地动员全国人民的能力与资源到生产事业上去。但是学习社会主义苏联和中东南欧新民主各国的建设经验，也是绝对不可缺少的。尤其是伟大社会主义苏联的异常丰富的建设经验——它如何在千疮百孔的经济条件之下克服各种繁重的困难，如何在困难重重的条件之下战胜阶级敌人的捣乱，如何把一个残破不堪的农业国家，建设成一个辉煌的先进工业国家。

书中谈及了如纳税、保险、公债、储蓄等金融领域问题；介绍了税捐政策的任务与税捐在社会主义建设中的作用、税捐机构的组成、国家信用的组织、公债与货币公债、国家社会保证及社会保障、农民委员会等基础问题。书中文字简洁明了，对于专业词汇翻译到位，对于数字较多的保险部分，编者还用表格的方式列了出来，使这本书更具可读性。它在经济工作者学习、实际工作中起到了很大的指导作用。

朱德一直积极参与经济建设工作，1949 年 7 月他参加了由中共中央华北局、中共北平市委召开的纪念党成立 28 周年大会，他在讲话中提出要把我们的国家建立成一个先进的工业国，要以经济建设为中心目的。他还先后参加了 1949 年元旦的中央财经座谈会，5 月 11 日至 6 月 2 日在香山召开的政治经济工作会等。

朱德在阅读过程中格外认真，他一直保持着一边读、一边批注的习惯。翻开这本泛黄的书页，可以看到书中留有很多他亲笔圈注之处，如：单位换算，公顷与斤数换算。对于有疑问的地方，他还会在查证后，标注在书上。由此可见，朱德阅读时的严谨细致和对金融知识的渴求。

朱德一直秉承着“学一辈子也不够”的思想来对待读书和学习。小时候的朱德买不起书，学习用书都是借的，所以特别珍惜书籍。新中国成立后，他还在家中专门设了一个图书室。朱和平说：“这本书传承着朱家的家风，更饱含着红色基因。作为国家领导人，爷爷每天的工作非常繁忙，但是他仍能够抽出时间学习知识。为了系统学习苏联社会主义建设经验，爷爷每天挤时间读书，他将书中提及的单位换算为中国常用的亩、顷，字里行间还有很多注解、心得体会和批注。”

从这本书中可以看到老一辈革命家为建设新中国，不断学习、求知若渴的精神。这也提醒着后人们，要永远保持学习的态度，为了中国的建设发展，永远奋斗，砥砺前行。

（孙瑾溪）

革命熔炉——华北人民革命大学

图片说明：华北人民革命大学学校门口

华北人民革命大学（简称“华北革大”），创立于1949年2月，校址设于北平西郊万寿山湖畔之西苑，是中共中央华北局于解放战争后期开办的短期干部培训学校，在当时众多的革命大学中占有重要地位。它不仅成立时间早、规模大，更因推行马列主义教学和开展思想改造的经验做法，获得了毛泽东的认可，成为国统区知识分子、青年学生等人员学习马列主义、改造旧思想的一座“革命熔炉”。

1948年12月，中共中央基于改造平津地区知识分子、大量培养革命干部的需要，指示“由华北局办一华北革命干部学校”。1949年2月，华北局正式批准成立华北人民革命大学，工作人员主要来自华北局党校，华北局第三书记刘澜涛任校长，原华北局党校副校长胡锡奎担任主持校务的副校长。第一期有学员12000余人，学员中以学生出身的占大多数，工厂机关职员学校教师次之，此外还有一小部分商贩、旧军人和失业工人等，女同学约占学员总数的五分之一。

当时，由于国统区的政治腐败、民生凋敝，出现了大量失业和失学的知识分子、学生等群体，他们积极寻找进入解放区、适应新社会的便利通道。当时报考华北革大的学员虽十分踊跃，但他们的动机不一，既有追求革命的进步思想的人，也有一些带有“镀金”思想的人。为解决这一问题，校方决定开展马列主义教育和思想改造，并在教学实践中形成实施群众路线的马列主义教学经验。

华北革大“以历史唯物主义为中心，结合学生思想实际，把学校作为‘思想战场’或‘政治工场’，系统地进行马列主义最基本的理论与思想教育”为教育方针。在课程设置与教学形式上，华北革大提出“少而精”的课程理念，“全部课程以历史唯物主义中心配合国际主义与民族主义、中国革命基本问题、党史、党纲的教育”，主要分为“教育计划与教学方法，世界观与人生观”“社会发展史”“中国革命理论与政策”三个连贯的课程教学阶段，并根据需要添加若干辅助性课程和社会活动。教学形式主要采取讲授、自习、讨论等形式。上大课，以班级为单位入场，人数最多时有数千人；自习，必须阅读与某段学习中心有关的书籍文件；小组讨论，遵守发言纪律，作批评与自我批评。在教学流程与教学策略上，华北革大主要通过思想总结衔接不同阶段的课程。“每学习一段理论，就举行一次测验，测验之后，即进行一次思想检查或总结”。同时，批评与自我批评成为一个重要环节，校方会依据学员思想反省的程度与革命表现的力度，筛选、培养与吸收积极分子进入党团组织。

1949 年 7 月 26 日，华北人民革命大学校长刘澜涛、副校长胡锡奎在关于该校第一期教育经验总结中，介绍的基本经验是：采取大量招收与严肃改造知识分子的方针，以历史唯物主义为中心，结合学生的思想实际，进行马列主义基本理论和思想教育，并让学生参加一定体力劳动的锻炼，把理论学习作为改造思想的武器，把改造思想作为理论学习的直接目的，逐步使学生确立革命的人生观。

8 月 5 日，毛泽东肯定并转发刘澜涛、胡锡奎关于华北革大第一期教育情况的报告:“现在将华北人民革命大学负责人刘澜涛、胡锡奎二同志写的该校对于一万二千新学生短期班的教育经验的总结转发给你们，请你们注意这种经验。假如你们同意的话，请将这个文件转发给你们所属学校的负责同志，并在党内刊物上发表，以资传播和仿效。我认为这个总结里所说的方针和方法是正确的。文件本身也是写得好的。”

在毛泽东提出要在党内各级学校进行仿效和传播的要求下，华北革大这一模式遂成为各解放区政治学习运动的经验支撑。毛泽东对华北人民革命大学第一期教育经验总结的批语，体现出他对该校推行马列主义教学和开展思想改造的经验做法和学习马列主义、改造旧思想的认可，体现了他对党的思想建设的高度重视。

这所被毛泽东认可的“革命熔炉”中诞生的教育经验，不仅为革命事业培养了一大批优秀干部，引导学员走上建设新中国的道路，而且卓有成效地进入新中国高等教育体系，成为中国共产党开展马克思主义理论教育的重要历史遗产。

（尤曼卿）

中国人民大学的诞生

图片说明：1953 年 10 月 3 日，刘少奇在中国人民大学开学典礼上讲话

中共中央进驻北平香山后，党中央开始更加深入思考关于学校工作方针和马克思主义教育的问题。中国经过几十年的战争，百废待举，而中国共产党及其领导的人民军队长期处于战争环境中，党员干部文化水平有待提高，否则将难以胜任接管政权后改造和建设的繁重任务，建设一所马克思主义的大学显得尤为必要。

1949 年 6 月底至 8 月中旬，以刘少奇为团长的中共中央代表团受毛泽东的委托秘密访问苏联，就建国大计及增进中苏关系与斯大林交换意见。在《关于向苏联学习党和国家建设经验的问题给联共（布）中央斯大林的信》中谈及建立新中国的 8 个问题，第三个问题即为“我们想请苏联为中国的建设管理人才办一所专门学校，好像过去的中国劳动大学一样”，主要开设“工业、商业、银行、法律、教育等系”。斯大林表示:“这是好事，有困难，但可以办。”7 月 25 日，毛泽东关于向苏联借款等问题复在苏联访问的中共代表团刘（少奇）、王（稼祥）等电中表示“同意在莫斯科建立一个中国大学。我们正需要学习苏联在各项工作中的和资产阶级不同的一套学说和制度，设立这样一个大学是很必要的，但经费应讲明由中国负担为适宜”。后经代表团的慎重考虑以及与苏联方面的协商，刘少奇、王稼祥给毛泽东发电报，建议把这所大学改设在北平，请苏联派教授来中国讲课，毛泽东复电表示赞同:“中国大学不设在阿尔马达而设在北平，由苏联派教授。”

刘少奇访苏回国后，立刻着手大学的筹建工作，从学校的组成、领导的任命、教育方针的确定、科系的设置、教学计划的制订、聘请苏联专家教员、招生规模、生源落实及经费预算等各项工作都一一过问，亲自处理。中央成立了包括陆定一、钱俊瑞、吴玉章、谢觉哉等在内的委员会，苏联专家费辛科及菲里波夫担任顾问，共同负责新大学的筹备事宜。刘少奇直接领导筹备委员会，并担任筹备委员会组长。筹备委员会和苏联专家就新大学的建立筹备工作不断进行调研和商讨，最终形成了具体计划。

1949年11月12日，刘少奇向毛泽东和中共中央政治局各同志报告筹备创办大学的情况和建校计划，谈到“以原华北大学、革命大学及王明、谢老之政法大学三校合并为基础成立人民大学”。“人民大学拟由中央人民政府设立，任命中国人做校长，聘苏联同志为顾问。”在刘少奇的领导下，经过筹备委员会的商讨调研，新大学的教育方针和计划草案基本确定，拟命名为“中国人民大学”。

1949年12月16日，中央人民政府政务院第十一次政务会议根据中共中央政治局的建议，通过《关于成立中国人民大学的决定》。《决定》指出，“为适应国家建设需要，中央人民政府政务院决定设立中国人民大学，接受苏联先进的建设经验，并聘请苏联教授，有计划有步骤地培养新国家的各种建设干部”。

1950年10月3日，经过一年的筹备，在基本解决了资金、校舍、干部、教员、生源、教材等一系列问题后，中国人民大学在北京城内校址铁狮子胡同一号举行开学典礼，宣告正式成立。党和国家领导人刘少奇、朱德，教育部部长马叙伦，苏联顾问等中国人民大学成立的决定者、参与者都亲临大会，见证了中国人民大学的诞生。

中国人民大学的创办，在新中国初期高等教育事业发展中具有标志性的意义，它的创建凝聚着毛泽东、刘少奇等老一辈无产阶级革命家的心血，反映了党的第一代领导集体关于建立新中国高等教育体系的探索。

（石碧兰）

丢掉幻想，准备斗争

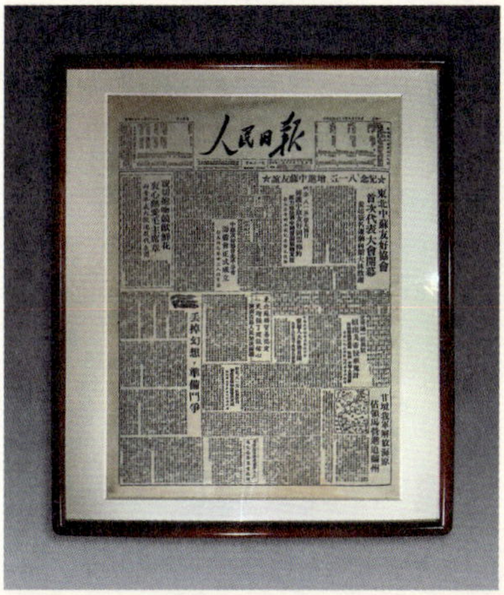

名称：毛泽东为新华社撰写并刊载于《人民日报》的五篇评论文章
年代：1949 年
质地：纸
尺寸：长 53 厘米　宽 39 厘米
来源：香山革命纪念馆馆藏

在香山革命纪念馆的基本陈列展厅里，展示了毛泽东于1949年8月至9月先后为新华社撰写并刊载于《人民日报》的5篇评论文章：《丢掉幻想，准备斗争》《别了，司徒雷登》《四评白皮书》《五评白皮书》《六评白皮书》，后三篇编入《毛泽东选集》时分别题为《为什么要讨论白皮书？》《“友谊”，还是侵略？》《唯心历史观的破产》。这五篇评论文章都是针对美国政府发表的《美国与中国的关系》白皮书所作的评论，称为“五评白皮书”。此前，新华社发表了针对白皮书的第一篇评论文章——《无可奈何的供状》。“五评白皮书”发表时，筹建新中国的各项工作正在紧张进行中，毛泽东为什么要花费这么多时间和精力评论一份美国当局的白皮书呢？

1949年8月5日，美国发表《美国与中国的关系》白皮书，共1054页，其中五分之一的内容是介绍自1844年美国强迫中国签订《望厦条约》至1949年期间美国对中国局势的看法，以及美国政府的对华政策；其余五分之四的篇幅主要是文件汇编，收集了近200篇美国政府官方发表过或未发表过的、与对华关系有关的文件，其中有美国总统的演说词、美国政府与国民党政府往来的函件及电报，与中国有关的条约、协议、法案，美国政府特使关于中国情况的报告等。与白皮书同时公布的还有时任美国国务卿艾奇逊致杜鲁门总统的一封信，用以向总统简要介绍白皮书。

白皮书发表前，人民解放军已横渡长江，以秋风卷落叶之势横扫国民党在大陆的残余势力，美国支持下的蒋介石反动政权离覆亡已为时不远。在此情况下，美国驻华大使司徒雷登代表政府提出，愿意承认并借款给新中国，但条件是新中国要采取中间态度，不完全亲苏。美国想以此来离间中苏关系，并控制新中国。对此，毛泽东坚定地说：“政治上必须严肃，经济上可以做生意。”1949年6月30日，毛泽东发表《论人民民主专政》，旗帜鲜明地提出“一边倒”政策，批驳所谓的中间路线，指出欲达到胜利和巩固胜利，必须一边倒，骑墙是不行的，

第三条道路是没有的。司徒雷登任务失败，美国的阴谋破产，这让当权的杜鲁门、艾奇逊一派受到政敌的猛烈攻击。为了开脱对华政策失败的责任，平息政敌攻击，当权派不惜公布大量文件、档案，弄出了这份《美国与中国的关系》白皮书。恰恰是白皮书中公布的这些文件档案，暗藏了美国对华政策中的帝国主义本质，白皮书和艾奇逊的信还歪曲历史，把美国对中国的侵略说成是友谊，否定中国革命的重要意义并断言中国社会发展要依靠美国，诬蔑中国共产党领导的人民政府是“极权政府”、向苏联学习是“受苏联控制”等等。

毛泽东认为，白皮书是用来教育中国人民的一次极好机会，可以引导那些对美国仍然抱有幻想的人透过现象看本质，认清美国侵略中国的真实面目，争取更多的中间派人士对革命和共产党的支持，进一步激发解放区广大军民将革命进行到底的意志和决心。

毛泽东在《丢掉幻想，准备斗争》中写道：“美国白皮书和艾奇逊信件的发表是值得庆祝的，因为它给了中国怀有旧民主主义思想亦即民主个人主义思想，而对人民民主主义，或民主集体主义，或民主集中主义，或集体英雄主义，或国际主义的爱国主义，不赞成，或不甚赞成，不满，或有某些不满，甚至抱有反感，但是还有爱国心，并非国民党反动派的人们，浇了一瓢冷水，丢了他们的脸。特别是对那些相信美国什么都好，希望中国学美国的人们，浇了一瓢冷水。”

毛泽东在《别了，司徒雷登》中剖析了美国对华政策的真实面目，即“美国出钱出枪，蒋介石出人，替美国打仗杀中国人，‘毁灭共产党’，变中国为美国的殖民地，完成美国的‘国际责任’，实现‘对华友好的传统政策’”。

毛泽东在《为什么要讨论白皮书？》中驳斥了艾奇逊诬蔑中国共产党领导的人民政府是“极权政府”，指出：“就人民政府关于镇压反动派的权力来说，千真万确地是这样的。这个权力，现在写在我们的纲领上，将来还要写在我们的宪法上。……对于人民内部来说，不是专政或独裁的，而是民主的。这个政府是人民自己的政府。这个政府的工作人员对于人民必须是恭恭敬敬地听话的。同时，他们又是人民的先生，用自我教育或自我批评的方法，教育人民。”

毛泽东在《“友谊”，还是侵略？》中逐条驳斥了艾奇逊“友谊论”的例子，艾奇逊说：“从我们历史很早的时期起，美国人民和政府就关心中国了……许多年来种种善意措施便是证据，例如用庚子赔款来教育中国学生，在第二次世界大战期间废除治外法权，以及战时和战后对中国的大规模援助等等。美国始终维持并且现在依然维持对华外交政策的各项基本原则，包括门户开放主义，尊重中国行政和领土的完整，以及反对任何外国控制中国等等。”毛泽东指出，“美国是最早强迫中国给予治外法权的国家之一，这即是白皮书上提到的中美两国有史以来第一次签订的一八四四年的望厦条约”；庚子年（1900 年）八国联军侵华，后与清政府签订《辛丑条约》，清政府向各国共计“赔偿”4 亿 5 千万两白银，美国得 3200 多万两，用赔款从事精神侵略活动，如宗教乃至“慈善”和文化事业，被包装成“教育中国学生”“友谊的表示”；造成几百万中国人因战争死亡；支持“门户开放”却用坚船利炮封锁上海；“尊重中国行政和领土完整”，“反对任何外国控制中国”，却支持并援助国民党反动政府发起内战，在这样的“友谊”“援助”下，中国山河破碎，民不聊生。

毛泽东在《唯心历史观的破产》中驳斥了艾奇逊“革命的发生是由于人口太多的缘故”这一荒谬言论，指出：“华盛顿杰斐逊们之所以举行反英革命，是因为英国人压迫和剥削美国人，而不是什么美国人口过剩。中国人民历次推翻自己的封建朝廷，是因为这些封建朝廷压迫和剥削人民，而不是什么人口过剩。”

中国共产党领导的对白皮书的批判，引起了全国各民主党派、各人民团体、各报社、各学校以及各界人士的关注和讨论，掀起了谴责白皮书的热潮。中国民主建国会发言人在《人民日报》刊登了题为

《加强内部团结和警惕，答告美帝好梦做不成》的声明，毛泽东看后极为赞许，说这对“民族资产阶级的教育起很大作用”。

“五评白皮书”揭露了帝国主义的侵略本性，“是美帝国主义反动政策在中国惨败的史册”，它批评了国内一部分资产阶级知识分子对美帝国主义的幻想，论证了资产阶级共和国方案在中国的破产，对中国近代革命的发生和中国新民主主义革命的胜利作了理论上的说明，清除了人们迷信美国、恐惧美国的思想，为中国人民同美国的敌视、封锁进行长期斗争作好了充分的思想准备。

（彭淼淼）

见证新中国外交的第一份公函

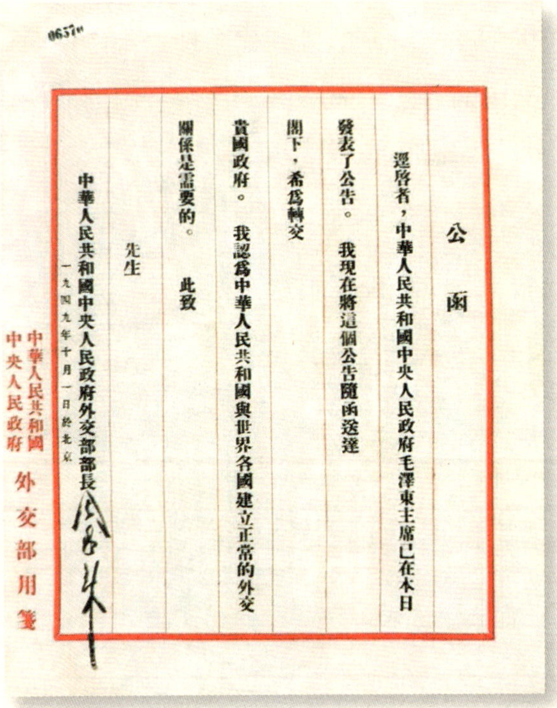

0657

公函

逕啓者，中華人民共和國中央人民政府毛澤東主席已在本日發表了公告。我現在將這個公告隨函送達

閣下，希爲轉交

貴國政府。我認爲中華人民共和國與世界各國建立正常的外交關係是需要的。此致

先生

中華人民共和國中央人民政府外交部部長

一九四九年十月一日於北京

中華人民共和國中央人民政府 外交部用箋

名称：中央人民政府政务院总理兼外交部部长周恩来致各国政府公函

年代：1949 年

质地：纸

尺寸：长 27 厘米　宽 16 厘米

来源：外交部档案馆提供

1949 年 10 月 1 日，中华人民共和国开国大典在天安门广场隆重举行。下午 3 时，首都 30 万民众齐聚天安门广场，毛泽东登上天安门城楼，向世界庄严宣告："中华人民共和国中央人民政府，今天成立了！"毛泽东宣读了《中华人民共和国中央人民政府公告》。《公告》中阐述了新中国的外交原则，表明：凡愿遵守平等、互利及互相尊重领土主权等项原则的任何外国政府，本政府均愿与之建立外交关系。从此，中华民族的发展开启了新的历史纪元。

当天，中华人民共和国政务院总理兼外交部长周恩来，将毛泽东主席代表中央人民政府发布的《公告》随附公函送达各国政府，表达了愿与其建立正常外交关系的意愿。这是新中国的第一份外交文书，也是周恩来以外交部长身份发出的第一份外交公函。

内容如下：

迳启者，中华人民共和国中央人民政府毛泽东主席已在本日发表了公告。我现在将这个公告随函送达阁下，希为转交贵国政府。我认为中华人民共和国与世界各国建立正常的外交关系是需要的。

此致

先生

中华人民共和国外交部部长 周恩来

一九四九年十月一日于北京

公函的结尾署上"先生"二字的原因是，新中国不承认那些与中华民国政府建交的外国大使馆，所以为了避免误会，文件中的称呼并不是送交某某国家使领馆，所以只称"先生"。

当时的外国大使馆大多集中在北京、南京、上海等地，周恩来表示：凡在北京无领事馆，而在南京有大使馆或公使馆者，则送达南京各旧大使馆或公使馆。

英国、法国、意大利等 8 个国家的使馆在北京，公函由外交部递交。对于使馆设立于南京的，周恩来则在公告稿上批示给当时的南京市委委员、市军管会外事处处长黄华：“黄华同志：望将下列公函及另电所告毛主席公告在校正无误后速即分别以信笺和硬纸各印二百张，准备分送南京各外国旧大使、公使、代办等人，并仍统称某某先生，名单另电告。你在得到名单和通知后，即可负责分送，无名单者不送。务期明早各大使、公使、领事馆都可得到。”黄华根据批示，约见了在南京的大使们，后送交了公函。上海外侨事务处也向各国大使馆递交了公函。

这是新中国的第一份外交文件，也是通过使领馆向外国政府发出的第一个照会。

10 月 2 日，在公告发出的第二天，苏联外交部副部长葛罗米柯即致电周恩来，表示苏联政府已收到《中华人民共和国中央人民政府公告》。苏联政府决定建立与中华人民共和国之间的外交关系，并互派大使。同时葛罗米柯副外长代表苏联政府向国民党广州政府驻莫斯科代办发表声明，宣布：苏联政府同前国民党政府的外交关系已经断绝，并决定自广州召回它的外交代表。10 月 3 日，中苏建交。苏联成为了第一个承认新中国的国家。

在苏联外交官齐赫文斯基访谈录里，他讲述了其见证中苏建交的故事。在开国典礼结束后，他还未离场。周恩来的助手、后曾任中国驻美大使的韩叙走到他身边说：“周总理让您在未收到紧急文件前，不要离开总领馆去参加北京饭店的政府招待会。”齐赫文回到总领馆没过多久，韩叙就带来了周恩来的一封信和外交公函。信上说道，中华人民共和国正式成立了，希望齐赫文将公函转给苏联政府，建立正常的外交关系。齐赫文非常激动，马上将信翻译成了俄语，然后拟了一封电报发回莫斯科。斯大林收到电报，立刻指示苏联所有报刊发表中华人民共和国成立的消息，同时刊载了周恩来给齐赫文的信、中国中央人民政府的通告和政府组成人员名单。随后首任苏联驻中国大使罗申来到北京，10 月 16 日，罗申新中国递交了建交国书。

中苏建交，奠定了新中国外交的基本格局。在“一边倒”“另起炉灶”“打扫干净屋子再请客”的外交方针下，中华民族以全新的姿态站在了世界的舞台上。保加利亚、罗马尼亚、匈牙利、朝鲜、捷克斯洛伐克、波兰、蒙古、阿尔巴尼亚、越南等一批国家，相继同新中国建立了外交关系。20 世纪 50 年代，我国又与印度、缅甸、巴基斯坦等国家达成建交协议。随后又与英国、挪威、丹麦、芬兰、瑞典、瑞士和荷兰等国进行了建交谈判。

这份外交公函开启了新中国外交的第一步，是中华人民共和国与世界各国友谊开端的重要见证。正如毛泽东在中国人民政治协商会议第一届全体会议的开幕词中所指出的：“我们的民族将再也不是一个被人侮辱的民族了，我们已经站起来了，我们的革命已经获得全世界广大人民的同情和欢呼，我们的朋友遍于全世界。”

（孙瑾溪）

匠心独运的八一军徽

名称：1949 年中央军委作战处参谋赵光琛参与设计制作并保存的中国人民解放军军徽样徽（正式使用版）
年代：1949 年
质地：金属
尺寸：长 3.8 厘米　宽 3.8 厘米
来源：香山革命纪念馆馆藏

赵光琛（1924— ），河北束鹿县人，1938 年 1 月参加革命，10 月加入中国共产党。1939 年在八路军第一二〇师参谋训练队受训，后赴晋察冀军区工作。1948 年，由晋察冀军区选调到西柏坡中央军委作战部任参谋，参加了中国人民解放军军旗、军徽的设计以及帽徽的制造式样等工作。赵光琛完好保存了两枚中国人民解放军军徽样徽，一枚是未使用的式样，一枚是正式使用的式样。

1949 年中央军委作战处参谋赵光琛参与设计制作并保存的中国人民解放军军徽样徽（未正式使用版）。

早在 1948 年 2 月，中共中央就发出通知，向各中央局、中央分局、各军区、各野战军前委征求中国人民解放军军旗、军徽的具体意见。由此，在全军展开征集军旗、军徽的活动。

1948 年冬，在解放战争即将取得全国胜利之时，中共中央军委和解放军总部领导人在河北西柏坡讨论军队正规化问题时，进一步提出了统一军旗、军徽的问题，确定由军委副主席周恩来主持军旗、军徽工作，并由时任总政研究室副主任、第一研究室主任的黄镇牵头组成设计组。军旗、军徽样式的汇集、综合和研议工作交由军委作战部一局承办。中央军委作战部参谋赵光琛也参加了这一重要工作。

1949 年 3 月 13 日，党的七届二中全会通过了关于军旗的决议。3 月 25 日，中央军委作战部随中共中央机关和人民解放军总部进驻北平香山。按照毛泽东等中央领导同志明确的设计原则，军徽基本要素包括红色、五角星和“八一”字样。4 月，周恩来批准了作战部设计的八一军徽的图案。赵光琛负责制作军徽标准样品，他将图纸拿到北平前门外西河沿的一家工厂，制作了一枚将五角星周边和“八一”二字镀成银色的军徽。周恩来看过后，觉得电镀得太亮、太耀眼，行军作战时容易被敌人发现。后来朱德也提出了同样的观点。赵光琛又制作了一枚涂上黄红两色珐琅釉的军徽样品。周恩来审看后，让赵光琛把军徽缀在帽子上，戴上给他看看。赵光琛说:“帽徽后面穿铁丝的铁片还没有焊上。”周恩来听后，说道:“固定帽徽不要用铁丝，铁丝容易扎伤战士的头，还是用棉线固定好。”赵光琛把军徽放在帽檐上，用手按了按。周恩来仔细端详了一阵子，满意地点点头，说:“现在这样可以了，就按这个上报中央，征求意见吧。”此后，赵光琛拿着这个样品，去征求领导同志的意见，朱德、聂荣臻、李先念等人都对这一军徽样式非常满意。

1949 年 6 月 15 日，新政协筹备会开幕，以中国人民革命军事委员会主席毛泽东，副主席朱德、刘少奇、周恩来、彭德怀的名义，发布了《公布中国人民解放军军旗军徽样式》的命令，公布了中国人民解放军军徽样式为镶有金黄色边之五角红星，中嵌金黄色“八一”两字，亦称“八一”军徽，中国人民解放军军徽由此正式诞生了。

确定军旗和军徽，是人民军队正规化建设迈出的重要一步。军旗和军徽，都是人民解放军光荣的标志，鼓舞着全军指战员为建设新中国、捍卫和平而英勇战斗。

（桂星星）

人民英雄永垂不朽

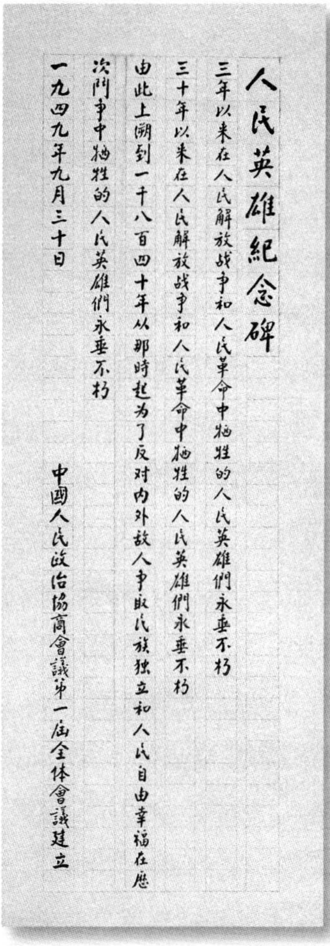
人民英雄紀念碑

三年以来在人民解放战争和人民革命中牺牲的人民英雄們永垂不朽

三十年以来在人民解放战争和人民革命中牺牲的人民英雄們永垂不朽

由此上溯到一千八百四十年从那時起为了反对内外敌人争取民族独立和人民自由幸福在歷次鬥争中牺牲的人民英雄們永垂不朽

一九四九年九月三十日

中國人民政治協商會議第一屆全体會議建立

名称：毛泽东起草、周恩来手写的人民英雄纪念碑碑文
年代：1955 年
质地：纸
尺寸：长 102 厘米　宽 35.3 厘米
来源：中国国家博物馆提供

三年以来，在人民解放战争和人民革命中牺牲的人民英雄们永垂不朽！三十年以来，在人民解放战争和人民革命中牺牲的人民英雄们永垂不朽！由此上溯到一千八百四十年，从那时起，为了反对内外敌人，争取民族独立和人民自由幸福，在历次斗争中牺牲的人民英雄们永垂不朽！

这是在香山革命纪念馆展出的毛泽东起草、周恩来手写的人民英雄纪念碑文（复制件）内容，原件藏于中国国家博物馆。碑文中的“三年以来”是指解放战争时期的革命历史；“三十年以来”是指以五四运动为开端的新民主主义革命时期的革命历史；“上溯到一千八百四十年”是指以鸦片战争为起点的整个中国民主主义革命历史。三个不同历史时段，彼此呼应，层层递进，构成一幅近代中国革命波澜壮阔的历史画卷。

这篇简洁有力的碑文，倾注了对人民英雄光辉业绩的深切缅怀，高度概括了中国自近代以来为争取国家独立和人民解放而不懈奋斗的光辉历史，全面系统地勾勒出不同时期人民革命的斗争历程，既为整座纪念碑奠定了思想基础，也为纪念碑设计和建设确定了时代主题。

1949 年 9 月 30 日，新中国成立前夕，中国人民政治协商会议第一届全体会议通过了一个历史性的决定，为纪念在人民解放战争和人民革命中牺牲的人民英雄，在首都北京天安门广场建立人民英雄纪念碑，并通过了由毛泽东起草的碑文。

1949 年 9 月 30 日傍晚 6 时许，出席中国人民政治协商会议第一届全体会议的代表们，在天安门前广场举行了建立人民英雄纪念碑的奠基典礼。在庄严肃穆的气氛中，周恩来代表主席团致辞：“我们中国人民政治协商会议第一届全体会议为号召人民纪念死者，鼓舞生者，特决定在中华人民共和国首都建立一个为国牺牲的人民英雄纪念碑。现在，一九四九年九月三十日，我们全体代表在天安门外举行这个纪念碑的奠基典礼。”接着军乐队奏哀乐，全体脱帽默哀，哀毕后由毛泽东宣读了亲自撰写的纪念碑碑文。

纪念碑建成后，正面是毛泽东手写的题词，背面则是毛泽东起草、周恩来手书的碑文。据纪念碑总设计师梁思成回忆：“考虑到《碑文》只刻在碑的一面，其另一面拟请主席题‘人民英雄永垂不朽’八个大字。后来，彭真又说周总理写得一手极好的颜字，建议‘碑文’请周总理手书。”

“人民英雄永垂不朽”的题词写在信笺上，每个字六七厘米见方，用笔雄浑有力，这个题词毛泽东题写了两幅，写好后他再三叮嘱工作人员，一定多请专家们提意见，问问哪一幅可以用，也可以从中选取单个字重新编排，如果认为写得不好，还可以重写。

人民英雄纪念碑上的碑文是由周恩来手写的。为了写好碑文，周恩来每天早晨的第一件事就是写一遍碑文。他先练习书写碑文中的每一个字，反复对比、琢磨，然后再练习通篇连贯书写，前后共写了 40

毛泽东为纪念碑题写的题词“人民英雄永垂不朽”。

多遍，最后挑选了他认为最满意的一篇。写好后，他把碑文手稿亲自送到人民英雄纪念碑建设工地，并谦虚地说：“不行再重写。”

从碑名到碑文，几十幅手稿，一笔一画都被毛泽东和周恩来注入了崇高敬意和无限深情，每一个字都力重千钧，纪念英雄，更鼓舞后人。

70 多年前，在开国大典前夜，毛泽东以铿锵有力的声音宣读了人民英雄纪念碑碑文，缅怀为国家独立、民族解放而牺牲的人民英雄们，告慰近代以来建立不朽功勋的民族脊梁们，而他们为之奋斗的新中国即将以崭新的面貌呈现在世人面前。今天，我们比历史上任何时候都更加接近中华民族伟大复兴的目标。每次庄严的纪念，都是一次记忆的唤醒，更是一次触动灵魂的激励。人民英雄纪念碑，将永远激励中华儿女为祖国的繁荣富强而奋斗。

（温晓丽）

开国大典上使用的“九头鸟”喇叭

名称：开国大典上使用的“九头鸟”喇叭
年代：1949 年
质地：金属
尺寸：长 60 厘米　宽 36.2 厘米　高 160 厘米
来源：中央广播电视总台提供

1949 年 10 月 1 日，中华人民共和国中央人民政府成立。下午 3 时，首都 30 万军民齐聚天安门广场，举行庆祝中华人民共和国中央人民政府成立典礼。毛泽东主席在天安门城楼上向全世界庄严宣告:“中华人民共和国中央人民政府今天成立了！”那么，把毛主席的声音传向全国、全世界的扩音设备是什么呢？那就是在香山革命纪念馆基本陈列中展示的“九头鸟”喇叭，该喇叭由中央广播电视总台复制而来。

1949 年北平解放后，陕北新华广播电台也于 3 月 25 日开始在北平播音，并把呼号改成北平新华广播电台，准备转播 10 月 1 日即将在天安门广场举行的开国大典。

1949 年 10 月 1 日清晨，北京新华广播电台发出预告:“北京新华广播电台及全国各地人民广播电台，决定全部转播今天下午 3 点钟举行的中华人民共和国中央人民政府成立庆祝大会实况。”中央广播事业管理处决定用“实况广播”向全国人民报道现场情况，具体要求即通过广播设备，把现场的实际情况、音响和播音员的解说同步播出。

当时转播的技术工作由时任电信总局无线电处副处长傅英豪负责。傅英豪明白，要想达到最佳的转播效果，音响是关键。当时国内还没有无线传输技术，城楼上的声音只能通过喇叭扩音，再通过电台的收音装置传到全国。可是当傅英豪在天安门广场实地探访时，就发现了问题。原来天安门广场面积太大，再加上开国大典当天广场上有 30 万人，普通喇叭音量根本不够。怎么办呢？最后，傅英豪想了一个办法，把九个喇叭都焊在一个钢板上。九个喇叭，分成三排，一排三个，俗话叫“九头鸟”。经过试验，“九头鸟”喇叭获得了空前的成功。

1949 年 10 月 1 日，共和国开基立业辉煌庆典的喜讯，就这样通过强大的电波传遍大江南北，传遍全世界。

开国大典是中国人民广播史上第一次覆盖全中国的转播，这也是中国人民广播史上的第一次实况转播，世界在倾听来自东方的声音。

（杜意娜）

礼炮声声震寰宇

名称：中华人民共和国开国大典使用的礼炮
年代：1949 年
质地：金属
尺寸：长 330 厘米　宽 126 厘米　高 200 厘米
来源：香山革命纪念馆馆藏

在香山革命纪念馆展厅里陈列着10门开国大典使用的礼炮，口径75毫米，其中9门是日本昭和年间制造的九四式山炮，1门是晋三十六式山炮，均由天安门地区管委会调拨。展厅里的这10门开国礼炮以天安门背景图片为中心，对称排列，炮口斜角一致，使观众仿佛置身于庆典活动之中，隆隆礼炮震耳欲聋。它们作为开国大典的重要历史见证物，威震寰宇，传遍世界，迎来了中华人民共和国的诞生。

1949年8月，中共中央决定在开国大典上鸣放礼炮，但当时并没有专用礼炮。礼炮的要求与野战火炮不同，不以射程、威力、精度等为考核指标，而是要求声音大、体积小、进出典礼现场方便。8月中旬，华北军区特种兵司令员高存信传达聂荣臻司令员的指示，决定从张家口等地调来老式山炮，来源主要是缴获日军的战利品以及山西兵工厂仿日本山炮制造的三六式山炮。同时，从各炮兵部队选调军政素质好的排、连、营干部和战斗英雄，组建礼炮团。

筹备过程中，为了确保万无一失，礼炮团将108门礼炮分为两组，54门参加典礼，另外54门备用，并对每一门炮和每一发炮弹都进行了严格检查和擦拭，对底火部位的检查更加细致。礼炮炮弹是专门制造的，没有弹头，由木屑压制的圆柱体堵住药筒，鸣放时后坐力较小。每门礼炮配3名礼炮手，训练要求达到在3秒钟内完成装填、发射、退弹壳3个动作。这是因为开国大典时，从毛泽东按动电钮升国旗到升旗完毕，共计2分5秒，必须在这段时间内同步完成28响礼炮的鸣放，即每次齐射要在4.5秒内完成，以做到国旗到达旗杆顶端、国歌演奏完毕的同时，鸣放礼炮结束。这在当时的技术条件下，可以说是要求严、标准高、技术难度大。为了练好这4个动作，上百名炮手在七、八、九3个最炎热的月份头顶烈日，膝跪黄土，紧张操练。4个看似简单的动作每天重复上万次，单是跪地和后脚尖支撑的动作就能把马靴磨穿，炮手的手指被炮闩等夹伤也是常有的事情，但没有人有过半句怨言，冒着酷暑高温集中训练了两个多月。

万里霞辉映北京，贺声鼎鼎亿人惊。1949年10月1日，首都30万军民齐集天安门广场。礼炮被整齐安放在天安门东长安街南侧一字排开，下午3时，中央人民政府主席、副主席和各委员迈着坚毅的步伐，登上了天安门城楼。中央人民政府秘书长林伯渠宣布典礼开始，中华人民共和国开国大典仪式正式举行，军乐队奏起了代国歌《义勇军进行曲》。毛泽东亲自按动电钮，第一面五星红旗顺着天安门广场白色旗杆缓缓升起，在27米高的杆顶上迎风飘扬。与升国旗、奏国歌同时，54门礼炮齐鸣28响。随后，毛泽东宣读中央人民政府公告，向全世界庄严宣告：中华人民共和国中央人民政府今天成立了！声音回荡在宏伟的天安门广场，也回荡在参加庆祝典礼的30万群众的心中。

开国大典为何是54门礼炮鸣28响？据原礼炮队负责人回忆：“毛主席说28响代表了中国共产党领导中国人民英勇奋斗了28年。”象征着中国共产党从1921年成立到1949年建国的光辉历程，亦是对28年党史的礼赞。而决定用54门礼炮的原因一度众说纷纭，但较为普遍的观点是它代表着当时参加中国人民政治协商会议第一届全体会议的54个单位（45个单位加9个方面的特邀人士），以此象征中国人民空前大团结。

毛泽东宣读文告完毕，阅兵式开始，前后历时3个小时。中国人民解放军总司令朱德检阅陆海空三军，华北军区司令员兼京津卫戍区司令员聂荣臻任阅兵总指挥。《中国人民解放军进行曲》的雄壮乐曲，伴随着受检阅部队的整齐步伐激荡在天安门广场上空，充分展现了中国人民解放军的英勇雄姿。阅兵式后，群众的游行队伍又浩浩荡荡地通过天安门城楼。他们高呼：“毛主席万岁！”毛泽东走向城楼，向群众一再招手致意，并向群众大声回答：“同志们万岁！人民万岁！”欢呼声顿时化作一片春潮，涌动在天安门前。

礼炮声声震寰宇，五星红旗似彩霞。如今，这10门礼炮作为开国大典的重要历史见证物，向观众生动地讲述着70年前的那段历史。每每观之，历历在目，久久不绝，使人们不由驻足，聆听大国启行的铿锵足音——中华民族以崭新的姿态屹立于世界民族之林，开辟了中国历史的新纪元，必将再次见证中华民族伟大复兴的壮丽前景！

（武龙女）

红灯高挂喜庆开国大典

名称：开国大典使用的大红灯笼
年代：1949 年
质地：竹、绸
尺寸：直径 262 厘米　高 240 厘米
来源：天安门地区管理委员会调拨

1949年10月1日，中华人民共和国开国大典在天安门城楼举行，城楼上8盏大红灯笼，装点了节日的气氛，使得古老的天安门城楼显得既隆重喜庆又典雅大方。

1949年9月，开国大典前夕，庆祝大会筹委会把布置装饰天安门城楼的工作交给了华北军区政治部宣传部。宣传部部长张致祥考察现场后，决定把任务交给原晋察冀军区抗敌剧社舞美队。队长苏凡接到任务时，只有20天的期限了，他决定让队里的两名1945年在张家口加入八路军的日本反战人士、美术家肖野（小野泽亘）和森茂来设计。他们精心研究各种资料和数据，吸取大家的合理意见，经过一周时间，设计了多份草图并从中选取了20余幅，供周恩来挑选。周恩来一眼就看上了8盏大红灯笼的方案，他强调要突出表现天安门城楼，其他地方不要搞得太花哨，并认为这8盏大红灯笼悬挂在城楼上的10根廊柱间，既符合中国的传统和民族风格，又能充分体现出开国大典浓厚的喜庆气氛，显得庄重、严肃。

有了灯笼设计图案，抗敌剧社舞美队队员在故宫档案中查找到一位70多岁过去在故宫扎宫灯、名为尹作宾的老手艺人，他看了图纸，又到天安门城楼上转了三圈，诚恳地说："这么大的宫灯，我这辈子没有做过。让我做可以，但我要找我的徒弟来一块儿做，而且这么大的宫灯做成了也抬不上去，只能在城楼上做。"

尹老请来两个徒弟，又去买绿竹、红布、黑钉、黄穗，8个厚重的灯笼圆托是老艺人亲自找木工定做的。肖野和森茂则负责画宫灯云头和制作流苏。整整3天3夜，他们没离开城楼。离开国大典只差一天多时间，8盏大红灯笼终于做好了。

这8盏大红灯笼都是用生长3年左右、高3米多的毛竹，不褪色的红士林布和松木制成的，上下部贴有金黄色的云朵，底部配有黄色流苏，十分庄重、美观。每个灯笼高3.3米（含流苏），重约80公斤，3个人手拉手才能环抱，堪称有史以来最大的灯笼。灯笼制成后，在横

开国大典上悬挂在天安门城楼的大红灯笼。

梁上用两个铁环受力，按设计的位置悬挂了起来。

1994 年 9 月，为庆祝中华人民共和国成立 45 周年，天安门城楼修饰一新，城楼上 8 盏大红灯笼替换成折叠式的新式灯笼，原悬挂了 45 年的“开国灯笼”终于完成历史任务光荣“退役”。原来悬挂在东二、西二位置的两盏宫灯被拍卖，拍卖所得款项捐赠给北京贫困山区解决饮水难的问题和希望工程。一对由国家博物馆收藏并悬挂在展览大厅里供人们瞻仰，其他两对由天安门地区管理委员会保存收藏。2019 年为筹备香山革命纪念馆，天安门地区管理委员会调拨两件大红灯笼给香山革命纪念馆筹备办用于基本陈列使用。如今，这两盏大红灯笼成为见证新中国成立的珍贵文物，向世人展示了新中国成立的重要历史。

（桂星星）

参考书目

1.《人民日报》。

2.《人民日报》(北平版)。

3.《进步日报》。

4.《北平解放报》。

5. 中央档案馆编:《中共中央文件选集》(1948—1949),中共中央党校出版社1987年版。

6. 中央文献研究室、中央档案馆编:《建党以来重要文献选编》第二十五、第二十六册,中央文献出版社2011年版。

7. 中共中央政策研究室编:《一九四八年以来的政策汇编》,中共中央华中局1949年版。

8. 中共中央文献研究室编:《毛泽东年谱》(1893—1949)下卷,中央文献出版社2013年版。

9. 中共中央文献编辑委员会编:《毛泽东选集》第四卷,人民出版社1991年版。

10. 中共中央文献研究室编:《毛泽东文集》第五卷,人民出版社1996年版。

11. 中共中央文献研究室、中国人民解放军军事科学院编:《毛泽东军事文集》第四卷、第五卷,军事科学出版社、中央文献出版社1993年版。

12. 中共中央文献研究室编:《毛泽东书信选集》,中央文献出版社2003年版。

13. 中央文献研究室编:《朱德年谱(新编本)》(1886—1976),中央文献出版社2016年版。

14. 中共中央文献研究室编:《刘少奇年谱》(增订本)第二卷，中央文献出版社 2018 年版。
15. 中共中央文献研究室编:《周恩来年谱》(1898—1949)，中央文献出版社 1990 年版。
16. 中共中央文献研究室编:《任弼时年谱》(1904—1950)，中央文献出版社 2014 年版。
17. 中共中央党史和文献研究院编:《毛泽东邓小平江泽民胡锦涛关于中国共产党历史论述摘编》，中央文献出版社 2021 年版。
18. 习近平:《论中国共产党历史》，中央文献出版社 2021 年版。
19. 本书编写组:《中国共产党简史》，人民出版社、中共党史出版社 2021 年版。
20. 中共中央文献研究室编:《毛泽东传》，中央文献出版社 2013 年版。
21. 中共中央文献研究室编:《朱德传》(修订本)，中央文献出版社 2006 年版。
22. 中共中央文献研究室编:《刘少奇传》，中央文献出版社 2011 年版。
23. 中共中央文献研究室编:《周恩来传》，中央文献出版社 2018 年版。
24. 中共中央文献研究室编:《任弼时传》，中央文献出版社 2014 年版。
25. 中共中央党史研究室著:《中国共产党历史》(第一卷)上下册，中共党史出版社 2011 年版。
26. 中共中央党史研究室著:《中国共产党的九十年》，中共党史出版社、党建读物出版社 2016 年版。
27. 军事科学院编:《中国人民解放军战史》第三卷，军事科学出版社 1987 年版。
28. 南京军区《第三野战军战史》编辑室编:《中国人民解放军第三野战军战史》，解放军出版社 1996 年版。
29. 中共中央党史研究室第二研究部、中共中央党史研究室第三研究部、中共中央文献研究室科研管理部、当代中国研究所联合编撰:

《共和国日记（1949）》，中央文献出版社、当代中国出版社 2013 年版。
30. 朱企泰等编：《统一战线大事记》，中共党史出版社 1991 年版。
31. 中共北京市海淀区委党史研究室编：《中共中央在香山》，中共党史出版社 1993 年版。
32. 庞松著：《中共中央北京香山革命历史丛书——新中国的奠基》，北京人民出版社 2019 年版。
33. 黄亦兵等著：《中共中央北京香山革命历史丛书——北平和平解放》，北京人民出版社 2019 年版。
34. 王乐等著：《中共中央北京香山革命历史丛书——进京赶考》，北京人民出版社 2019 年版。
35. 郭芳著：《中共中央北京香山革命历史丛书——将革命进行到底》，北京人民出版社 2019 年版。
36. 丁云等著：《中共中央北京香山革命历史丛书——协商建国》，北京人民出版社 2019 年版。
37. 张卫波著：《中共中央北京香山革命历史丛书——建国方略》，北京人民出版社 2019 年版。
38. 胡占君等著：《中共中央北京香山革命历史丛书——开国大典》，北京人民出版社 2019 年版。
39. 中共北京市委党史研究室著：《中共中央北京香山革命历史丛书——老一辈革命家在香山》，北京人民出版社 2019 年版。
40. 曹英著：《北京文化书系红色文化丛书——新中国在这里诞生》，北京出版社 2020 年版。
41. 杨学功著：《1949 决战京沪杭——渡江战役胜利纪实》，江苏人民出版社 2021 年版。
42. 渡江胜利纪念馆编：《渡江战役亲历者口述史》，南京出版社 2019 年版。

43. 上海市档案馆编:《上海解放》，中国文史出版社 2017 年版。
44. 粟裕著:《粟裕回忆录》，解放军出版社 2007 年版。
45. 宋任穷著:《宋任穷回忆录》，解放军出版社 2007 年版。
46. 陈赓著:《陈赓日记》，解放军出版社 2003 年版。
47. 陈利明编:《程潜大传》，团结出版社 2005 年版。
48. 李红梅、刘仰东著:《人民政协诞生实录》，中国文史出版社 2019 年版。
49. 何大章著:《宋庆龄往事》，人民文学出版社 2019 年版。
50. 宋庆龄著:《为新中国奋斗》，人民出版社 1952 年版。
51.《中国人民政协辞典》编委会编:《中国人民政协辞典》，中共中央党校出版社 1990 年版。
52. 全国政协文史资料委员会编:《人民政协纪事》，中国文史出版社 2004 年版。
53. 张昭军、孙燕京编:《中国近代文化史》，中华书局 2012 年版。
54. 朱宗震、汪朝光著:《铁军名将 陈铭枢》，兰州大学出版社 1996 年版。
55. 贾英廷著:《人民英雄纪念碑》，中央文献出版社 2018 年版。
56. 政协全国委员会办公厅编:《开国盛典——中华人民共和国诞生重要文献资料汇编》(上编)，中国文史出版社 2009 年版。
57. 杜飞进:《弘扬伟大革命精神——深入学习贯彻习近平总书记视察北京香山革命纪念地重要讲话精神》,《求是》2020 年第 10 期。
58. 香山革命纪念馆:《香山如磐 红色永续——中国共产党香山时期的革命实践及其精神传承》,《前线》2021 年第 5 期。
59. 汤胜利、莫红梅:《毛泽东与〈目前形势和我们的任务〉》,《党史纵览》2007 年第 1 期。
60. 卢文斌:《历史上〈人民日报〉的八种版别称谓》,《新闻战线》2008 年第 3 期。

61. 周之同:《1949年西苑机场阅兵式亲历记》,《军事历史》2009年第2期。
62. 曹国辉:《六十年前随华北新华书店总店进京记》,《出版史料》,2009年第3期。
63. 阎丽生:《张廷桢:延安时期的"中央警备团"政委》,《先锋队》2009年12月。
64. 刘勇强:《黄泥警校:新中国的警察摇篮》,《档案天地》2012年第3期。
65. 毛剑杰:《1949,"中国第一舰"起义揭秘》,《同舟共进》2012年第10期。
66. 张军锋:《见证新中国的诞生——苏联外交官齐赫文斯基访谈录》,《党的文献》,2013年第5期。
67. 肖荣华:《国民党空军轰炸"重庆号"巡洋舰始末》,《文史春秋》2014年第11期。
68. 杨学功:《刊发〈毛主席阅读南京解放"号外"〉的报刊和时间考证》,《钟山风雨》2016年第1期。
69. 吴起民、汪云生:《"革命熔炉"是怎样炼成的——华北人民革命大学马列主义教学经验研究》,《党史研究与教学》2017年第4期。
70. 吴起民、汪云生:《华北革大一段精彩的办学经历》,《北京日报》,2017年11月13日。
71. 沈燕培:《"这是一个历史的转折点"——纪念"十二月会议"召开70周年》,《思想理论教育导刊》2018年第1期。
72. 吴雪杉:《在世界和平大会听到南京解放的消息》,《空间、媒介与自我》2018年第4期。
73. 鲍雷:《西梁山1949——渡江战役中一场重要的牵制战》,《江淮文史》2019年第5期。
74. 孟祥生:《曲折的历程 胜利的记忆——战时诞生之货币第一版人民

币》,《东方收藏》2020 年第 1 期。
75. 孟昭庚:《新中国成立前后毛泽东是如何谋划武力解放台湾的》,《湘潮》, 2020 年 6 月。
76. 宋春蕾:《数说新政治协商会议代表的广泛性》,《中国档案报》, 2020 年 7 月。
77. 杨学功:《家书中的渡江往事》,《党史文苑》2020 年第 9 期。

后 记

为热烈庆祝中国共产党成立100周年，进一步服务保障好党史学习教育活动，我们集全馆之力精心编写本书，作为党的百年华诞献礼之作。革命文物承载着党和人民英勇奋斗的光荣历史，记载着中国革命的伟大历程和感人事迹，是党和国家的宝贵财富，是弘扬革命传统和革命文化、加强社会主义精神文明建设、激发爱国热情、振奋民族精神的生动教材。香山革命纪念馆是展示香山革命历史的重要场所，展厅中一件件珍贵的革命文物文献承载着伟大的香山革命精神，作为香山革命历史宣传、研究工作者，我们自身也深深为之震撼，期待能向更多的读者进行分享。

革命类纪念馆作为开展爱国主义教育的主阵地，广大党员干部群众对所展示的文物文献不仅仅局限于基本信息，而是希望能深入了解文物背后的故事及其体现出的历史价值、时代价值。我们将部分馆藏文物文献故事精选编成此书进行出版，目的就是让文物文献“活”起来，更好地承担起爱国主义教育、公共文化服务的社会职责。

本书分为四个篇章，每篇章的编排以历史时间为序，涵盖内容主要为中共中央在香山期间的文物文献故事，兼及1948年“五一口号”发布后民主人士北上的故事和筹建新中国的相关故事，共75篇，具有一定的典型性和代表性。

在编辑出版过程中，中共北京市委宣传部副部长、香山革命纪念馆馆长张爱军作为本书主编，对全书的政治站位、选题方向及公开出版倾注了大量心血。香山革命纪念馆常务副馆长徐中煜对本书的框架结构、全部内容进行了审定。都斌承担了全书的统筹、审稿工作，桂星星审看了文物史料图片和信息。编辑研究部王园、尤曼卿、杜意娜、陈宇蛟、石碧兰、温晓丽、索南卓玛，文物征集研究部桂星星、董良、武龙女、刘延岩、彭淼淼、徐畅、孙瑾溪、王梦妮，宣传教育部杨佳萍、丁子雄、谢尹楠、吕玥莹等同志共同参与了本书的撰写工作。特别是王园、尤曼卿、杜意娜、武龙女对全书初稿进行了认真编排。

此外，本书除精选了我馆的馆藏文物外，还选取了中央档案馆、中国国家博物馆、中央广播电视总台、中国人民革命军事博物馆、外交部档案馆、北京市档案馆、天安门地区管理委员会、任弼时纪念馆、渡江胜利纪念馆、渡江战役纪念馆、平津战役纪念馆等全国10余家单位提供的珍贵文物文献，使本书内容更为丰富精彩。中国博物馆协会，中国人民革命军事博物馆，北京大学，中共北京市委党史研究室、北京市地方志编纂委员会办公室等党史、文博专家百忙之中审看了书稿，并提出宝贵意见。中共党史出版社对本书的编辑和顺利出版给予了大力支持，在此一并表示感谢。

本书的出版是我们对香山革命精神和香山革命历史进一步挖掘整理的一次有益尝试，以此为契机，我们还将持续深入下去、久久为功。由于水平有限，书中难免还存在一些不足乃至错漏，敬请专家学者及广大读者批评指正。

编　者

2021年9月